KB271108

국어의 후두음 연구

조경하

이화여대 국어국문학과를 졸업하고 같은 대학 대학원에서 박사학위를 받았다.
이화여대·한림대·경기대 강사, 이화여대 국어문화원 박사후과정 연구원을 거쳐,
현재 이화여대 인문과학대학 국어국문학과 조교수로 있다.
쓴 책으로《열린 세상을 향한 발표와 토론》(공저)이 있고,
쓴 논문으로 〈현대국어의 사잇소리 현상〉, 〈국어 후두음의 자연 부류〉,
〈국어의 후두 자질과 유기음화〉, 〈'부엌' 계열 어휘의 변화에 관한 일 고찰〉,
〈온라인 게임 금칙어의 조어 방식에 관한 연구〉 등이 있다.

국어의 후두음 연구

————

초판 제1쇄 인쇄 2012. 11. 21.
초판 제1쇄 발행 2012. 11. 27.

————

지은이   조경하
펴낸이   김경희
펴낸곳   본사●경기도 파주시 교하읍 문발리 520-12
          전화 (031)955-4226·4227 팩스 (031)955-4228
         서울사무소●서울시 종로구 통의동 35-18
          전화 (02)734-1978 팩스 (02)720-7900
         인터넷한글문패   지식산업사
         인터넷영문문패 www.jisik.co.kr
         전자우편 jsp@jisik.co.kr
         등록번호 1-363
         등록날짜 1969. 5. 8.

————

책값은 뒤표지에 있습니다.

————

ISBN 978-89-423-4060-6   93710

이 책을 읽고 지은이에게 문의하고자 하는 이는
지식산업사 전자우편으로 연락 바랍니다.

————

솔벗한국학총서 18

국어의 후두음 연구

조 경 하

지식산업사

머리말

이 책은 국어의 음소 분류에서 후두 자질 도입의 필요성을 제기하고, 국어의 후두음이 독자적인 하나의 부류를 이루며, 후두 자질의 설정이 이들이 관여하는 음운 현상의 이해에도 효과적으로 기여할 수 있음을 밝힌 필자의 박사학위논문을 다듬은 것이다.

후두 부위의 조음 작용을 자질로 설정하려면 일차적으로 음성에 대한 정확하고 실제적인 관찰에 기초해야 한다는 생각을 바탕으로 하고 있는데, 이는 자질이 음운 현상을 설명하기 위해서 임의적으로 설정될 수 있는 것이 아니라 존재하는 실체와 일치해야 하며, 자질들은 물리적인 존재와 조화를 이룰 수 있도록 설정되어야 할 것이기 때문이다.

이 책에서는 분절음들을 구별하는 데 꼭 필요한 것이어야 하고, 분절음들의 자연 부류를 정당하게 특징지어 줄 수 있어야 하며, 음운 현상을 합당하게 기술할 수 있는 것이어야 한다는 음운 자질 설정의 기준을 바탕으로 후두 자질을 설정하였다. 여기에 서로 관련이 있는 몇 개의 자질들이 하나의 단위를 형성하여 상위의 기능적 단위로 묶일 수 있다는 가정을 받아들여 후두 자질들이 독자적 영역을 형성하고 있음을 보이고, 어떤 음의 부류들은 후두음으로 분류하는 것이 타당하며, 이들이 관여하는 음운 현상에 후두 자질과 후두음 부류로서의 특징이 관여하게 됨을 밝혔다.

먼저, 국어에 후두 자질을 설정하기 위한 기본 작업으로 후두의 생리적 기능에 대한 이해, 즉 후두의 구조와 성대의 구조에 대한 이해를 돕고, 후두에서 음의 조절에 작용하는 연골과 근육의 기능을 이해함으로써 후두 자질 설정의 기초를 마련하였다. 이에 성문의 크기를 기준으로 설정된 [성문 확장성(spread glottis)]과 [성문 협착성 (constricted glottis)] 자질을 도입하여 평음—경음—유기음을 분류하였다. 국어의 유기음 계열은 성대가 넓게 열려 있으므로 [+성문 확장성] 자질을 가지고, 폐쇄의 개방 시 성문이 내전되는 경음은 [+성문 협착성] 자질을 가진다. 그러나 성문의 크기(성문 열림도)를 기준으로 제안된 이 두 자질만으로 국어의 경음을 설명하기엔 부족함이 있다. 전통적인 분류에서처럼 경음의 조음에는 성대의 긴장 여부가 중요하게 작용하기 때문이다. 물리적으로 정의하기 어려운 [긴장성 (tense)] 자질 대신에 사용할 다른 자질로 성대의 위쪽과 아래쪽 끝부분의 당김이 증가하는 자질로 [+성대 경직성(stiff vocal cords)] 자질을 설정하였는데, 이는 후두를 관장하고 조절하는 근육들에 의해 긴장성이 생기는 것을 반영한 것이다.

다음으로는 국어에서 후두음 부류로 묶일 수 있는 'ㅎ'과 'ㆆ'의 음성적 특징에 대한 관찰을 통해 이들의 후두 자질을 설정하고 음운론적 지위를 부여하였다. 음성적 특징에 대한 관찰에는 선행 연구에 대한 검토와 실제 음성에 대한 스펙트로그램 분석이 이용되었다. 'ㅎ'은 조음 과정 중에 성문이 넓게 열려 있으며, 구강 내에 고정된 특정한 조음 위치를 가지지 않는데, 이는 스펙트로그램에 나타나는 강한 기 소음이 후행 모음의 포먼트 주파수대에 집중되어 나타나는 것에서 확인할 수 있다. 이런 실험 결과를 토대로 'ㅎ'은 후두 마디(laryngeal node)만 가지고 후두 상위마디(supralaryngeal node)는 가지지 않는 음으로 보았다. 'ㅎ'은 후두 마디에 [성문 확장성]만 표기되고 후두 상위 마디를 가지지 않는 부류이며, 구강에서의 조음 작용을 반영하는 후두 상위 마디를 가지지 않는 이러한 음의 부류를 후두음으로 분류하였다.

또, 문법 기술의 간결성이라는 측면과 결합 관계에서의 존재, 방언의 재구조화 경향, 불규칙 동사의 기저형 설정에서의 필요성 등을 이유로 성문 폐쇄음을 현대국어의 음소로 설정하였다. 성문 폐쇄음 '?'는 구강에서의 조음 작용이 없으므로 후두 상위 마디를 가지지 않고 후두 마디만 가진 음이며, 조음 과정에서 성문의 폐쇄가 일어난다는 점에서 [성문 협착성] 자질로 명세된다. 'ㅎ(h)'과 'ㆆ(?)'은 후두음이라는 자연 부류를 이루는데, 이러한 후두 마디의 존재는 중세국어에서 ㅂ계 어두 자음군을 가졌던 단어들이 후대 방언형에 경음 또는 유기음으로 다르게 남아 있는 예들과, 어간의 재구조화 방향이 후두음을 말음으로 가지는 쪽으로 일어나는 여러 방언의 예들을 가지고 입증하였다.

　마지막으로, 후두 자질이 관여하는 음운 현상인 유기음화와 경음화 현상을 검토하였다. 'ㅎ'은 후두 자질이 명세된 후두 마디만 가지고 후두 상위 마디는 가지지 않는 음 부류인데, 후두 상위 마디를 가지지 않은 'ㅎ'이 음성으로 실현되려면 다양한 음운 과정을 거쳐야 하며, 'ㅎ'이 자신의 후두 마디를 확산시킴으로써 인접음으로부터 후두 상위 마디를 받는 과정이 바로 유기음화이다. 'ㅎ'이 가지는 독특한 음성적 특징과 후두 마디만 가지는 후두음 부류라는 특성으로 이질적 과정으로 보였던 두 가지 유기음화 현상을 하나의 틀로 아울러 설명할 수 있는 길을 마련했다.

　또한 국어의 경음화 현상에 대한 선행 연구를 비판적으로 검토하면서 경음화 현상의 기제를 밝히고자 하였는데, 이 현상을 이해하는 데에도 후두 자질이 유용하게 이용될 수 있음을 보였다. 이 책은 근전도 측정 결과 음절 말 미파음의 폐쇄 시점에서 갑상피열근의 활동 증가가 측정된 점, 성대근의 활동 억제의 정도와 시점, 그리고 성대근의 활동이 다시 시작되는 정도와 시점도 '음절 말 폐쇄음+평음' 연쇄의 경우와 음절 초 경음의 경우가 유사한 점 등을 근거로 음절 말 미파음에 [+성대 경직성(stiff vocal cords)] 자질을 부여하였다. 그러면 자동적 경음화 현상은 음절 말의 미파음이 가진 [성대 경직성] 자질이 후행 음절의 초성으로 확산되는 것으로 설명할 수 있다.

　이 책을 내기까지 여러 해의 시간이 흘렀다. 솔벗한국학총서로 선정된 뒤, 출판 과정에서 미진한 부분을 다듬고 부족한 내용을 보강하여 책으로 내려는 계획이었는데, 여러 가지 사정으로 늦어지면서 차일피일 미루다 보니 현재에 이르렀다. 애초 이화여대에 제출한 박사학위논문과 내용상 큰 변화 없이 맞춤법과 문장 표현의 오류를 수정하는 선에서 출판 작업이 마무리되었다. 부끄러움을 무릅쓰고 그동안 필자를 격려해 주신 여러 분들의 도움으로 이 책을 세상에 내놓게 되었다.

책을 내며 감사의 말씀을 전하는 자리에서, 가장 먼저 필자를 지도해 주신 선생님들의 얼굴이 떠오른다. 지도교수이신 박창원 선생님께 감사드린다. 늘 학문에 대한 열정을 몸소 보이시며 치열한 학문의 세계로 이끌어 주셨다. 우둔한 필자를 때로는 질책하고 때로는 용기를 북돋아 주시며 이 자리에 있게 만들어 주신 은혜에 감사할 따름이다. 작고하신 강윤호 선생님, 그리고 퇴임하신 차현실 선생님 이 두 분은 학부 시절의 은사로, 필자가 현재 머물고 있는 국어학이란 학문의 울타리에 진입하는 첫 걸음을 딛게 해주셨다. 두 분 선생님의 강의를 듣고 국어학자로서의 꿈을 키웠다. 가까이에서 필자의 성장을 지켜보아 주셨던 전혜영 선생님께도 감사의 인사를 전한다. 어려운 순간마다 스승이자 같은 길을 먼저 걸으신 인생의 선배로서의 지혜를 늘 나누어 주셨다.

석사와 박사 과정을 거치며 함께 공부한 선배, 후배, 동기들에게 마음 속 깊이 고마움을 표하고 싶다. 일일이 이름을 거론하지 못하여 미안하지만, 모두들 필자의 마음을 헤아려 주리라 믿는다. 이들이 없었다면 지금의 필자도 존재하지 못했을 것이다. 이들은 힘든 길을 함께 걸어온 동지였으며, 앞으로 남은 길도 서로 의지하고 함께 걸어갈 동반자가 되어 주기를 바랄 뿐이다.

가족들에게도 고마움을 전한다. 부모님의 보살핌 덕분에 큰 어려움 없이 공부할 수 있었다. 공부하는 것 빼면 자랑할 것이라고는 없는 자식이었기에 그것마저도 잘한 것이 없어서 송구스러운 마음이 었는데, 이 책으로 송구함이 조금이나마 덜어졌으면 하는 바람이다.

끝으로 이 책의 저술 과정에 도움을 주시고 솔벗총서로 선정해 주신 솔벗재단 이사장님 이하 관계자 분들과, 복잡한 원고를 책으로 꾸며 주신 지식산업사 김경희 사장님을 비롯한 임직원께도 깊은 감사를 드린다.

2012년 11월

조 경 하

차 례

1장 들어가는 말

1.1. 연구목적

  음운론을 체계적으로 기술하기 위해서 먼저 이루어져야 할 작업은, 해당 언어의 음운 체계와 음운 과정을 타당하게 설명할 수 있는 단위를 설정하는 일일 것이다. 음운론의 기술 단위가 되는 음소(音素)는 변별적 자질들로 이루어져 있으며, 이 자질들은 음운 표시의 기본 단위가 된다.

  자질이라는 음운론적인 단위의 설정은, 자질의 구성체인 음소라는 존재의 정태적인 실상과 동태적인 실상을 정확히 파악하기 위한 작업이라고 하겠다. 구성체를 이루는 구성 요소를 파악하는 문제는 구성체의 존재 자체를 정확히 이해하기 위함이고, 구성체와 구성체의 차이점과 공통점을 좀 더 세밀하게 파악하기 위함이라 할 수 있다. 또한 구성체와 구성체가 계기적으로 결합할 때 발생하는 다양한 변화 과정을 효과적으로 기술하고 설명할 수 있을 뿐 아니라, 가능한 계기적 결합과 불가능한 계기적 결합을 구분할 수 있고, 불가

능한 결합이 생길 경우에는 어떠한 현상이 일어나는지 예견하게 해 줄 것이다.(박창원:1997)

구성 요소인 자질이라는 단위를 설정함으로써 구성체인 음소의 차원에서 할 수 없는 현상에 대한 정확한 기술과 일반적인 기술이 가능할 뿐 아니라, 이러한 현상이 왜 발생하는가에 대한 설명으로 나아갈 수 있다. 다시 말해, 내포의 정확성을 기할 수 있고, 현상 속에 내재되는 이유를 포착하여 그 원리를 찾아내는 데에 자질 이론의 강점이 있다.

자질 이론이 위력을 발휘하기 위해서는, 음소의 변별성을 확보하고 음운 현상을 효과적으로 설명할 수 있는 자질을 설정하고, 이들을 간편하고 효과적으로 표기할 수 있는 방법은 무엇인지에 대해 고민해야 할 것이다. 또한, 자질과 자질의 통합 관계, 즉 어떤 자질은 다른 자질과 동시에 실현될 수 있고 어떤 자질은 그렇지 아니한데, 이에 대한 설명 방법을 모색하며, 자질들 사이에 계층적 구조가 존재하는지에 대해서도 함께 고민해야 할 것이다. 이러한 고민들이 모두 녹아 있는 것이 후두음의 분류와 후두 자질을 설정하는 문제이다.

이 책은 국어의 음소 분류에 후두 자질을 도입하는 것이 기본적이면서도 효율적이라는 사실을 밝히고, 국어에서 후두음이 독자적인 한 부류를 이루며, 후두 자질의 설정이 이들이 관여하는 음운 현상의 이해에도 기여할 수 있음을 주장하려 한다.

후두 부위의 조음 작용을 자질로 설정하는 데는, 무엇보다도 먼저 음성에 대한 정확하고 실제적인 관찰에 바탕을 두어야 할 것이다. 자질이 음운 현상을 설명하기 위해서 임의적으로 설정될 수 있는 것이 아니라 존재하는 실체와 일치해야 하는 것이라면, 물리적인 존재와 조화를 이룰 수 있도록 설정되어야 할 것이기 때문이다. 음운 자질은 분절음들의 음성적 특질을 바탕으로 설정되나, 음운 자질이 음성적 특질만 기준으로 해서 설정되는 것은 아니다.

그러므로 첫째, 분절음들을 구별하는 데 꼭 필요한 것이어야 하고, 둘째, 분절음들의 자연부류를 정당하게 특징지어 줄 수 있어야 하며, 셋째, 음운 현상을 합당하게 기술할 수 있는 것이어야 한다는 음운 자질 설정의 기준을 바탕으로(송철의:1996) 후두 자질을 설정하려 한다.

이렇게 설정된 자질들은 음운 현상의 설명에도 크게 기여할 것이다. 유기음화와 경음화라는 음운 현상은 평음, 경음, 유기음의 세 계열을 이루는 국어의 장애음 체계와 밀접한 관련이 있으며, 평음이 어떠한 음운 과정을 통해 경음이나 유기음이 되는 것이라면, 이 과정에 장애음의 분류에 유용한 기능을 하였던 후두 자질이 어떤 역할을 하게 될 것임이 분명하기 때문이다. 기존의 논의에 대한 비판적 접근을 통하여 문제점을 지적하고, 필자의 논의가 이런 문제점을 해결하거나 더 나은 설명력을 가질 수 있음을 주장하게 될 것이다.

이 책이 이론적 배경으로 삼고 있는 것은 자질이 계층적 구조를 이루고 있다는 인식이다. 촘스키-할레(Chomsky & Halle)의 SPE 이래로 단선 음운론에서는 분절음은 자질들의 묶음으로 인식되었으며, 자질들 사이에는 어떠한 계층 구조도 인정되지 않았다. 성조가 자립 분절소로서 분절음과는 다른 독자적 충렬을 이룬다는 골드스미스(Goldsmith:1976)의 자립 분절 음운론 이후 성조만이 아니라 비음 자질, 원순 자질, 후두 자질 등이 독자적인 충렬을 형성한다는 것이 여러 학자에 의해 제안되었다. 초기의 자립 분절 이론에서는 자질들이 각각 독립적인 충렬에 있으며, 이들은 서로 완전 독립적이다. 이 이론들은 서로 관련 있는 자질들의 집합이 음운 과정에서 지속적으로 하나의 기능적인 단위로 행동한다는 사실을 표현하지 못한다. 그래서 관련 있는 자질들을 하나로 묶는 계층적 구조를 제안하게 되었다.

또 표시 측면에서는 예측 가능하거나 무표적인 자질은 표기하지 않고, 나중에 잉여규칙에 의해 채워지는 미명세 이론을 계층적 자질 표시에 적용한다.

이 책은, 서로 관련 있는 몇 개의 자질들이 하나의 단위를 형성하여 상위의 기능적 단위로 묶일 수 있다는 가정을 받아들여, 후두 자질들이 독자적 영역을 형성하고 있음을 보이고, 어떤 음의 부류들은 후두음으로 분류하는 것이 타당하며, 이들이 관여하는 음운 현상에 이들 자질과 후두음 부류로서의 특징이 관여한다는 것을 밝히는 데에 목적이 있다.

1.2. 연구사

국어의 음소 분류에 후두 자질 도입의 필요성을 제기하고, 국어에서 후두음이 독자적인 한 부류를 이루며, 후두 자질의 설정이 이들이 관여하는 음운 현상의 이해에도 기여할 수 있음을 밝히려는 것이 이 책의 주목적이다. 이러한 관점에서 이 책과 같은 방향의 선행 연구 업적은 거의 찾아볼 수 없다. 국어에 후두 자질의 설정이 필요함을 언급한 논의는 김경아(1997)이 거의 유일하다 할 수 있다.

이 책의 연구대상인 후두음 가운데 'ㅎ'에 대해서는, 이 음소가 자음인가 활음인가 하는 음운론적 지위의 문제가 관심이 되어 왔으며, 'ㅎ'에 대해서는 음소로서 인정할 것인지의 문제가 논의의 초점이었다. 그 가운데 'ㅎ'은 국어의 전반적인 음운체계를 다룬 연구에서 빠짐없이 논의되었다. 음소 설정의 문제에서부터 자질 분류에 이르기까지 그 하나하나를 세세히 언급하기 어려울 정도이다. 'ㅎ'의 자질 분류에 관한 연구로는 [−자음성, −모음성]을 배당하고 있는 이병건(1976), 이기문 외(1984), 김차균(1985)와 [+자음성, −모음성]을 배당하는 김무림(1992), 배주채(1996), 이병근·최명옥(1997) 등이 있다. 전자는 'ㅎ'을 활음으로, 후자는 'ㅎ'을 자음으로 분류하고 있는 셈이다.

국어 'ㅎ'의 성질에 대해 언급한 허웅(1985), 'ㅎ'의 물리적 특성을 알아보기 위해 오실로그래프 분석과 스펙트로그램 분석을 한 김영송(1991) 등에서는 'ㅎ'의 특성에 대한 정밀한 관찰이 이루어졌다. 'ㅎ(?)'의 음소 설정 문제에 관해서는 이익섭(1972), 최명옥(1978, 1985), 김성규(1988), 배주채(1989), 김봉국(2002) 등에서 거론하였다. 의 차원에서 'ㅎ(?)'을 인정한 논의에는 김완진(1972), 배주채(1989) 등이 있으며, 이익섭(1972), 최명옥(1978, 1980), 정인호(1995), 신승용(2000), 김봉국(2002), 이진호(2002) 등은 현대국어의 자음 체계 내에 'ㅎ(?)'을 음소로 인정하고 있다. 최명옥(1985)는 현대국어의 ㅅ 불규칙 용언 어간의 기저형으로 'z'와 같은 추상 음소를 설정할 수는 없음을 논증하고, 이들의 기저형이 /X?-/으로 설정될 가능성을 제기하였다.

국어의 대표적인 음운 현상인 경음화, 유기음화는 각각 개별적인 현상으로 이해되었다. 국어의 평음, 유기음, 경음의 분류에 작용하는 자질이, 음운 규칙의 적용 결과 이들이 만들어지는 과정에도 똑같이 작용해야 한다는 점이 간과되었던 것이다.

우선 경음화에 관한 논의를 먼저 살펴보면, 국어의 경음화는 폐쇄음의 연결에서 일어나는 규칙적이고 자동적인 경음화 현상과 불규칙적으로 일어나는 경음화로 나누어진다. 이에 대한 연구 방법 역시 전통 생성 음운론을 적용하여 규칙화를 시도한 김진우(1967), 이용재(1978)에서부터, 불규칙적 경음화 현상에 대해 형태론적 통사론적 경계를 도입하여 해결을 하고자 한 김-르노(Kim-Renaud:1975), 전상범(1976), 기능주의적 관점의 정국(1980), 자립 분절소의 개념을 도입한 오정란(1987) 등으로 다양하다.

용언 어간 말 경음화 현상을 국어의 전반적인 경음화 현상과 함

께 설명하고자 한 시도는 전상범(1976)에서 찾을 수 있다.[1]

용언 어간 말 비음 뒤의 경음화 문제의 원인을 규명하고자 한 대표적인 연구로 박창원(1984)를 들 수 있다. 거기서는 용언의 활용 어미를 된소리로 조음하게 만드는 요인은 용언의 어간 말 자음에 있다고 보았다. 후속 자음을 된소리로 만들고 모음 앞에서 탈락할 수밖에 없는 자질로 후두 폐쇄성을 인정하였으나, 이를 하나의 음소로 인정할 것인지 자질로만 설정할 것인지에 대해서는 판단을 유보하고 있다. 김성규(1989)에서도 음소 /ʔ/를 설정하는 문제에 대해 언급하고 있다. 경음화 규칙이 경계와 형태론적인 제약을 필요로 하는 규칙이므로, 후두 폐쇄음을 인정한다면 이를 피할 수 있다는 것이다.

송철의(1991)은 음운 과정에서 보이는 체언과 용언의 차이를 논하면서 경음화 문제를 다루고 있다. 체언 어간 말의 비음 다음에서는 경음화가 안 일어나고, 용언 어간 말의 비음 다음에서는 경음화가 일어나는 것을 설명하기 위해서는, 용언 어간 말의 비음들은 후두 긴장을 수반하는 특성을 갖는다고 해야 하는데, 이 경우 문제가 있음을 지적하였다. 국어의 비음에는 후두 긴장을 수반하는 비음과

---

1) 전상범(1976)은 사이시옷이 개재하는 경우를 제외한 모든 경음화 현상을 단일한 규칙으로 설명하려 했다. "음절 말 자음과 된소리가 될 자음 사이에는 적어도 + 이상의 경계표시가 있어야" 하며, "된소리 현상은 어간의 말음이 'p, t, k'일 때는 품사에 상관없이 일어나지만, 'm, n, ŋ'일 때에는 동사나 형용사에서만 일어나고 명사의 경우에는 일어나지 않으며, 'l'은 품사에 관계없이 된소리를 가져오지 않는" 사실을 고려하여 이를 다음과 같은 규칙으로 나타내었다.

$$[+obst] \rightarrow [+tense] \ / \begin{bmatrix} <-obst > \\ -cont \end{bmatrix} \ <V/A>Stem \ + \ \_\_\_$$

그렇지 않은 비음, 두 계열이 있다고 해야 하고, 후두 긴장을 수반하는 비음은 용언 어간 말에만 분포한다는 것을 설명하기란 어려운 문제라는 것이다. 비음들이 후두 긴장을 수반할 수 있는지가 의심스럽고, 그런 비음들이 용언 어간 말에만 분포한다는 것은 쉽게 납득이 가지 않는다고 밝히고 있다. 어간 말 자음으로 비음을 가진 용언과 자음군을 가진 용언이 보이는 활용의 패러다임을 비교하여 후속자음을 경음화시키는 용언의 어간 말 자음은 단일 자음이 아니라 자음군임을 주장하고, '안-'의 기저형은 /안-/이 아니라 /안ㅎ-/이라고 본다.

배주채(1989)는 'ㅅ 불규칙 용언'의 기저음소로 'ㅎ'을 설정하면서도, 'ㄴ, ㅁ'으로 끝난 용언의 어간 말 자음을 'ㄶ, ㄻ'으로 잡는 방안은 취하지 않는데, 용언 어간 말 비음 뒤 경음화 규칙이 설정될 수 있다는 점, 용언 어간 말 단일 자음 체계에 비음 체계만 결하게 됨으로써 체계의 자연성이 떨어진다는 점, 용언 어간 말 자음군 'ㄼ'을 'ㄿ'으로 설정해야 하는데 국어에서 유일하게 설정되는 삼중 자음군이라서 그 존재가 의심스럽다는 이유에서이다.

사이시옷을 음운론적인 요소로 파악했던 종래의 논의에서 사이시옷이 가진 음운론적 기능으로 보아 왔던 것으로는, 첫째, 유성음화 방지를 들 수 있다.(김수경:1947, 허웅:1968, 이남덕:1968 등) 두 어사가 모여 하나의 통합을 이룰 때 앞음절의 말음이 유성음이면 다음 어사의 두음이 유성음화되어 의미의 혼란을 일으킬 수 있는데, 이를 막기 위해 삽입되는 것이 사잇소리라는 것이다.

둘째, 사이시옷을 경음화 현상으로 보는 것이다. 이기문(1972)에서 '사이시옷의 음운론적 특징은 선행어(先行語)의 말음을 내파화(內破化)하고 후행어(後行語)의 두음을 된소리화하는 것'이라고 주장한 것이라든지, 이숭녕(1961)에서 'ㅅ'은 [s]나 [t]를 의미한 것이 아니고, 다음 말의 두음(頭音)에 [?]을 더해서 경음(硬音)을 만드는 구실을 할 뿐이라고 한 것 등에서 이러한 견해를 볼 수 있다.

셋째, 강세의 표지로 보는 것이다. 왕문용(1982)는 중세국어에서 사잇소리라고 하여 불리어오던 모든 형태의 기능을 '입성(入聲)의 기능'이라는 관점에서 추구하여 세종 당시에 사잇소리로 쓰이던 'ㄱㄷㅂㆁㅅㅿ'의 공통 특징을 '입성의 실현'으로 보고, 사잇소리와 같은 입성은 비분절음소(非分節音素)인 강세(stress)의 일종으로 파악했다.

유기음화와 관련된 논의는 축약으로 보는 견해와 동화로 보는 견해로 크게 나누어지는데, 전자의 경우 김진우(1970), 김차균(1982), 허웅(1985) 등이 있고, 후자의 경우 송하균(1995), 김윤학(1987), 배주채(1989), 이문규(1999) 등이 있다.

역행적 유기음화에 대해 '거센소리의 짝이 있는 약한 소리는 /ㅎ/이 이어나면 거센소리로 줄어진다'고 규칙화하고, 순행적 유기음화는 '/ㅎ/ 끝소리 바꾸기 → 유기음화'로 설명한 허웅(1985)와 생성 음운론에서 유기음화는 환경으로서의 'ㅎ'이 장애음의 선후에 모두 올 수 있다는 사실에 근거하여 거울 영상 규칙으로 이해한 이병건(1976)을 거쳐, 김-르노(Kim-Renaud:1975)에 의해 순행적 유기음화와 역행적 유기음화의 구분이 이루어졌고, 배주채(1989)에서는 외재적 규칙순의 문제를 해결하려 하는 등 기존의 논의에서 나아간 모습을 보여주었다. 이 두 논의는 유기음화를 거울영상규칙으로 기술하는 것에서 탈피하여, 'ㅎ'이 선행하는 경우는 유기성의 순행동화로 기술하고, 'ㅎ'이 후행하는 경우는 축약으로 이해한 것이다.

형태음운 과정과 음운 과정을 구분한 김경아(2000)에서는 음운 과정에는 축약 과정인 유기음화만 존재한다고 보며, 이문규(1999)는 유기음화 현상이 'ㅎ'의 [-자음성]이 동기가 되어 일어나는 현상으로 파악한다.

유기음화에 대한 인식과 규칙화가 연구자들마다 다른 것은 이 현상을 'ㅎ'이 관여하는 여러 가지 음운 과정과 함께 고려하지 못한 데에서 온 것일 수도 있다. 역행적 유기음화든 순행적 유기음화든 그 규칙의 환경에는 'ㅎ'이 있는데, 이 음소가 가진 독특한 음성적 특징과 체계 내의 음운론적 지위가 유기음화를 비롯하여 'ㅎ'과 관련된 음운 현상에 작용하는 것을 포착할 필요성이 제기된다.

1.3. 이론적 배경

이 책이 이론적 배경으로 삼고 있는 것은 자질이 계층적 구조를 이루고 있다는 인식이다. 음운 표시의 기본 단위가 분절음이 아니라 자질이라는 생각은 널리 받아들여졌으며, 자질에 관한 이론들은 다음과 같은 질문의 답을 찾는 일에 전념해 왔다. 첫째, 자질이란 무엇인가, 둘째, 자질을 어떻게 정의할 것인가, 셋째, 음운 표시에서

자질들을 어떻게 조직화하는가이다.[2]

  골드스미스(Goldsmith)의 자립 분절 음운론은 초분절적 요소인 성조를 분절음과는 독립적으로 실현되는 것으로 파악함으로써 표준 생성 음운론의 단선적 체계로는 설명할 수 없었던 굴곡 성조(contour tone)의 문제에 접근했다. 초분절적 요소가 분절음과는 별도로 독립적으로 존재한다는 자립 분절 음운론의 사고는 그 이후에 전개되는 음운 이론에 기본적인 토대를 제공하였는데, 그것은 하나의 분절음을 구성하고 있는 자질들이 구조화되지 않은 자질들의 묶음(bundle) 또는 행렬(matrics)로 이루어져 있는 것이 아니라, 서로 관련이 있는 몇 개의 자질끼리 하나의 단위를 형성하고, 이 각각의 단위는 계층적으로 구조화되어 있다고 파악하는 것이다. 이것은 분절음을 구성하는 내부의 자질들도 독자적인 층렬(tier)을 형성하고 있는 것으로 본다는 점에서 초분절 단위들이 분절음과 독자적인 층렬을 이룬다는 자립 분절 음운론의 사고가 확장된 것이라고 할 수 있다.

  단선적 이론에서는 음운 현상이 자질 변경(feature changing)의 과정으로 설명됨으로써 음운 과정의 자연성을 확보하지 못한다. 동화나 이화와 같은 과정이 자질을 변경하거나 자질 자체를 교체하는 것으로 설명되는데, 이는 자질 채우기(feature filling) 과정과 비교해 볼 때 음운 과정의 내용을 투명하게 보여주는 것이라고 할 수 없다.

  서로 관련이 있는 몇 개의 자질들끼리 하나의 단위를 형성한다는 것과 관련하여, 음운 자질들을 분류학적인 범주(taxonomic category)로

---

2) 이 절은 클레멘츠-흄(Clements & Hume:1995)의 내용을 많이 참조했다.

나누려는 시도들은 초창기부터 있었다. 야콥슨-할레(Jakobson & Halle:1956)에서 엄밀한 음향학적 배경 아래 분절음의 자질들을 공명관(sonority) 자질과 음조성(tonality) 자질로 분류하고, 이들이 언어습득에서 독립적인 두 축을 형성한다고 제안했다. 또한 생성 음운론의 출발점인 촘스키-할레(Chomsky & Halle:1968)에서도 자질들을 주요 부류 자질, 구강 자질, 조음 방법 자질, 근원 자질, 운율 자질로 분류하고, 이렇게 분류된 자질들이 계층적 구조로 조직되어 있을 것이라는 암시가 나타난다.[3]

사실 자질들을 더 큰 부류로 범주화하는 제안은 트루베츠코이(Trubetzkoy:1939)에서 가장 먼저 이루어졌다고 할 수 있다. 음성적 음운론적 원리에 바탕을 두고서 자질들의 "연관 부류(related classes)"라는 개념을 정립했다. 예를 들어, 유성성(voicing)과 유기성(aspiration) 자질은 음성학적 배경에서 하나의 "연관 부류"가 되는데, 이 둘은 구강의 조음 위치와는 독립적으로 후두 활동에 의해 실현되기 때문이다. 또한 이들은 음운론적으로도 함께 기능하여 자주 하나의 단위로서 중화를 겪는다는 점에서 "연관 부류"가 된다고 보았다. 여기서 제안된 연관 부류라는 개념은 즉시 후대에 계승되어 발전되지는 못했지만, 생성 음운론에서 말하는 "자연 부류(natural classes)"의 개념과 일맥상통하는 것으로 자질 계층 이론의 전개에 중요한 역할을 수행하게 된다.

---

3) Ultimately the features themselves will be seen to be organized in a hierarchical structure which may resemble the structure that we have imposed on them for purely expository reasons.(Chomsky & Halle:1968, 300)

자연 부류를 이루는 자질들이 상위의 기능적 단위로 묶일 수 있다는 사고를 뒷받침하는 여러 가지 증거들이 존재한다. 유성음 사이에서 무성음이 유성음으로 변화하는 현상, 그 반대의 무성음화 현상, 스페인어의 방언에서 /s/가 음절 말 위치에서 후두 자질만 남아 /h/로 변하는 현상, 영어에서 음절 말 위치의 후두화음이 구강 폐쇄를 잃고 성문 폐쇄음으로 실현되는 현상 등은 후두 자질이 독자적인 영역을 구성하며 하나의 기능적 단위로 행동하고 있다는 사실을 보여준다. 분절음이 가진 구강 영역의 자질들이 상실되면 후두 자질만 남게 된다.

또한 많은 언어에서 나타나는 조음 위치 동화 현상은 조음 위치와 관련된 자질들이 하나의 단위로 기능하고 있다는 사실을 말해준다. 예를 들어, 영어의 접두사 'syn-, con-' 등의 비음은 뒤따르는 자음의 조음 위치에 동화되어 [m], [n], [ŋ] 등으로 실현되는데, 이와 같은 과정을 단선적 이론에서 설명하려면 조음 위치를 나타내는 모든 자질이 규칙에 언급되어야만 하며, 그러한 규칙화 속에서 이들 자질은 임의로 선택된 자질 집합 이상의 의미를 가지지 못한다. 왜 특정 자질들이 하나의 집합처럼 행동하는가에 대한 어떠한 해답도 제시하지 못하며, 어떤 자질들은 왜 함께 결합하여 행동하지 못하는지에 대한 설명도 할 수가 없다.

이러한 질문에 대한 해답으로 제시된 것이 음운 규칙에서 하나의 단위(unit)로 함께 기능하는 자질들을 성분 요소(constituents)로 묶는 방법이다. 이 접근법에서는 분절음이 위계적으로 조직된 마디의 형상으로 표시된다. 말단 마디에는 자질가가 표시되고, 중간 마디는 성분 요소로 표시된다.

자질들을 기능적 단위로 조직화하거나 음운 규칙을 운용하는 데
에서 자의성을 막기 위해서는 강한 제약이 필요한데, 클레멘츠-흄
(Clements & Hume:1995)는 음운 규칙을 제약하는 원리로 다음과 같은
것들을 가정한다.

> (1) 음운 규칙은 단일한 작용만 수행한다.(Phonological rules perform
> single operations only.)
> (2) 자질의 조직화는 보편적으로 결정된다.(Feature organization is
> universally determined.)

이는 음운 규칙이 하나의 단위를 이루는 자질들에만 작용할 수
있도록 제약하는 것이다. 따라서 계층 구조 안에서 하나의 성분 요
소를 형성하는 자질 집합만이 함께 단 한 번 음운 규칙의 적용을
받는다.[4]

자질 계층 이론에서 이와 같은 과정은 모두 자질 마디의 확산
(spreading)과 삭제(delinking)라는 음운 작용으로 설명된다. 자질들의
계층적인 구조에 대한 증거는 OCP(Obligatory Contour Principle)와[5] 같
은 음운론적 제약을 통해서도 확보된다. 중복자음(geminates)이나[6]

---

4) Only feature sets which form constituents may function together in phonological
rules.(Clements & Hume:1995, 250)

5) OCP(Obligatory Contour Principle) : 필수 굴곡 원리. 인접한 두 요소는 달라야
한다는 것으로 이 원리는 맥카시(McCarthy:1986)에서 "멜로디 층위에서 인접하
고 있는 동일 요소는 금지된다"는 음운론적 제약으로 정립되었다.

6) 중복 자음의 구조는 다음과 같다.

동일 조음점의 자음군(homorganic cluster)의 경우, 이들은 OCP에 의해 각각 두 음절 자리(slot)에 연결된 하나의 뿌리(root) 마디와 두 개의 뿌리 마디에 연결된 하나의 위치(place) 마디로 표기될 수 있다. 이는 뿌리 마디와 위치 마디의 존재에 대한 증거를 제공한다.

마디 함축성(node implication) 역시 자질들의 계층적인 구조에 대한 증거를 제공한다. 이는 자질과 마디의 의존 관계(dependency relation)에 따른 것으로, 어떤 특정 마디에 종속된 또 다른 하위 마디나 그에 따른 자질들의 표기는 항상 그것이 연결된 상위 마디의 존재를 내포하게 된다.

언어에서 어떤 몇몇 자질들이 함께 하나의 단위로 행동한다면 음운 표시에서도 이들이 하나의 성분임을 나타내야 한다. 즉, 관련된 자질들을 하나의 부류 마디로 묶어서 나타내야 한다는 것이다.

비단선 음운론의 이론적 토대 아래에서 자질을 기능에 따라 분류할 수 있다는 제안은 모하난(Mohanan:1983)에 처음 나타났다. 자질들은 그 기능과 조음상의 특성에 따라 '발성(phonation)', '공명성(sonority)', '조음 위치(place)' 등으로 크게 분류된다. 이 세 요소는 따로 마디(node)를 이루어, 아래로는 개개의 자질을 지배하고 위로는 뿌리(root) 마디에 연결된다. 이 뿌리 마디는 다시 음의 길이를 결정하고 상위의 운율적 요소와 연결되는 X 골격에 연결되어 완전한 하나의 분절음 표기가 완성된다.

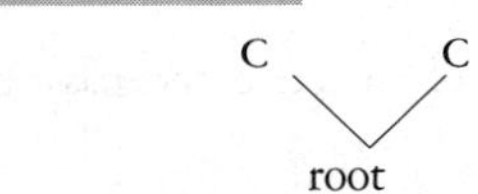

(3) 모하난(Mohanan:1983)의 자질 계층도

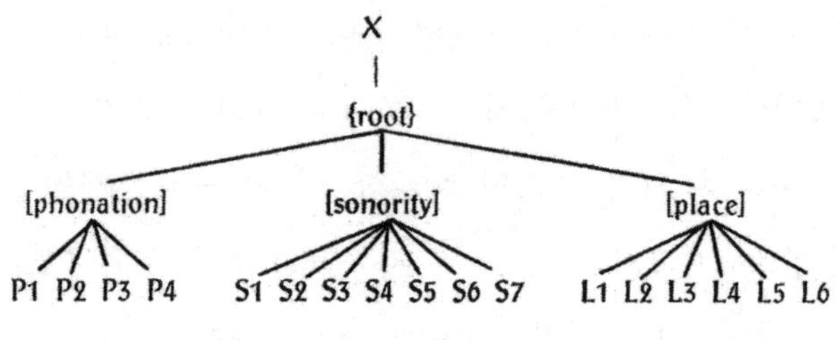

모하난(Mohanan:1983)의 제안은 실제 음운 현상의 분석에서 좀 더 세분되어야 할 필요성이 제기되었고, 조음체에 대한 인식 없이 위치 마디에 자질들을 배치한 정도의 수준에 머물러 이후 클레멘츠(Clements:1985)에 의해 체계적인 자질 기하학(feature geometry)의 이론으로 정립되었다.

클레멘츠(Clements:1985)는 인간의 발화기관을 고려하여 (4)와 같은 네 가지 조음 변수(articulatory parameters)를 제시하였고, 이 변수들이 자질의 계층적 구조에 포함되도록 (5)와 같은 구조를 제시하였다.

(4) ① 후두의 형상(Laryngeal configuration)

② 비강 협착의 정도(Degree of nasal cavity stricture(open/closed))

③ 구강 협착의 정도와 유형(Degree and type of oral cavity stricture)

④ 능동적 수동적 조음체의 접합(A pairing of an active and passive articulators)

(5) 클레멘츠(Clements:1985)의 자질 계층도

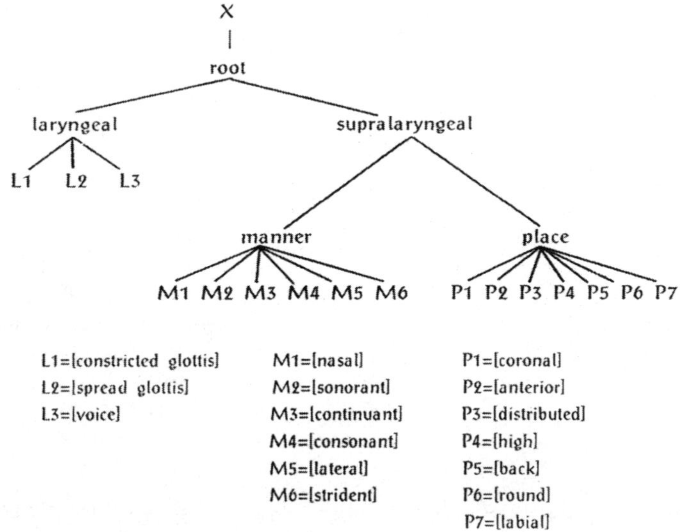

분절음을 지배하는 X 층렬 밑에 뿌리 마디가 단독으로 연결되며, 이 층렬이 모든 자질의 무리를 통합적으로 지배하게 된다.[7] 이 뿌리 마디는 후두(laryngeal) 층렬과 후두 상위(supralaryngeal) 층렬로 양분되고, 후두 상위 마디는 조음 위치 자질을 지배하는 마디(place)와 조음 방법을 지배하는 마디(manner)로 다시 양분된다. 이렇게 양분된 자질의 부류 마디(class node)는 각각의 자질들을 말단 자질(terminal feature)로 지배하게 된다.

조음 위치 중심의 클레멘츠(Clements:1985)의 자질 구조는 세이지(Sagey:1987)의 조음체 기반 자질 이론으로 전개되었다.

---

7) 안상철(1990) 참조.

(6) 세이지(Sagey:1987)의 자질 계층도

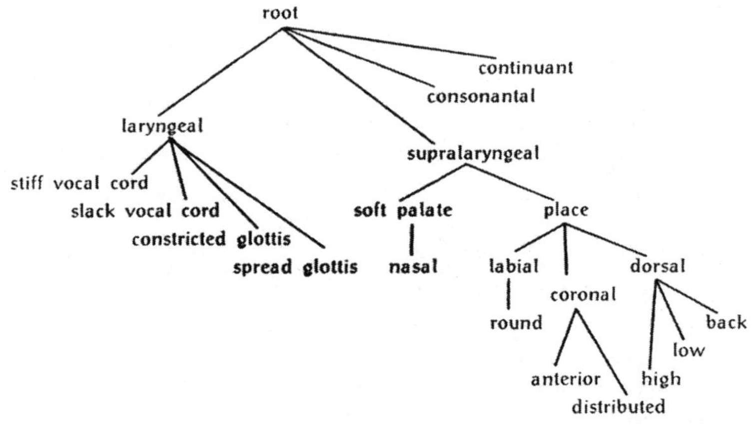

  세이지(Sagey:1987)의 조음체 기반 자질 이론은 음성 산출에서 독립적으로 기능하는 몇 개의 조음체를 사용한다는 기본적인 생각에서 출발한다. 입술, 혀끝, 혓몸, 연구개 등과 같은 조음체가 바로 그러한 것인데, 이들은 각각 성분 요소의 마디를 형성한다. 이는 음성학적 동기에 바탕을 둔 것으로 몇몇 자질들이 함께 묶이는 기능적 단위를 조음체로 포착했다는 데에 그 특징이 있다. 여기서 '후두 상위(supralaryngeal)' 마디나 '조음 위치(place)' 마디와 같은 마디는 조음체와는 관련이 없는 마디인데, 그것은 서로 다른 음향적인 효과를 반영하고 있다. '후두 상위(supralaryngeal)' 마디 아래에 묶이는 자질들은 포먼트 구조의 형태에 영향을 미치고, '조음 위치(place)' 마디 아래에 묶이는 자질들은 공명관의 모양을 바꾸어 포먼트를 변경시킨다. 또한 뿌리(root) 마디는 음운론적으로 동기화된 것으로 전통적인 음소의 개념을 대신하고 있다. 자질들의 이러한 표기는 클레멘츠(Clements:1985)에서처럼 모든 조음 위치 자질들이 '조음 위치' 마디에 평면적으로 배열되어 있는 모델보다 더 큰 설명력을 지닌다.

한편, 클레멘츠-흄(Clements & Hume:1995)는 협착(constriction)을 바탕으로 자질들을 조직화하는 협착 기반 자질 이론을 수립하는데, 이는 구강에서 조음되는 어떠한 분절음이든 협착의 정도(the degree of constriction)와 협착의 지점(the location of constriction)에 의해 특징지어진다는 점에 착안한 모델이다. 이 모델은 자음과 모음의 통합 모형으로, 자음과 모음이 상호작용하는 현상을 설명하기 쉽다는 장점이 있다.

(7) 클레멘츠-흄(Clements & Hume:1995)의 자질 계층도

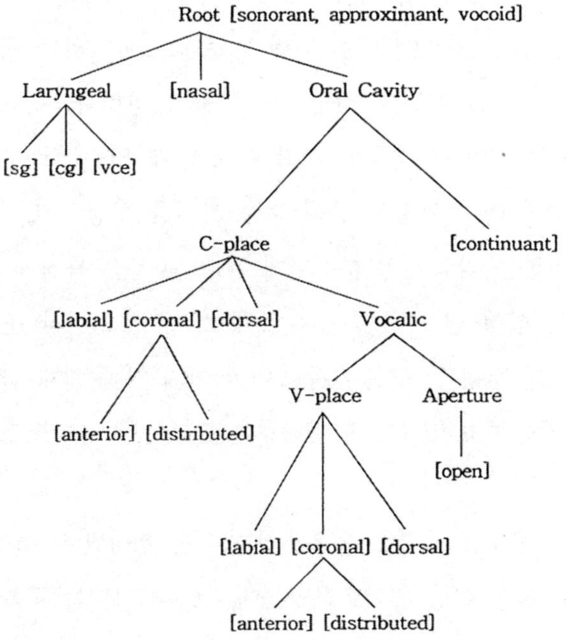

1.4. 논의의 구성

이 책은 모두 6장으로 이루어져 있다. 2장은 국어에 후두 자질을 설정하기 위한 기본 작업으로 후두의 구조와 그 생리적 기능 및 후두 자질의 설정에 대하여 논의하게 된다. 후두의 구조와 성대의 구조에 대한 이해를 돕고 후두에서의 음의 조절에 작용하는 연골과 근육의 기능을 이해함으로써 후두 자질 설정의 기초를 마련하기 위해서이다. 또, 후두 자질이 독자적인 부류로 기능할 수 있음을 처음 제기한 할레-스티븐스(Halle & Stevens:1971)의 이론이 국어의 후두 자질을 설정하는 데에 바탕이 될 수 있는지 검토할 것이다. 국어의 장애음은 평음—경음—유기음의 세 계열을 이루는데 이들의 차이를 가져오는 음성 특징에 대한 관찰을 토대로 국어의 장애음 분류에 있어 후두 자질 설정의 타당성 여부를 논의한다.

3장에서는 국어에서 후두음 부류로 묶일 수 있는 'ㅎ'과 'ㆆ'의 음성적 특징에 대한 관찰을 통해 후두 자질을 설정하고, 음운론적 지위를 부여하는 작업이 이루어지게 된다. 음성적 특징에 대한 관찰과 기술은 선행 연구에 대한 검토와 스펙트로그램의 분석을 통하여 이루어질 것이다. 또한 후두음이 국어의 자음 체계 안에서 자연 부류로 기능하고 있음을 뒷받침하는 근거를 적극적으로 모색하게 된다.

4장에서는 후두음 부류로 음운론적 지위를 부여받은 'ㅎ'이 관여하는 다양한 음운 현상을 검토하였는데, 'ㅎ'이 가지는 독특한 음성 특징과 후두 마디만 가지는 후두음 부류라는 것으로, 'ㅎ'이 보여주는 약화·탈락, 중화, 유기음화와 같은 현상들을 하나의 틀로 아울러서 설명할 수 있는 길을 마련하고자 한다.

5장에서는 국어의 경음화 현상에 대한 선행 연구들을 비판적으로 검토하고 경음화 현상의 기제를 밝히고자 하였는데, 이 현상의 이해에도 후두 자질이 유용하게 이용될 수 있음을 보이고자 했다. 중화와 미파화의 개념을 구분하고, 음절 말 미파음이 가지는 음성 자질을 구명하며, 경음의 본질적인 자질로 여겨져 왔던 [성문 협착성(constricted glottis)]이 과연 경음을 규정하기에 타당한 자질인지를 검토하게 될 것이다.

2장 국어의 후두 자질

　이 장에서는 국어에 후두 자질을 설정하는 문제에 대해 논하기로 한다. 먼저 후두 자질 설정을 위한 이론적 토대를 구축하고, 이를 바탕으로 하여 국어의 장애음 분류에서 후두 자질을 설정하는 것이 필요함을 분명히 하였다. 국어의 장애음은 평음-경음-유기음의 세 계열을 이루는데, 이들을 분류하는 데에 후두 자질을 도입하는 것이 유용함을 밝힐 것이다. 한 언어에서 음성적 차이가 대립적이라는 것은 그 언어 체계의 대립을 구성하는 변별적 자질의 문제로 귀결된다. 장애음의 음성적 특징을 보여주는 선행 연구들의 여러 실험 결과들을 바탕으로 하여, 자질 설정의 기준과 자질의 내용이 명확하지 않은 기존의 자질보다 후두에서의 조음 작용을 반영하는 후두 자질로써 분류하는 것이 국어의 장애음 분류에 더욱 효율적임을 보였다.

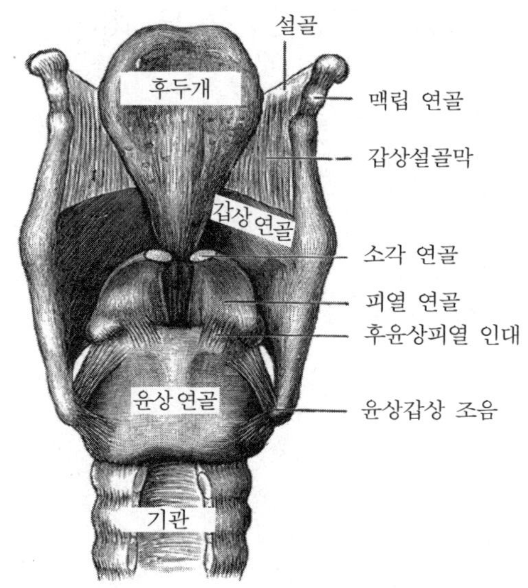

그림 2-1. 후두의 구조

2.1. 후두 자질

　이 절에서는 국어에 후두 자질을 설정하기 위한 기본 작업으로
후두의 생리적 기능에 대한 이해, 즉, 후두와 성대의 구조에 대한
이해를 돕고, 후두에서 음의 조절에 작용하는 연골과 근육의 기능
을 이해함으로써 후두 자질 설정의 기초를 마련하고자 한다. 또한
국어에 후두 자질을 설정하기 위한 이론적 기초를 마련하기 위해
후두 자질이 독자적인 부류로 기능할 수 있음을 처음 제기한 할레-
스티븐스(Halle & Stevens:1971)의 이론을 살필 것이다.

2.1.1. 후두의 기능과 생리적 특성[1]

후두(喉頭; larynx)란 위로는 설골(舌骨; 목뿔뼈 hyoid bone)에서부터 아래로는 기관(氣管; trachea)의 맨 위쪽에 있는 윤상 연골(輪狀軟骨; 環狀軟骨, 반지연골 cricoid cartilage)까지를 일컫는다.[2] 언어음에서 후두는 음원(音源)으로서뿐만 아니라 조음 기관으로서도 중요한 역할을 하는데, 후두는 판막조직으로 고정되어 있는 일련의 유(U) 자 모양의 연골성 단면들로 이루어진 기관을 통해 폐에 연결되어 있다. 후두는 일련의 연골로 만들어진 골격의 뼈대를 가지고 있다. 이들 가운데 몇 개의 연골은 음성의 생성에서 후두의 기능에 영향을 미친다.

후두의 구조를 그림으로 보인 것이 〈그림 2-1〉이다. 후두의 주요부를 구성하는 연골은 갑상 연골, 피열 연골, 윤상 연골이다.

윤상 연골은 후두의 밑바닥을 만들어 내며, 기관의 제일 높은 연골 부분이기도 하다. 갑상 연골은 성대를 보호하는 두 개의 납작한 판막으로 이루어져 있다. 각 갑상 연골의 얇은 판막은 두 개의 각상

---

1) 후두의 생리적 기능과 음성 기관으로서의 기능에 관한 내용은 구희산 외 역 (1998), 캣포드(1988), 신지영(2000) 등의 내용을 참고하였다.

2) 연골과 근육의 명칭은 해부학과 음성학에서 상용되는 관례를 따랐다. '갑상 연골, 윤상 연골, 피열 연골' 등의 명칭은 그 모양과 기능에 따라 붙여진 것이다. 이를 좀 더 이해하기 쉬운 술어로 바꾸어 '방패 연골, 반지 연골, 모뿔 연골' 등을 취하는 것도 좋을 것이나, 수많은 근육과 신경의 명칭을 모두 순화하기는 현실적으로 어려움이 있다.

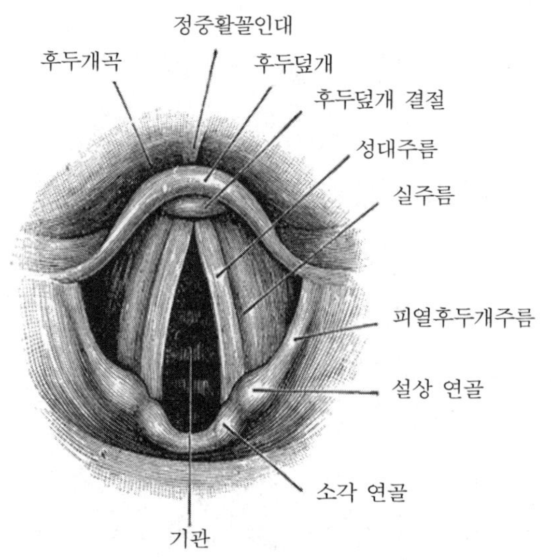

그림 2-2. 성대의 구조

돌기(角狀突起; Cornua)가 있는데 이것이 윤상 연골과 연결된다. 갑상 연골을 따라 윤상 연골은 앞쪽에서 뒤쪽으로 15도 정도 기울어지게 할 수 있는데, 이렇게 기울어지는 움직임은 성대의 긴장을 조절하는 데 중요한 역할을 한다.

후두 안에 있는 또 다른 중요한 연골은 윤상 연골 뒤쪽 옆 상부에 위치하는 작은 피열 연골이다. 피열 연골은 회전하거나 미끄러지며 성대의 위치를 조종한다. 성대는 갑상 각도의 안쪽 가장자리에서부터 피열 연골의 앞부분으로 뻗어나간다.

피열 연골은 삼각모 모양의 두 개의 뼈로 되어 있는데, 후두 근육의 힘으로 상하좌우로 움직여 성대의 굵기, 길이, 움직임(열고 닫힘)을 조정하여 발성 작용에서 그 역할이 특히 중요하다. 이들 연골은

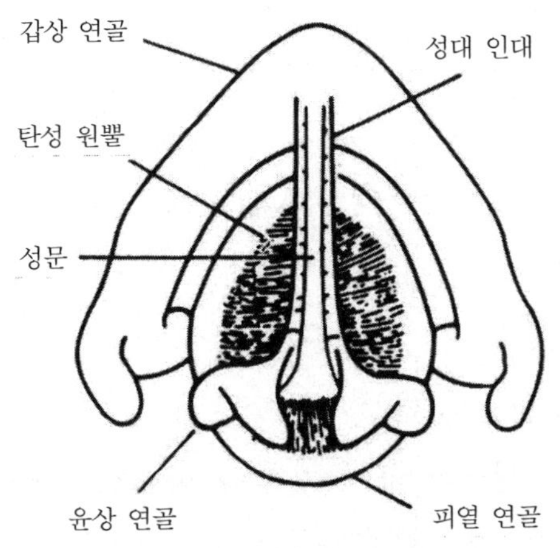

그림 2-3. 성대와 주변 연골·조직

연결된 근육의 운동으로 움직일 수 있다.

성대는 갑상 연골 뒤쪽에 있는 인대(성대 인대)와 근육, 점막 등을 말한다. 성대의 끝은 피열 연골에 닿아 있으며, 이 한 쌍의 피열 연골은 모음[內轉, adduction]과 벌림[外轉, abduction] 운동을 통하여 두 성대가 붙었다 떨어졌다 하게 한다. 두 성대가 갈라져 만들어지는 간격을 성문(聲門; glottis)이라고 하는데, 이는 어떤 실체가 있는 기관이 아니라 두 성대가 벌어져 만들어지는 공간을 가리킨다. 〈그림 2-2〉는 성대의 구조이고, 〈그림 2-3〉은 성대와 성대를 둘러싼 연골 조직을 보여준다.

이번에는 후두의 기능을 조절하는 근육 조직에 대해 알아보자. 판막작용, 발성작용, 조음작용과 같은 후두의 여러 가지 기능은 모두 매우 복잡한 근육 조직에 의해 좌우된다. 근육은 기능적으로 두 가지 나누어지는데, 후두 안에 연결 장치를 갖고 있으며, 성대의 동작을 조정하는 후두 고유근(intrinsic laryngeal muscle)과 주로 후두의 전반적인 움직임과 관계가 있는 후두 외래근(extrinsic laryngeal muscle)이 그것이다. 후두의 움직임은 위아래로 진행되며, 후두의 특정한 위치는 인두의 모양과 크기를 바꾸기도 하고 간접적으로 성대의 긴장에 영향을 미칠 수 있다.

후두 고유근은 성대의 내전, 외전 운동과 긴장(tensioning)을 조절한다. 뒤쪽에 있는 윤상피열근(cricoarytenoid)은 윤상 연골의 후부까지 뻗어 나가며 수축될 때까지 후윤상피열근(posterior cricoarytenoid muscles)이 피열 연골을 회전하게 하면서 뒤와 밑으로 당겨준다. 이렇게 됨으로써 성대는 외전하게 되고 성문은 열린다. 정상적인 대화와 호흡을 할 때는 후윤상피열근만 성대를 외전시키기 때문에, 숨을 들이쉴 때와 무성음을 만들어 낼 때 가장 활동적인 근육이다.[3]

바깥쪽 윤상피열근(lateral cricoarytenoid)과 피열사이근(interarytenoid) 또는 가로피열근(transverse arytenoid muscles)은 성대의 내전을 조절하는 데 중요한 근육이다. 바깥쪽 윤상피열근은 윤상 연골 옆면 앞에서 피열 연골 옆면 부위까지 이어진다. 바깥쪽 윤상피열근은 〈그림 2-4〉와 같이 윤상 연골을 앞으로 당기고 회전하게 만들기 때문에 성대를 내전시켜 전체적으로 딱딱하게 만드는 데 기여한다. 피열사

---

3) 전(Jun:1994) 등에 따르면 후윤상피열근의 활동은 특히 거센소리와 /ㅅ/에서 활발하다고 한다.

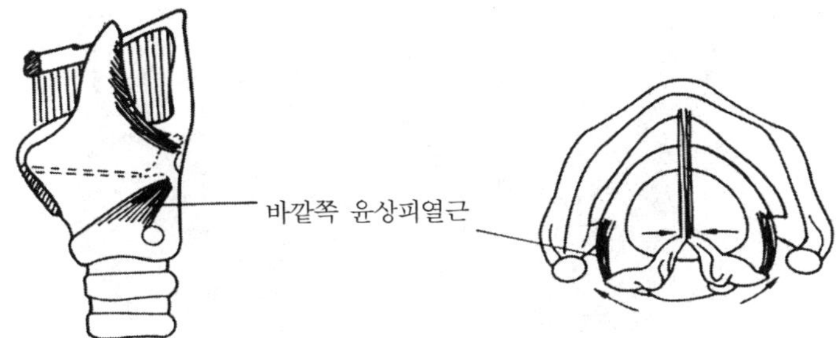

그림 2-4. 바깥쪽 윤상피열근

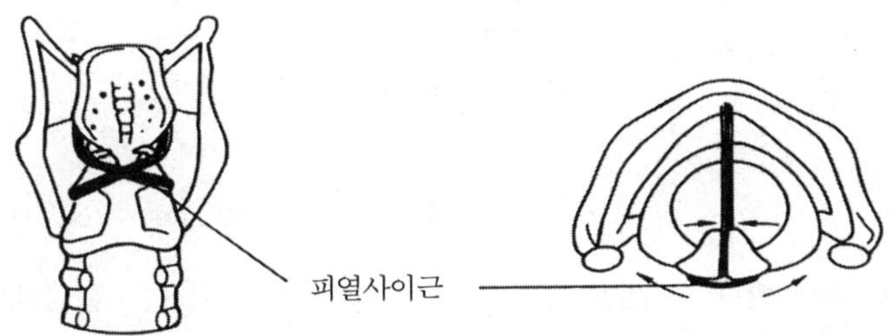

그림 2-5. 피열사이근

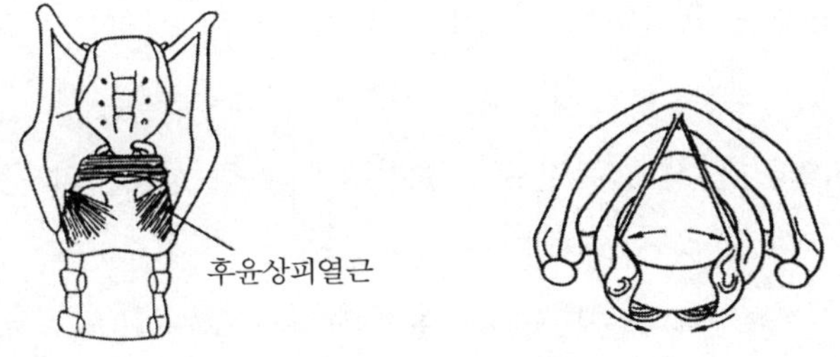

그림 2-6. 후윤상피열근

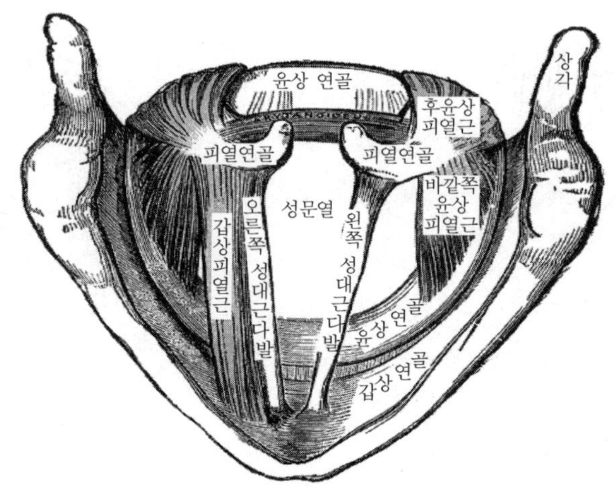

그림 2-7. 성대의 근육 구조

이근은 〈그림 2-5〉과 같이 피열 연골을 함께 당겨서 끌어 주면서 내전에 기여한다.[4] 발화에 중요한 성대의 긴장은 갑상피열근 (thyroarytenoid muscles), 성대근(vocalis)과 윤상갑상근(cricothyroid muscles) 에 의해 조절된다.

성대를 이루는 근육의 구조는 〈그림 2-7〉과 같으며,[5] 성대의 긴 장에 작용하는 근육인 갑상피열근과 성대근의 위치는 〈그림 2-8〉 과 같다.

갑상피열근은 성대의 긴장을 유지하기 위해 성대근의 운동을 지

---

4) 성문을 닫는 데에 관여하는 바깥쪽 윤상피열근(lateral cricoarytenoid muscles), 피 열사이근(interarytenoid muscles) 등의 근육 활동은 유성음에서 활발하고 무성음 에서는 억제된다. 이를 통해서도 유성음은 성문이 내전됨을 알 수 있다.

5) 연골들 사이에 자리한 근육의 작용으로 후두의 연골들이 움직이며, 이를 통해 성문이 내전 또는 외전되거나 성대가 긴장하게 된다.

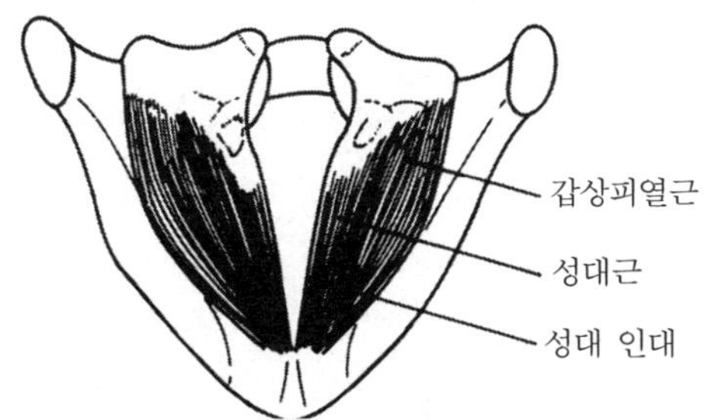

그림 2-8. 성대의 긴장에 작용하는 근육

원해 주기도 한다. 갑상피열근의 중간 부분으로 여겨질 수도 있는 성대근은 성대 구조의 부분으로서, 성대 인대와 평행으로 뻗어 나간다. 성대근은 긴장을 매우 훌륭하게 조절하는 데 기여하는 것으로 알려져 있으며, 성대를 짧게 하는 데 기여할 수도 있다.

윤상갑상근은 윤상 연골의 앞쪽 옆면 부위와 갑상 연골의 아래쪽 옆면 사이로 뻗어나간다. 수축되었을 때는 〈그림 2-9〉와 같이 윤상 연골을 기울게 함으로써 윤상 연골을 갑상 연골로부터 뒤쪽으로 움직여 나아가게 만든다. 이 움직임은 성대의 구조를 낮아지게, 늘어지게, 얇아지게, 그리고 굳어지게 만든다. 그럼으로써 성대의 길이와 긴장은 커지게 된다.

후두의 전체적인 움직임과 위치를 좌우하는 후두 외래근은 설골 아래 근육(infrahyoidal muscles)과 설골 위 근육(suprahyoidal muscles)으로 나누어진다. 설골 아래 근육은 후두를 낮추는 데, 설골 위 근육은 후두를 높이는 데 관여한다.

후두에서 소리를 만드는 데 관여하는 후두 근육의 운동 방법은 크게 두 가지로 나눌 수 있다. 하나는 성대 사이의 공간인 성문을

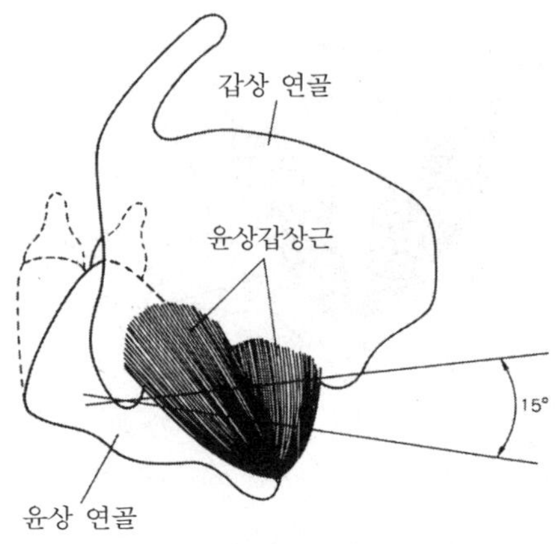

그림 2-9. 윤상갑상근

여닫는 운동이고, 다른 하나는 후두의 상하 운동이다. 후두는 1인치 정도 상하 운동을 할 수 있는 피스톤과 같다. 후두 외래근인 설골 위 근육 활동으로 후두의 위치가 상승하게 되면, 성대근은 얇아지고 길어져서 간접적으로 성대의 긴장을 유발하게 된다.6)

2.1.2. 후두 자질의 이해

1) 할레-스티븐스의 후두 자질

후두에서의 조음을 반영하는 후두 자질로 분류될 수 있는 자질로는 '성문 확장성(spread glottis), 성문 협착성(constricted glottis), 유성성(voiced)' 등이 있다. '성문 협착성(constricted glottis)'은 촘스키-할레

---

6) 이번 장에 소개된 그림들은 구희산 외(1998)과 Henry Gray, *Anatomy of the Human Body*, Philadelphia: Lea & Febiger, 1918; Bartleby.com, 2000. www.bartleby.com/107/ 에서 인용하였다.

(Chomsky & Halle:1968)에서 공명관 자질의 부류 속에서 [성문 협착성]으로 언급되었고, '유성성(voiced)'은 근원 자질의 부류 속에서 [유성성(voice)]으로 언급되었다. '성문 확장성(spread glottis)'에 해당하는 자질은 언급되지 않았으나 유기음들을 위해 근원 자질 속에 [성문 하부 상승 압력(heightened subglottal pressure)]을 설정하여 따로따로 언급되었다.

이런 자질을 다른 자질과 구별하여 후두 자질이라는 독립된 부류로 설정한 것은 할레-스티븐스(Halle & Stevens:1971)이다. 이들에 따르면 음향적인 효과를 산출하는 데 유용한 후두 근육 조직의 조작 원리로는 성대의 외전[7] 또는 내전,[8] 성대의 경직성(stiffening) 또는 이완성(slackening)의 두 가지가 있다. 전자는 성문(glottis)의 열림도를 변화시키고, 후자는 후두벽의 유연성을 변화시킨다. 성대의 경직성은 진동 주파수를 상승시키는 경향이 있으며, 성대의 이완성이나 경직성은 성대의 진동이 있건 없건 후두에 영향을 미친다. 성대가 이완되었을 때는 성대 진동이 일어나는 성문 열림도의 범위가 상대적으로 넓어 성문을 가로지르는 압력이 작아지고, 성대가 경직되었을 때는 진동이 일어나는 성문 넓이의 범위가 크게 줄어들어 성문을 가로지르는 더 큰 압력이 필요하게 된다.

---

7) 외전(abduction: 벌림)이란 관상면(coronal plane: 사람의 몸을 앞과 뒤로 나눌 때 생기는 면)에서 일어나는 운동으로 몸의 한 부분이 정중면(median plane: 사람의 몸을 왼쪽과 오른쪽이 대칭이 되게 나눌 때 생기는 한가운데 면)에서 멀리 가장자리 쪽으로 움직이는 운동을 말한다.

8) 내전(abduction: 모음)이란 관상면에서 일어나는 운동으로 몸의 한 부분이 정중면 쪽으로 가깝게 움직이는 운동을 말한다.

성대의 경직도(stiffness of the vocal cords)와 정지 상태의 성문 열림도(static glottal opening)는 두 개의 독립변수로 작용하게 된다. 이 두 가지 기준에 따라 제안된 후두 자질은 다음 네 가지이다.

① [성문 확장성]

피열 연골의 회전과 전위에 의해 성대가 정상적인 울림 위치보다 바깥쪽에 위치하며, 성문이 넓게 열린다. 이 상태에서 성대의 경직도가 충분히 크다면 넓은 성문과 경직된 후두벽의 결합은 성대 진동을 억제하고, 반면에 경직도가 줄어들어 성문벽의 이완성이 생기면 상대적으로 넓은 성문 열림도를 동반하고서 성대 진동이 일어날 수 있다. 조음 과정에서 성문이 넓게 열리는 유기음 계열이 [성문 확장성(spread glottis)] 자질을 갖게 된다.

② [성문 협착성]

피열 연골의 내전에 의해 성대가 압력을 받아서 성문은 좁거나 밀착된다. 이 상황에서 성대의 경직도가 높아지면 성대 진동은 일어날 수 없고, 성문을 통과하는 공기의 흐름도 없다. 성대의 경직도가 낮아지면 성대 진동이 일어날 수 있다.

할레-스티븐스(Halle & Stevens:1971)에서는 후두화음(laryngealized sound) 또는 성문화음(glottalized sound)들이 [성문 협착성(constricted glottis)] 자질을 갖는 것으로 본다. 국어의 경음이 [성문 협착성] 자질을 가지는가에 대해서는 논란이 있다. 국어의 경음 계열에서 성문화음들과 같은 성문의 완전 폐쇄는 일어나지 않는다. 그러나 경음의 조음 과정에 성문의 내전이 일어난다는 사실은 후두 내시경 관찰 결과를 비롯한 여러 가지 실험 결과로 뒷받침되고 있다.

③ [성대 경직성]

성대 경직도가 증가하면 성대의 위/아래 모서리 사이의 결합을 더 세게 만든다. 성대의 경직성은 성문의 열림 정도와 상관없이 성대 진동에 영향을 미치며, 증가된 성대의 경직성은 ① 성도에서의 폐쇄가 구강 내 압력의 증가를 야기하고, 그 결과 성문(후두)을 가로지르는 압력이 감소할 때, ② 성문(후두)이 넓게 열리거나 수축될 때 성대 진동을 막는다. 증가된 성대의 경직성은 성대 진동이 가능한 후두 통과 기류의 압력과 성문 열림도의 범위를 좁힌다.

할레-스티븐스(Halle & Stevens:1971)에서는 유성음과 무성음을 구별하는 자질로써 [성대 경직성(stiff vocal cords)]과 [성대 이완성(slack vocal cords)]을 설정하였다. 그에 따르면 무성음 계열들은 [성대 경직성] 자질을 갖는 것으로 본다. 그러나 국어의 장애음은 평음-경음-유기음 계열 모두가 무성음이고, 유성과 무성의 구별이 없다. 평음 계열이 모음 사이에서 유성음화라는 이음 과정을 겪을 뿐이다. 성대의 경직도가 증가할수록 진동 주파수가 상승하는 경향이 있다는 관찰을 토대로 국어의 무성음 계열에 이 자질을 어떻게 부여할 것인지 판단해야 할 것이다.

④ [성대 이완성]

성대 위/아래 부위의 결합력이 감소함에 따라 이완된다. 후두벽의 경직성이 감소함에 따라서만이 아니라 성대의 긴장이 감소함에 따라 이완되며, 성대의 이완성은 성문이 확산되었을 때나 수축되었을 때나 모두 성대의 진동을 허용한다. 성대가 이완되면 성대 진동 주파수는 감소한다. 유·무성의 대립이 있는 언어에서 유성음 계열이 [성대 이완성(slack vocal cords)] 자질을 갖게 된다.

성문의 너비를 기준으로 넓은 쪽에 [+성문 확장성(spread glottis)], 피열 연골의 내전으로 좁아진 쪽에 [+성문 협착성(constricted glottis)], 성대의 위쪽과 아래쪽 끝부분의 당김이 증가하는 자질에 [+성대 경직성(stiff vocal cords)], 감소하는 자질에 [+성대 이완성(slack vocal cords)]의 가치를 부여한다. 네 가지의 자질은 서로 완전히 독립적인 것이 아니라 어울려서 다음 〈표 2-1〉과 같은 아홉 가지의 변별적인 음성 범주를 산출해 낸다. 1~3번은 평음(plain) 계열, 4~6번은 유기음(aspirated) 계열, 7~9번은 성문화음(glottalized) 계열 음이다.

표 2-1. 자질에 따른 장애음의 분류(Halle & Stevens:1971)

	1	2	3	4	5	6	7	8	9
	$b̥$	b	p	$p^{k9)}$	b^h	p^h	$ɓ$	$ˀb$	$p^ˀ$
[성문 확장성] (spread glottis)	−	−	−	+	+	+	−	−	−
[성문 협착성] (constricted glottis)	−	−	−	−	−	−	+	+	+
[성대 경직성] (stiff vocal cords)	−	−	+	−	−	+	−	−	+
[성대 이완성] (slack vocal cords)	−	+	−	−	+	−	−	+	−

---

9) 한국어의 평음 계열을 말한다.

　[+성대 경직성, −성대 이완성]은 전통적으로 무성자음에 배당되던 자질로 6번은 인접 모음의 기본 주파수 상승을 가져오므로 [+성대 경직성]을 제안한 것이다. 9번과 같은 [+성대 경직성]과 [+성문 협착성]의 조합은 폐쇄 지속 기간 동안에 후두가 밀착되어 있으면서 진동은 없다는 의미이다. 기관(trachea)과 후두 상위 공간 사이의 공기 흐름은 없다. 후두 상위 부분의 폐쇄를 해제하는 순간에 충분한 음향 에너지를 획득하기 위해서는 후두 상위 공간에서 압력이 있어야 하며, 이를 위해서는 폐쇄 지속 시간 동안 이 공간의 크기를 줄여야 하는데, 후두를 들어 올림으로써 이 공간을 줄일 수 있다.

　[−성대 경직성, −성대 이완성]의 자질을 가지는 음 가운데에서 p^k는 부분적으로 유기음화된 자음이다. 외전이 유기음들만큼 크지는 않으나 폐쇄 시간 동안에 성대가 외전된다. 그러므로 폐쇄음이 해제된 뒤에 짧은 기식(aspiration)의 시간이 있다. 그러나 성대 진동의 시작은 [−성대 경직성] 형상과 함께 나타날 때(넓은 성대 열림과 동반하여 진동이 시작될 때)가 [+성대 경직성]과 함께 나타날 때보다 더 즉시 일어난다. 성대 진동 시작에 앞서는 시간이 무성 무기음의 경우보다 다소 짧다. 폐쇄 해제에 뒤따르는 후행 모음의 기본 주파수는 p와 p^h의 경우가 p보다 더 높은 경향이 있다. 그래서 p와 p^h에는 [+성대 경직성]을, p^k에는 [−성대 경직성]을 배당한 것이다.

　성대의 상태가 [−성대 경직성]일 때는 [+성대 경직성]일 때보다 후두를 통과하는 공기의 압력이 더 작아도 진동을 일으킬 수 있다. 그러나 진동은 [−성대 경직성]일 때뿐만이 아니라 [+성대 이완성]일 때 더 쉽게 일어난다. 전통적으로 유성 장애음으로 분류되던 소리들은 [−성대 경직성, +성대 이완성]으로 표시된다. 여기서 bh라는 유성유기음의 존재에 의문을 가질 수 있으나 가능하다. 폐쇄 기간에 약간의 성대 진동이 있으나 오래 지속되지 못하고, 폐쇄가 해제될 때 성대가 크게 열려 성대를 통과하는 공기의 양이 많아진다.

2) 선행 연구의 후두 자질 분류

촘스키-할레(Chomsky & Halle:1968)의 자질 가운데 후두에서의 조음을 보여 주는 것으로 간주할 수 있는 자질은 [성문 협착성(glottal constriction)], [긴장성(tense)], [유성성(voice)], [성문 하부 상승 압력 (heightened subglottal pressure)]의 네 가지다. 여기서 [성문 협착성]은 공명관 자질의 부류 속에, [긴장성]은 조음 방법 자질의 부류 속에, [유성성]과 [성문 하부 상승 압력]은 근원 자질 부류 속에 설정되어 따로따로 언급되었다. 촘스키-할레(Chomsky & Halle:1968)의 전체 자질 분류와 그 안에서 이 네 가지 자질이 차지하는 위치는 다음과 같다.

> 주요 부류 자질(major class features)
>   공명성(sonorant)
>   모음성(vocalic)
>   자음성(consonantal)
>   공명관 자질(cavity features)
>   설정성(coronal)

전방성(anterior)

혓몸성(tongue-body features)

  고설성(high)

  저설성(low)

  후설성(back)

원순성(round)

분산성(distributed)

억압성(covered)

성문협착(glottal constrictions)

이차간극(secondary apertures)

  비음성(nasal)

  설측성(lateral)

조음방법 자질(manner of articulation features)

지속성(continuant)

폐쇄해제자질(release features): 순간과 지연(instantaneous and delayed)

  일차 해제(primary release)

  이차 해제(secondary release)

보조동작들(supplementary movements)

  흡입성(suction)

    연구개 흡입성(velaric suction (clicks))

    내파성(implosion)

  압력성(pressure)

    연구개 압력성(velaric pressure)

    방출성(ejectives)

긴장성(tense)

근원 자질(source features)

  성문하부 상승압력(heightened subglottal pressure)

  유성성(voice)

  소음성(strident)

운율 자질(prosodic features)

  강세(stress)

  고저(pitch)

    고음(high)

    저음(low)

    고조(elevated)

    상승조(rising)

    하강조(falling)

    오목조(concave)

  장단(length)

이 네 가지 자질이 어떤 기준으로 성립된 것이고 그 자세한 내용이 어떠한지를 살펴보기로 하자.

① [성문 협착성]

성문 협착은 성문을 중립적인 크기보다 더 좁힘으로써 생긴다. 그와 같은 협착은 여러 가지 많은 종류의 성문 상부 조음 형상(supraglottal articulatory configuration)과 동시에 나타날 수 있다. 성문 협착은 대개 극단적인 정도로, 다시 말해서, 완전 폐쇄로 나타난다. 김(Kim:1965)가 기술한 한국어의 긴장 성문 폐쇄음(tense glottalized stop)은 성문 협착은 일으키지만 성문 폐쇄는 일으키지 않는다. 왜냐하면 그렇지 않고서는 김(Kim:1965)가 관찰한 폐쇄기간 동안의 구강 내에서 공기 압력의 증가를 설명할 수 없게 된다.

한편 성대가 넓게 벌어져 있지 않다는 것은 인접 모음의 성대진동 개시시간(the timing of the voicing onset)에 의해 알 수 있다. 이들 폐쇄음들의 경우, 성대진동은 주요 폐쇄가 해제되자마자 시작되는 데 반해, 성문폐쇄를 동반하지 않는 폐쇄음의 경우에는 성대 진동이 지연된다. 이와 같은 사실로 미루어 보아 성문협착에 의해 조음되는 음들에서의 성대 진동은 성문 협착이 해제된 다음에야 나타날 수 있다.

② [긴장성]-[비긴장성]

긴장성의 자질은 주어진 음의 조음 동작 전체가 성문 상부의 근육 운동에 따라 이루어지는 조음 방법을 규정한다. 긴장음들은 상당히 많은 근육의 노력을 요하는, 신중하며 정확하고 최대로 뚜렷한 동작에 따라서 생성된다. 비긴장음(nontense; 이완성 lax)은 빠르게, 그리고 약간 불분명하게 조음된다. 모음, 자음 모두 긴장음인 경우에는 조음 기관이 필요한 형태를 유지하는 기간이 비교적 긴 데 비하여, 비긴장음의 경우 전체 조음 동작은 약간 피상적으로 이루어진다.

긴장 자음과 이완 자음의 차이는 조음상의 노력과 조음의 지속시간의 차이라는 것을 알게 된다. 성도의 모양을 통제하는 근육에 더 큰 긴장이 가해질 때 더 큰 조음상의 노력이 나타난다. 이와 같은 사실을 뒷받침하는 증거는 주로 X선에 대한 연구와 폐쇄 자음 뒤에 오는 모음의 성대 진동 개시를 관찰함으로써 얻어진다. 성대의 진동이 일어나기 위해서는 성대가 성대 진동을 허용할 수 있는 위치에 있어야 하고, 성문 사이로 공기의 유동이 있어야 한다. 폐쇄음이 조음되고 성대가 진동을 위해 필요한 모양을 갖추고 있는 동안 구강이 폐쇄되면 구강 안의 압력이 높아지고 매우 빠른 시간 안에 성문 하부의 압력도 같은 정도까지 상승한다. 이렇게 되면 성문을 통한 공기의 흐름은 정지되며, 그 결과 그 이상의 성대 진동은 불가능해진다. 이와 같은 상황 아래서 성도 안의 공기의 압력 상승을 완화하고, 폐쇄 단계 중간에 성대 진동이 일어나게 하는 유일한 길은 성도가 확장되게 해주는 것이다. 근육의 긴장에 의해서 성도의 벽이 단단해지면 구강의 부피 확장은 일어날 수 없으며, 따라서 긴장 폐쇄음은 폐쇄 기간 동안 성대 진동이 일어나지 않는다. 만약에 구강의 벽이 이완되면 성대가 확장하여 폐쇄 기간 동안에도 성대는 진동할 수 있게 된다.

③ [성문 하부 상승 압력]

긴장음은 더 큰 성문 하부 압력으로 발성된다. 성문 상부의 긴장성은 성문 하부의 긴장성과는 다른 장치에 의해 통제되므로 이들 두 특성을 하나의 음성 자질로 통합할 수는 없다. 긴장성에 더하여 '성문 하부 상승 압력'이라는 자질을 설정해야 한다. 이 자질은 성문 하부의 근육 조직에 긴장성을 수반하지 않는 음을 발성할 때도 사용될 수 있다. 힌두어(Hindi)의 기식 유성 폐쇄음은 긴장성은 없으나 성문 하부 상승 압력으로 발성된다고 말할 수 있다. 성문 하부 압력 상승은 기식음을 위한 필요조건이기는 하지만 충분조건은 아니다. 기식음은 이 밖에도 성문에 협착이 일어나지 말아야 할 것을 요구한다. 성문 협착이 일어나면 기식음은 생기지 않는다.

④ [유성성]

성대 진동을 통제하는 두 가지 중요한 요소는 성문 위·아래의 공기 압력의 차이와 성대의 모양 그 자체(긴장도, 형태, 그리고 두 성대의 상호 위치)이다. 성문하부 압력은 호흡 근육에 의해 기관(氣管; trachea)에서 유지되는 압력이다. 구강 안에서 이렇다 할 수축이 일어나지 않는 한 성문 상부의 압력은 대기의 압력과 거의 비슷하며, 물론 성문 하부의 압력보다는 낮다. 만약 구강에 상당한 수축이 일어나면 허파에서 올라오는 공기가 자유롭게 흘러 나갈 수 없으므로 성문 상부의 압력은 대기의 압력보다 높아지게 된다. 이 공기의 일부 또는 전부가 성문 상부의 공간에 갇혀 그곳의 압력을 높여 성문 상하의 압력 차이를 줄인다. 이것이 중요한 것은, 다른 모든 조건이 같다면 이와 같은 압력의 차이가 허파로부터 성문을 통해 나오는 공기 유출의 속도를 결정하게 되며, 성문이 진동하는가 하지 않는가를 결정하는 것이 이 공기 유출의 속도이기 때문이다.

성대가 진동을 시작하기 위해서는 성문을 완전히 닫을 필요가 없다. 성문을 지나가는 공기의 속도가 충분히 빠르면 성문 통로의 압력이 내려가서(베르누이 효과) 그 압력이 탄력 있는 근육이 맞조여서 성문을 닫아버리는 것을 막지 못할 만큼 떨어지게 된다. 성문이 닫히자마자 성문 하부의 압력은 올라가기 시작하고 급기야는 성문을 닫고 있는 탄력적인 근육의 힘을 이길 만큼 커진다. 이 시점에서 성문은 열리게 되며, 그곳을 통해 공기는 다시 흐르기 시작한다. 그 후에 이 공기의 흐름은 다시 한 번 성문의 통로 안의 압력을 급속히 떨어뜨려 다시 닫힌다. 분명히 베르누이 효과는 성대가 적절한 위치를 취할 때만 일어날 수 있다. 성대가 조용히 숨쉴 때처럼 너무 벌어져 있으면 성대를 맞닿게 하여 진동이 일어나게 할 수 있을 만큼 성문 안의 압력이 내려가지 않는다.

이 자질들의 내용을 보면 [긴장성]을 제외하고는 성문, 성문 하부, 성대에서의 작용을 담고 있는데, 이 부위들은 모두 후두부에 속하는 기관들이다.

[유성성]은 '성대의 진동 여부'가, [성문 협착성]은 '성문의 크기'가, [성문 하부 상승 압력]은 '높은 성문 하부의 압력'이 이들을 자질로 설정한 기준이 된 것이다.

[긴장성]은 주어진 음의 조음동작 전체가 성문 상부의 근육 운동에 의해 이루어지는 조음 방법을 규정하는 자질이라고 했는데, 이러한 기준은 좀 모호하다. 정확한 음성학적 내용을 담고 있지 않기 때문인데, 성문 상부의 긴장성을 유발하는 근원적인 요인이 무엇인지를 찾아 그것을 자질로 도입하는 것이 더 나은 방법이 될 듯하다. 또한 이 자질들은 후두 부위의 작용으로 인해 일어나는 것인데도, 서로 다른 부류에 속해 있어 동질성을 포착하기 어렵다.

[성문 하부 상승 압력]은 유기음들을 위해 설정한 자질인데, 이것이 유기음 부류를 근본적으로 분류하는 자질이 되기는 어렵다. [긴

장성] 자질을 가지는 음들도 높은 성문 하부 압력을 보이기 때문이다. 이 자질은 아마도 유기음들도 긴장성을 가지는 데에서 유래한 특성으로 보인다. 국어에는 유성음 계열이 존재하지 않으므로 [유성성]을 빼면 나머지 자질들로 평음-경음-유기음의 분화를 설명해야 하는데, 이 네 가지 자질이 그런 목적에 맞는 것들이라고 평가하기는 어렵다. SPE 자질 가운데 후두 부위의 조음 과정과 밀접한 관련이 있어 보이는 위의 네 자질은 후두 자질로서의 독자성을 가지고 설정된 자질이 아니어서 그 기준과 내용에 일관성이 결여되어 있다.

이번에는 후두 자질의 독자성을 인정하고 음의 분류에 적극적으로 후두 자질을 도입한 선행 연구들에서 평음, 경음, 유기음 계열에 어떤 후두 자질을 부여했는지 주요한 논의를 중심으로 살펴보도록 하겠다.

표 2-2. 할레-스티븐스의 후두 자질 분류(Halle & Stevens:1971)

	평음(lax)	경음(tense)	유기음(aspirated)
[성문 확장성]	+	−	+
[성문 협착성]	−	−	−
[성대 경직성]	−	+	+
[성대 이완성]	−	−	−

할레-스티븐스(Halle & Stevens:1971)은 후두 자질 설정의 근거가 된 논문인데, 여기서의 자질 분류는 국내 학자들이 받아들인 것과 차이가 있다. 할레-스티븐스(Halle & Stevens:1971)의 자질 분류를 따

른다고 하면서 〈표 2-2〉와는 다른 자질을 부여한 논의들을 볼 수 있는데, 자질에 대한 정확한 이해를 바탕으로 국어에 후두 자질을 도입해야 할 것이다.

그 내용을 자세히 보면, 우선 어두에서 약한 유기성을 띠는 국어의 평음 계열에 [+성문 확장성(spread glottis)] 자질을 주었고, 경음 계열은 [성문 협착성(constricted glottis)] 자질을 가지지 않는 것으로 본 것이 특징적이다.

할레-스티븐스(Halle & Stevens:1971)에서 [성문 협착성] 자질값으로 '+'를 가지는 부류는 '성문화음(glottalized consonants)'들인데, 방출음(ejectives)과 내파음(implosives)이 이 부류에 속한다고 설명하고 있다. 즉, 완전한 성문의 폐쇄가 일어나지 않는 음들에는 이 자질을 부여하지 않은 것이다.

표 2-3. 아이버슨의 후두 자질 분류(Iverson:1983)

	평음	경음	/ㅅ/	유기음
[성문 확장성]	−	−	+	+
[성문 협착성]	−	+	−	−
[성대 경직성]	−	+	−	+
[성대 이완성]	−	−	−	−

아이버슨(Iverson:1983)은 기본적으로는 할레-스티븐스(Halle & Stevens:1971)에서 제안된 자질 네 가지를 모두 받아들였으나, 카가야(Kagaya:1974)의 후두 내시경 관찰 결과를 토대로 성문이 내전되지

않는 국어의 평음 계열에 [−성문 확장성(spread glottis)] 자질을 배당
하였다. 그리고 경음 계열은 폐쇄의 개방 시에 성문이 내전되므로
[+성문 협착성(constricted glottis)] 자질을 갖는 것으로 보았다. 그리
고 /s/의 조음 과정에 거의 유기음에 비교될 정도로 성문이 넓게 열
린다는 관찰 결과를 토대로 /s/에 [+성문 확장성] 자질을 부여하였
다. 이렇게 보면 국어의 'ㅅ'은 평음이 아니라 유기음에 속하는 것
이 된다.

표 2-4. 실바의 후두 자질 분류(Silva:1992)

	평음(lax)	경음(reinforced	유기음(aspirated))
[성문 확장성]	+	−	+
[성문 협착성]	−	+	−
[성대 경직성]	−	+	+
[성대 이완성]	−	−	−

실바(Silva:1992)의 후두 자질 분류는 평음이 [+성문 확장성] 자질
을 가진다는 점에서는 할레-스티븐스(Halle & Stevens:1971)의 자질
분류와 같으나, 경음 계열이 [−성문 협착성] 자질을 갖는 것으로
분류되었던 할레-스티븐스(Halle & Stevens:1971)과 달리, 국어의 경음
계열에 [+성문 협착성] 자질을 부여했다는 점에서 차이가 있다. 유
기음 계열과 경음 계열은 모두 [+성대 경직성] 자질을 가지는 것으
로 되어 있다.

2.2. 장애음의 분류와 후두 자질

2.2.1. 후두 자질 설정의 필요성

국어의 장애음은 다음과 같이 똑같은 조음 위치에 평음과 경음, 유기음의 세 계열이 존재하는 체계로 이루어져 있다.[10]

양순음	ㅂ ㅃ ㅍ		
치경음	ㄷ ㄸ ㅌ / ㅈ ㅉ ㅊ / ㅅ ㅆ		
연구개음	ㄱ ㄲ ㅋ		

구조주의 음운론에서는 이 세 계열이 평음을 원음소로 하여 유기성을 상관 징표로 하는 유기음과 긴장성을 상관 징표로 하는 경음이 삼지적 상관속을 이루는 것으로 논의되어 왔다. 이는 구체적인 음성 특징을 바탕으로 한 것이 아니었고, 경음과 유기음은 평음을 통해서만 선조적으로 연결되는 대립으로 기술되기 때문에 그 둘 사이의 동질성을 포착하기 어려웠다.[11]

생성 음운론 도입 이후 '유기성'을 [aspirated] 자질로, '긴장성'을

---

10) 마찰음의 경우는 'ㅅ, ㅆ' 두 계열만 존재하며, 'ㄷ'계 자음과 'ㅈ'계 자음은 조음 위치에 차이가 있어 전자는 치경음, 후자는 경구개음으로 실현되지만, 이 두 계열은 폐쇄음과 파찰음이라는 조음 방식의 차이에서 분류되므로 조음 위치에서의 차이를 구별하지 않았다.

11) 김주필(1990) 참조.

[tense] 자질로 표시함으로써 경음과 유기음의 동질성을 포착할 수 있는 길은 마련되었으나, [긴장성] 자질에 대해 유기음이 어떤 자질값을 가지는지 상반된 두 입장이 있고, 'ㅎ'에 [유기성] 자질을 주는 문제에 대해서도 견해가 양분되어 있으며, 평음에 [유기성] 자질을 부여하기도 하였다.

송철의(1996)에서 국어의 자질 가운데에서 가장 논란의 여지가 없는 것이 자음의 조음방식 자질[12]이라고 하였으나 사실은 그렇지가 않다. 또 흔히 경음과 유기음의 자질로 표시되어 온 [긴장성]과 [유기성]에 대해서도 어떤 기준에 의해 설정된 자질인지 명료하지 않다. 이 자질을 설정하는 것 자체가 국어의 장애음 분류에 과연 유용한 것인가 하는 근본적인 질문에서부터 출발하여 합리적인 대답을 찾아야 할 것이다.

1) 평음, 경음, 유기음의 자질 표시

자질 이론을 국어의 음운 분류에 도입한 초기 생성 음운론자들은 공통적으로 국어의 평음, 경음, 유기음을 다음과 같은 자질로 표시하였다. 김진우(1966), 이승환(1967), 이혜숙(1968) 모두 동일한 표시를 보인다.

평음   [−긴장성, −유기성]
경음   [+긴장성, −유기성]
유기음 [+긴장성, +유기성]

---

12) [지속성(continuant)], [조찰성(strident)], [비음성(nasal)], [긴장성(tense)] 또는 [경음성(glottalized)], [기식성(또는 유기성; aspirated)]

배주채(1996)에서 [긴장성]과 [유기성]은 조음방식 자질의 하나로 다루어졌는데, 이 논의에서 조음방식 자질은 다음과 같은 여섯 가지로 요약된다.

[공명성(sonorant)] : 규칙적인 포먼트(fomant) 구조를 가지는 특성
[비음성(nasal)] : 공기가 비강으로 흐르며 공명을 일으키는 특성
[치찰성(sibilant)] : 혀끝이나 전설에 의해 난류(亂流)가 생겨 높은 주파
　　　　수 대역(3000Hz 이상)에 음향 에너지가 집중되는 특성
[폐쇄성(stop)] : 구강에서 공기의 흐름이 완전히 막히는 특성
[긴장성(tense)] : 성대와 조음 위치의 근육이 긴장되는 특성
[유기성(aspirated)] : 성문에서 많은 양의 기식이 방출되는 특성

경음, 유기음, 평음은 [긴장성]과 [유기성] 자질에 따라 분류되는데, 경음은 [+긴장성, −유기성], 유기음은 [+긴장성, +유기성], 평음은 [−긴장성, −유기성]의 자질을 가지는 것으로 표시된다. 유기음에 [+긴장성] 자질을 인정했다는 점에서 김진우(1966), 이승환(1967), 이혜숙(1968) 등의 논의와 유사하다.

이와 달리 이병근·최명옥(1997)에서는 조음방식에 의한 자질로는 국어의 경우 대표적으로 [경음성(±tense)]과 유기음성 즉, [유기성(±aspirated)]이 있다고 하면서, 국어의 저해음들은 /ㅂ, ㅃ, ㅍ/의 뭉치에서 볼 수 있듯이 조음방식에 따라 다시 평음, 유기음, 경음의 구별이 있는데, 이들은 경음성 자질과 유기성 자질로 구별하여 명시하면, /ㅂ/은 [−경음성, −유기성], /ㅃ/은 [+경음성, −유기성], /ㅍ/은 [−경음성, +유기성]으로 명시된다고 하여 유기음 계열이

[-경음성] 자질을 가지는 것으로 파악하였다. 비슷한 입장을 보이
는 논의로는 정연찬(1997)이 있다. 여기서 조음방식 자질로 언급된
것은 다음의 여섯 가지이다.

[유성질(voice)] : 성대의 진동 유무
[비음질(nasal)] : 목젖을 낮추어 공기가 비강을 통과하며 생기는 공명
[기음질(aspirate)] : 폐쇄가 풀릴 때의 강한 호기
[경음질(tense)] : 구강이나 후두에 높은 긴장 =[glottalized] 후두화
[지속질(continuant)] : 구강에서 공기 흐름의 지속
[소음질(strident)] : 조음할 때 들리는 청각 인상

여기서도 이병근·최명옥(1997)과 마찬가지로 경음에 [+긴장성,
-유기성], 유기음에 [-긴장성, +유기성], 평음에 [-긴장성, -
유기성] 자질을 부여하여, 유기음이 [-경음성] 자질을 가지는 것
으로 보았다.

그런데 조음방식 자질에 속하는 것으로 본 여섯 가지의 자질이
배주채(1996), 송철의(1996)의 세부 항목과 차이가 있다. 배주채(1996)
에서 [공명성] 자질을 조음방식 자질로 분류한 데에 비해, 정연찬
(1997)은 [공명성] 대신에 [유성성]을 넣었으며, 송철의(1996)은 두
자질에 해당하는 것을 조음방식 자질로 처리하지 않았다. 세 논의
모두 [긴장성]과 [유기성]을 조음방식 자질의 하위 부류로 분류하
였으나, 조음방식 자질에 속하는 다른 자질들과 평행한 위치에 있
지 않다는 점을 지적할 수 있다. 설정된 자질들이 조음적 자질이냐
음향적 자질이냐의 문제와는 별도로, [긴장성]과 [유기성]은 구강에

표 2-5. 허웅(1985)의 자음 분류

방법	힘	자리	[+입술]	[−(입술, 뒤혀)]	[+뒤혀]
[+터짐]		[−(된, 거센)]	ㅂ	ㄷ	ㄱ
		[+된]	ㅃ	ㄸ	ㄲ
		[+거센]	ㅍ	ㅌ	ㅋ
[+(터짐, 갈이)]		[−(된, 거센)]		ㅈ	
		[+된]		ㅉ	
		[+거센]		ㅊ	
[+갈이]		[−(된, 거센)]		ㅅ	
		[+된]		ㅆ	

서의 조음 과정과는 무관하게 설정된 자질임을 염두에 두어야 할 것이다.

허웅(1985)에서는 현대국어의 자음 19개 가운데 /ㅎ/을 [+막음, −고정자리]로 따로 분류하여 조직에서 제외시키고, 나머지 열여덟 개의 자음을 '장애'의 유무로 '장애음'과 '향음'으로 크게 나누었다. 장애음은 [+(막음, 고정자리, 장애)]로 향음은 [+(막음, 고정자리), −장애]로 표시된다. 장애음은 다시 조음되는 '자리'와 '방법'과 '내는 힘'에 따라 분화되는데, '자리'는 '입술'[+입술], '혀끝'[−(입술, 뒤혀)], '뒤혀'[+뒤혀]로 대립하고, '방법'은 '터짐'[+터짐], '붙갈이'[+(터짐, 갈이)], '갈이'[+갈이]로 대립하며, '내는 힘'은 '약한'[−(된, 거센)], '된'[+된], '거센'[+거센]으로 대립한다. 이러한 변별적 대립을 바탕으로 한 장애음 체계는 〈표 2-5〉와 같다.

[된]과 [거센]이 의미하는 바를 정확히 설명하지 않았고, 이를 곧바로 [긴장성]과 [유기성]에 대응시키는 것이 무리일지 몰라도, 유기음 계열의 '내는 힘'이 '되'지 않다는 정도로 받아들인다면, 이병근·최명옥(1997), 정연찬(1997)과 같은 입장에 서 있는 것으로 판단해도 무리는 없을 것이다.

이기문·김진우·이상억(1984)에서는 촘스키-할레(Chomsky & Halle: 1968)의 자질 분류에 따라서 조음방식 자질로 [비음성(nasal)], [지속성(continuant)], [지연된 폐쇄해제(delayed release)], [소음성(strident)], [설측성(lateral)]을, 기타 부차적 자질로 [유성성(voiced)], [유기성(aspirated)], [경음성(glottalized; 또는 checked)], [긴장성(tense)]을 설정하였다. 조음방식 자질로 여겨져 온 [유기성], [경음성], [긴장성] 등은 여기서는 부차적 자질 속에서 다루어졌다.

무엇보다 국어의 유기음과 경음은 각각 [유기성], [경음성] 자질로 특징지을 수 있다고 했는데, [유기성], [경음성]은 자음에 대해서, 특히 장애음에 한해서 나타나는 자질이라며, 이 자질은 'h'와 '?'로 각각 대표된다고 하였으나, 각각의 자질 설정 기준에 대해서는 언급하지 않았다. [경음성]과 [긴장성]의 두 가지 자질을 설정하였는데, 이 각각의 자질이 어떻게 변별되는 것인지에 대한 설명은 빠져 있으며, 다만 [긴장성]은 국어의 모음과 자음에 다 나타나며 조음기관을 전체적으로 긴장시켜 강한 에너지가 스펙트로그램 위에 널리 길게 퍼지는 상태를 말한다고 하였다. 이것만으로는 국어의 경음이 [경음성]과 [긴장성] 자질을 둘 다 가지는지의 여부가 명확하지 않다.

국어 장애음의 자질 분류에 [경음성]과 [긴장성] 자질 모두를 사용한 것은 김-르노(Kim-Renaud:1974)에서도 볼 수 있고 김정우(1994)도 김-르노(Kim-Renaud:1974)의 견해를 수용하여 국어의 폐쇄음을 같은 자질로 명세하였다. 이들이 채택한 자질 표시는 다음과 같다.

평음   [−긴장성, −유기성, −경음성]
경음   [+긴장성, −유기성, +경음성]
유기음 [+긴장성, +유기성, −경음성]

명시적으로 표현하지는 않았지만, 송철의(1996)과 정연찬(1997)에서는 [긴장성]과 [경음성]이 같은 기능을 하는 만큼 둘 가운데 하나만 채택해도 무방하다고 본 것과 달리, 김-르노(Kim-Renaud:1974)는 두 자질을 다 사용하여 평음, 경음, 유기음을 표시한다. 자질에 대한 정확한 설명을 하지는 않았으나 경음만 [+경음성]인 것으로 보아 [경음성]은 국어의 경음을 조음할 때 성문의 폐쇄가 일어남을 반영한 자질로 추측할 수 있다. 그렇다면 이 논의에서도 [경음성] 자질과 [긴장성] 자질의 설정 기준과 이 자질들이 담고 있는 내용을 명확하게 변별할 수 있어야 할 것이다.

2) 새로운 자질 설정의 필요성

지금까지 살펴본 바에 따르면, 국어의 장애음을 평음, 경음, 유기음으로 분류하는 데 사용된 자질의 수나 부여된 자질값은 논자에 따라 차이가 있었다. 이는 조음방식 자질로 간주해 온 유기성이나 긴장성 자질로는 적절한 자질 명세를 하는 데에 문제가 있으며, 이들 자질이 어떤 기준에 의해 설정된 것인지도 분명하지 않다는 점에서 야기된 결과라 생각한다. 이쯤에서 [유기성]과 [긴장성] 자질이 의미하는 바가 무엇인지, 이 자질이 국어의 장애음 분화에 꼭 필요한 것인지를 점검할 필요가 있다.

또한 이 자질들이 과연 조음방식 자질에 속하는 것인지도 의문이 생긴다. [유기성]이나 [긴장성] 자질을 갖게 되는 것은, 구강이나 비강에서의 조음과는 다른 차원에서 일어나는 일이기 때문이다.

말소리는 폐에서 생성된 기류가 성대(vocal folds)와 성도(vocal tract)를 거치면서[13] 만들어진다. 이때 성대는 폐에서 올라온 기류를 조절하며, 성도는 그 모양을 여러 가지로 변형시켜서 성대를 통해 올라온 기류들을 특정한 음가를 가진 다양한 언어음으로 만들어 낸다.[14] 발동작용(airstream mechanism, initiation)이 기류를 일으키는 작용이라면, 발성작용(phonation)은 발동작용에 의해 생성된 기류가 성문을 통과할 때 일어나는 1차적인 기류의 조절작용이며, 조음작용(articulation)은 발동체에서 나온 기류, 또는 발성체를 거쳐 1차적인 변형과정을 겪은 기류를 입 안에서 또 한 번 변형시킴으로써 구체적인 음성을 만들어 내는 과정을 말한다.

국어의 평음, 경음, 유기음은 이들을 변별시켜 줄 자질(그것이 [유

---

13) 성도란 후두 위의 공간을 의미한다.

14) 캣포드(Catford:1988)은 말소리 생성의 이와 같은 세 과정을 발동(initiation), 발성(phonation), 조음(articulation)이라 이름 짓고, 이를 발화의 기능적 구성 요소(the functional components of speech)라고 하였다.

기성]이든 [긴장성]이든 다른 어떤 자질이든 간에) 외에는 다른 모든 자질이 같다. 즉, 구강에서 일어나는 조음작용의 차이에 의해 변별되는 음이 아니라는 것이다. 세 계열 모두 폐에서 생성된 기류의 작용으로 만들어지는 음이므로, 이들은 발동과정의 차이도 없다. 이들을 변별해 주는 것은 발성과정의 차이이다. 기류가 성문을 통과할 때의 차이가 'ㅂ-ㅃ-ㅍ'의 차이를 만들어 낸다.

성문은 어떤 실체가 있는 기관이 아니라 성대 사이의 공간을 가리키는 것이며, 성대는 후두를 구성하는 기관의 하나이다. 후두에서의 기류 조절 차이가 음의 차이를 유발하므로, 앞 장에서 살펴본 후두 자질과 관련이 될 가능성이 있다. 성문의 크기와 성대의 긴장도를 후두 자질로 독립시킨 할레-스티븐스(Halle & Stevens:1971)을 토대로 하여 국어의 장애음 분류에 유용한 자질을 설정하는 작업이 이루어질 것이다. 송철의(1996)에서는 음운 자질의 설정에 몇 가지 기준점을 제시하고 있다. 음운 자질은 분절음들의 음성적 특질을 바탕으로 설정되나, 그렇다고 음성적 특질만 기준으로 해서 설정되는 것은 아니라고 하며, 설정된 음운 자질이 정당한 것이 되기 위해서 고려되어야 할 몇 가지 기준을 밝히고 있다. 첫째, 분절음들을 구별하는 데 꼭 필요한 것이어야 하고, 둘째, 분절음들의 자연 부류를 정당하게 특징 지어 줄 수 있어야 하고, 셋째, 음운 현상을 합당하게 기술할 수 있어야 한다는 것이다. 후두 자질의 설정에도 같은 기준이 적용될 수 있을 것이다.

자질의 설정이 설정 그 자체로 끝나는 것이 아니라, 음운 현상을 좀 더 합리적으로 정확하게 설명하기 위해서라면 음소들의 자연 부류를 이해할 수 있도록 설정되어야 할 것이다. 또한 자질은 음운 현상을 설명하기 위해서 임의적으로 설정될 수 있는 것이 아니라, 존재하는 실체와 일치해야 하는 것이라면 물리적인 존재와 조화를 이룰 수 있도록 설정되어야 할 것이다.(박창원:1997)

물리적 존재, 즉, 실제 음성과 조화를 이루는 자질 설정을 위해서는 국어의 장애음이 가지는 음성적 특징에 대한 정확한 관찰이 선행되어야 한다. 이에 다음 장에서는 지금까지 이루어진 국내외 음성학적 연구 결과들을 수렴하여 설명하고 해석하는 작업을 통해 '평음-경음-유기음'의 특성을 살피고, 이들을 구분 짓는 결정적 차이가 무엇인지, 그리고 이를 어떻게 자질로 설정할 것인지의 문제에 대해 논의하도록 하겠다.

2.2.2. 장애음의 음성적 특성

국어 폐쇄음의 구분에 기여하는 음성적인 특징을 밝히려는 본격적인 시도는 리스커-아브람슨(Lisker & Abramson:1964)에서 시작되었다. 한국어를 포함한 열한 개의 언어를 대상으로 폐쇄음의 조음 특성을 실험한 결과, 폐쇄된 기류를 파열하고 난 다음에 오는 모음을 조음하기 위한 성대 진동이 시작되는 순간까지의 무성의 시간 길이(VOT; voice onset time)가 폐쇄음 구별에 중요한 매개변수로 작용하고 있음을 밝혔다. 이에 반해 김(Kim:1965)에서는 국어 폐쇄음의 분화에 조음의 세기(tensity)가 1차적으로 중요한 특징으로 작용하고, 그 다음으로 VOT가 작용하는 것으로 보았다. 리스커-아브람슨(Lisker

& Abramson:1964)는 VOT의 차이로 국어의 폐쇄음도 분류하려고 하였으나, 평음, 경음, 유기음 사이에는 VOT의 수치가 겹치는 영역이 있다는 것이다. 성대 진동 지연 시간의 길이 분포를 보면 서로 겹치는 부분이 있지만, 실제로 이 세 부류의 음들을 잘 구별한다. 그 까닭은 스펙트로그램, 파형, 공기 압력, 공기 흐름, 구개 사진, 근전도 등을 두루 실험해 본 결과, 평음 계열이 경음·유기음과 구별되는 어떤 자질이 있기 때문이며, 이것을 긴장성 자질이라고 보았다.

이와 같이 '긴장성-이완성(tense-lax; 또는 tense-lenis)'의 구분에 관한 논란 가운데에는 독립된 자질로서 이들을 중요시하는 입장과 그 독립적 지위에 의문을 품는 입장으로 크게 나누어져 있다. 전자는 [긴장성]이 근육 긴장의 정도, 주변 혀의 위치, 인두의 폭, 후두 위치, 구강 내 압력, 포먼트(fomant) 구조, 지속 기간 등의 음향학적 생리학적 요인들과 관계가 있다고 보는 입장이고, 후자는 [긴장성]을 잉여 자질로 보고 VOT가 폐쇄음의 분류에 가장 효과적 측정 수단이라고 보는 리스커-아브람슨(Lisker & Abramson:1964)와 같은 견해이다. 영어 폐쇄음의 경우에는 [긴장성]과 VOT 사이에 높은 상관성이 있어 중복됨을 주장할 만한 몇 가지 근거가 있다. [유성성]으로 생각되는 조음 자질이 [긴장성]에도 관여될 수 있는 경우가 있다. 즉, 무성 폐쇄음은 [긴장성]으로, 유성 폐쇄음은 [이완성]으로 기술되어도 무리가 없다. 그러나 유·무성의 대립이 없는 국어의 경우에도 같은 논리가 적용될 수 있을지는 의문의 여지가 있다.

이번 장에서는 평음과 경음, 유기음의 세 계열인 국어 장애음의 분화에 관여하는 것으로 알려진 음성적 특징을 살펴보기로 한다.

국내외에서 이루어진 관찰과 실험 결과를 토대로 평음, 경음, 유기음에서 차이를 보이는 특성들을 찾고, 이런 물리적 특성이 자질 설정에 어떻게 반영되어야 할지를 고민하기 위해서이다.

1) 성대 진동 시작 시간(VOT)

자음 가운데 가장 큰 장애를 받는 소리는 기류가 완전히 막혔다가 터져 나오는 폐쇄음(stop)이다. 막힌 공기가 터지면서 소리가 나므로 파열음(plosive)이라 하기도 한다. 폐쇄음이 만들어지는 과정은 세 단계로 나눌 수 있다. 조음 위치가 열려 있다가 막히는 폐쇄 단계, 폐쇄가 유지되면서 폐쇄된 공간 속의 공기 압력이 높아지는 지속 단계, 폐쇄가 열리면서 공기가 폭발음을 내며 방출되는 개방 또는 파열 단계가 그것이다.

폐쇄음은 폐쇄의 개방으로 인해 관찰되는 수직의 스파이크 이후에 모음의 포먼트가 관찰되기 전까지 꽤 긴 소음 구간이 관찰된다. 스펙트로그램에서 소음 구간은 일정 주파수 대역의 불규칙하고 지저분하게 만들어진 띠 모양이나 촘촘한 점들로 나타난다. 이 소음 구간은 뒤따르는 모음의 포먼트 주파수 근처에 강한 에너지를 가지고 있음을 알 수 있다. 이 무성의 소음 기간을 '성대 진동 시작 시간(VOT)'이라고 하는데, VOT는 폐쇄음이 개방된 뒤에 뒤따르는 모음을 위해 성대가 진동하는 시간 사이의 간격을 뜻한다. 무성 폐쇄음은 폐쇄 개방 뒤에 성대 진동이 시작되는 것이며, 유성 폐쇄음은 폐쇄 개방에 앞서 성대 진동이 일어나는 경우이다. VOT가 양수로 표시되는 것은, 개방 시점 이후에 성대가 진동하기 시작했다는 것을 의미하며, 음수로 표시되는 것은, 개방 시점 이전에 이미 성대가 진동하고 있었음을 의미한다. 따라서 무성 폐쇄음들은 VOT 값이 '+'로 표시될 것이며, 유성 폐쇄음들은 '−'로 표시될 것이다.

VOT는 대체로 기식성의 정도와 비례한다고 알려져 있다. 기식성이 큰 폐쇄음일수록 폐쇄 기간 동안 성대가 멀리 떨어져 있는 상태로 조음되므로, 폐쇄의 개방 이후 뒤따르는 모음을 위해 성대가 진동하기 시작할 때까지 더 많은 시간이 걸리기 때문이다. VOT는 스펙트로그램에서 폐쇄가 끝났다는 것을 나타내는 파열(burst)과, 성대 진동을 나타내는 주기적 파형의 시작 사이의 시간 간격으로 측정된다.

다음 〈그림 2-10〉, 〈그림 2-11〉, 〈그림 2-12〉의 스펙트로그램은 각각 '다, 따, 타'의 것인데, 흰색의 세로줄 스파이크가 나타난 부분부터 모음의 포먼트가 시작되기 전까지 소음으로 나타난 부분이 VOT 구간이다.[15] 경음의 경우, 이런 기식 구간이 전혀 나타나지 않아 깨끗한 스펙트로그램을 보여주며, 평음과 유기음은 기식 구간을 보여주는데, 유기음의 경우 평음보다 VOT가 더 길게 나타난다.

'폐쇄-지속-개방'의 단계로 조음되는 파열음과는 달리, '폐쇄-지속-부분 개방-마찰-완전 개방'의 단계로 조음되는 파찰음과, '좁힘−마찰-개방'의 세 단계의 조음 과정을 가지는 마찰음은 VOT를 측정할 수 없다.[16] 마찰음에서 관찰되는 기식 기간의 길이를 재서

---

15) 음성 스펙트로그램 분석에는 케이 일렉트릭스(Kay Electrics) 사의 CSL(Computerized Speech Lab) Model 4500이 사용되었으며, 서울 출신 20대 후반 여성의 음성을 녹음하여 분석하였다.

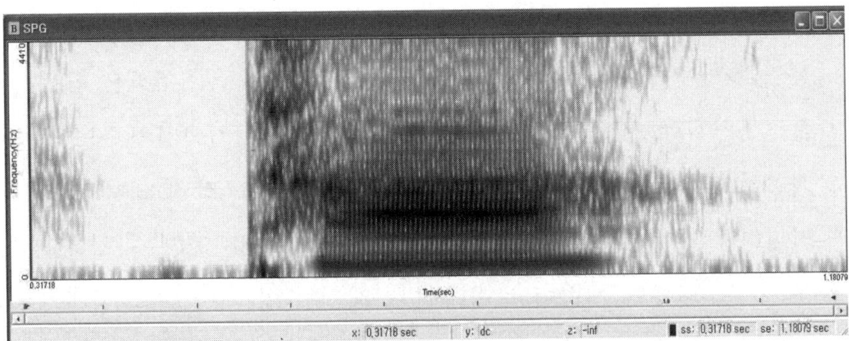

그림 2-10. '다'의 스펙트로그램

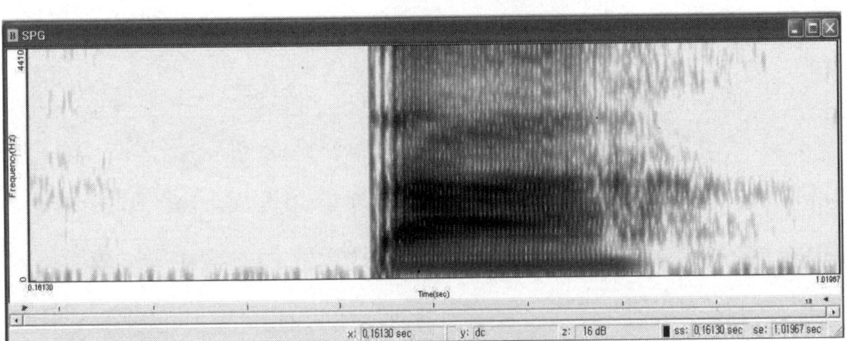

그림 2-11. '따'의 스펙트로그램

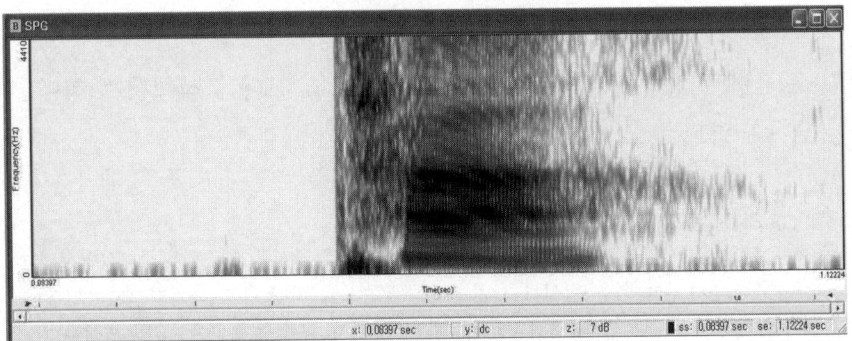

그림 2-12. '타'의 스펙트로그램

폐쇄음의 경우와 같이 VOT라고 부르는 경우가 있다. 하지만 이것은 엄밀하게 말해서 옳지 않다. 왜냐하면 VOT는 구강 폐쇄의 개방으로부터 후행 모음을 위한 성대 진동이 일어나기까지의 시간을 의미하기 때문이다. 마찰음처럼 조음 과정에서 구강 폐쇄가 전혀 일어나지 않는 소리에 대하여 VOT를 측정할 수는 없다. 파찰음의 조음에는 폐쇄의 개방이 보인다. 따라서 폐쇄의 개방 이후 성대가 진동하기 시작하는 시점으로서 VOT를 잴 수 있다. 그런데 폐쇄음의 VOT 값이 의미하는 바와 파찰음의 VOT 값이 의미하는 바는 같지 않다. 폐쇄음의 VOT 값은 기식 구간을 의미하지만, 파찰음의 VOT 값은 마찰 구간과 기식 구간의 합을 의미한다. 그러므로 VOT 값의 측정은 폐쇄음을 대상으로만 가능하다고 할 수 있다.

국어 장애음의 세 계열을 이루는 '평음-경음-유기음'의 차이를 VOT로 설명하려는 다양한 시도들이 있었다. 지금까지 국내외에서 이루어진 실험에 나타난 우리말 폐쇄음의 VOT 값을 비교하면 다음 〈표 2-6〉과 같다.

연구자마다 실험 결과의 세부적인 수치에는 약간의 차이가 있지만, VOT 값이 '유기음>평음>경음'의 순서를 가지며, 유기음이 다른 음에 비해 뚜렷하게 높은 수치를 보이고 있다는 점에서는 차이가 없다.

---

16) 마찰음의 조음 과정을 살펴보면, '좁힘' 단계에서는 두 조음 기관을 접근시켜 구강 안에서 좁힘을 형성하고 연구개를 상승시켜 비강 통로를 차단한다. '마찰' 단계에서는 기류를 좁혀진 틈 사이로 통과시켜 마찰 소음(friction)을 생성한다. 그리고 '개방' 단계에서는 구강 안에서 형성된 좁힘을 완전히 개방한다.

표 2-6. 국어 폐쇄음의 VOT 값 비교

	ㅂ	ㅃ	ㅍ	ㄷ	ㄸ	ㅌ	ㄱ	ㄲ	ㅋ
L&A(1964)	18	7	91	25	11	94	47	19	126
Kim(1965)	23	9	98	38	15	92	45	13	90
Han&W(1970)	2.70	0.53	12.9	3.30	1.20	13.3	6.20	2.04	14.8
표진이(1975)	15.7	7.6	83.6	15.2	7.6	68.4	38	11.4	91.2
신지영(1998)[17]					14.47	57.82			

　유기음은 VOT에 의해 경음이나 평음과 확실히 구분되지만, 평음과 경음은 VOT에서 겹치는 구간이 발생한다는 사실이 김(Kim:1965)에서 지적되었다. 하드캐슬(Hardcastle:1983)에서도 앞선 논문들과 비슷하게 평음이 경음보다 3배에서 5배, 유기음이 평음보다 2배에서 3.5배의 VOT가 지연되는 결과를 보였다. 김(Kim:1965)가 800개의 실험자료를 조사한 반면, 이 논문은 125개 정도만 다루었기 때문에 VOT가 겹치는 부분은 발견하지 못했다. 그러나 이런 부분이 나오는 것은 틀림없고, 이 점이 VOT를 '평음—경음—유기음'을 구분하는 기본적인 변별 자질로 보기 어렵게 한다. 한-와이즈만(Han & Weizman:1970)의 연구에서, 유기음의 기식 부분을 떼어내고 청각 실험을 하였더니 경음으로 인식하지는 않았다는 점도 VOT만으로는 폐쇄음을 분류할 수 없고 또 다른 자질이 필요한 이유가 된다.

---

17) 분석 대상이 된 자음은 /ㄷ,ㄸ,ㅌ,ㅈ,ㅉ,ㅊ/ 여섯 개였으며, 이 자음들은 모음과 모음 사이의 환경에서 조음되었다. 평음의 경우, 모음 사이의 환경에서 유성음으로 실현되었으므로 측정 대상이 되지 않았다.

이경희(2001)은 어두 환경에서 폐쇄음의 VOT는 경음이 평음이나 유기음에 비해 훨씬 짧게 나타나고, 대체적으로 VOT 값은 유기음이 평음에 비해 길게 나타나지만, 화자에 따라 평음의 VOT가 유기음에 비해 길게 나타나는 경우도 있다고 보고하였다. 어두 환경과 모음 간 환경으로 나누어 VOT를 측정한 이 실험에 따르면, 어두 환경에서 가장 짧은 VOT 값을 갖는 경음은 모음 간 환경에서도 마찬가지로 짧은 VOT 값을 갖는다.

그리고 유기음의 경우는 어두 환경에서 가장 긴 VOT 값을 갖고 있는데, 모음 간 환경에서도 여전히 가장 긴 VOT 값을 갖는다. 그러나 어두 환경과 모음 간 환경에서 유기음의 VOT 값을 비교할 때, 어두 환경에 비해 모음 간 환경에서는 거의 반 정도로 줄어듦을 알 수 있다. 유기음의 경우 절댓값에서 어두 환경과 모음 간 환경의 차이를 보이는 것이다.

한편 평음의 경우는 가장 큰 변화를 보이는데, 어두 환경에서는 유기음과 유사한 정도의 긴 VOT 값을 갖지만, 모음 간 환경에서는 경음과 유사할 정도로 짧아진다. 그러므로 환경에 따라 평음, 경음, 유기음의 VOT에 변화가 있다는 것도 고려해야 할 점이라 하겠다.

2) 성문 열림도

국어의 평음, 경음, 유기음이 조음 때 성문 열리는 정도가 다르다는 점도 이들을 구별하는 특징으로 지적되었다. 이는 조음 음성학적인 면에서 나타나는 차이이며, 세 계열의 음을 발음할 때 성문의 상태가 어떠한지를 알기 위해서는 직접적인 관찰이 필요하다. 김

(Kim:1967/1970)에서는 국어 파열음의 엑스선 사진 촬영 분석을 통해 인두의 폭, 성문의 상대적 높이, 성문 개방의 정도를 측정하였다.

성문의 열린 정도, 즉, 두 성대 사이의 거리를 시간축 위에 나타낸 그래프와, 개방 순간에 각 계열 파열음의 전형적인 성대의 모습을 보면 경음이 가장 좁고, 유기음이 가장 넓다는 것을 알 수 있다. 즉, 폐쇄의 개방 순간에 전형적인 성문의 크기는 경음 'ㅃ, ㄸ, ㄲ'이 가장 좁고, 평음 'ㅂ, ㄷ, ㄱ'은 중간이며, 유기음 'ㅍ, ㅌ, ㅋ'는 성대가 완전히 열린 상태가 되므로 성문의 크기가 가장 넓다.

카가야(Kagaya:1974)는 후두 내시경으로 구강의 조음을 위한 개방 순간의 성문 크기를 관찰하여, 유기음은 성문 열림이 가장 넓고, 평음·경음의 순으로 좁아진다는 것과, 유기음은 성문의 열림이 가장 클 때보다 전에 파열이 일어나고, 평음은 성문의 열림이 가장 클 때보다 조금 늦게 파열이 일어나며, 경음은 성문이 폐쇄되고 나서 파열이 일어난다는 결과를 내놓았다. 측정한 결과, 그 성문 크기의 정도를 임의로 0에서 30까지 설정하여 어두와 어중 환경의 평음, 경음, 유기음에 다음과 같은 수치를 부여하였다.

표 2-7. 카가야가 부여한 성문 열림도(Kagaya:1974)

	평음	유기음	경음	ㅅ	ㅆ
어 두	10	20 이상	거의 0	20 이상	10
어 중	거의 0	20 이상	거의 0	10	10

히로세(Hirose:1974)의 내시경 관찰에서는 초당 60매의 사진을 찍

었다. 그 결과 경음과 평음에서 성문은 개방 이전에 닫히기 시작하는데, 경음이 더 빨리 완전히 닫히고 유기음은 개방 때까지 활짝 열려 있어 세 계열은 성문의 넓이에 큰 차이를 보인다고 하였다.

국어의 평음-경음-유기음의 조음 과정을 실제로 관찰한 실험에서는, 공통적으로 유기음이 조음 과정에서 성문이 가장 크게 열리고, 경음은 성문 열리는 정도가 가장 작다고 하였다.

3) 폐쇄 지속 시간

구강 폐쇄가 일어난 기간을 폐쇄 지속 시간(closure duration)이라고 하는데, 성도 안에서 자음의 폐쇄에서 파열이 이루어지기까지의 시간을 의미하며, 이는 주로 스펙트로그램에서 빈 공간으로 나타난다. 그러나 오실로그램이나 스펙트로그램으로 폐쇄 지속 시간을 측정할 때, 어두에 나타나는 파열음은 그 폐쇄에서 터짐까지의 단계를 완전히 파악하기가 어렵다. 어두에 위치한 경우, 구강 폐쇄 기간 동안 음향 에너지가 0이 되므로, 발화 전 묵음 기간과 구강 폐쇄가 일어난 기간을 구분할 수 없다. 따라서 음향 신호 분석으로는 구강 폐쇄의 길이, 즉, 폐쇄 기간의 길이를 잴 수 없다. 이와는 달리 모음과 모음 사이에 위치한 경우는 폐쇄 지속 시간을 큰 어려움 없이 잴 수 있다. 앞 모음이 끝나는 곳에서부터 개방되어 수직의 스파이크가 보이기 시작하는 곳 사이의 길이가 바로 폐쇄 지속 시간이 되기 때문이다.

'아다, 아따, 아타'의 스펙트로그램을 보면 'ㄷ, ㄸ, ㅌ'의 폐쇄 지속 시간을 확인할 수 있는데, 〈그림 2-13〉에서 보듯이 '아다'의 경

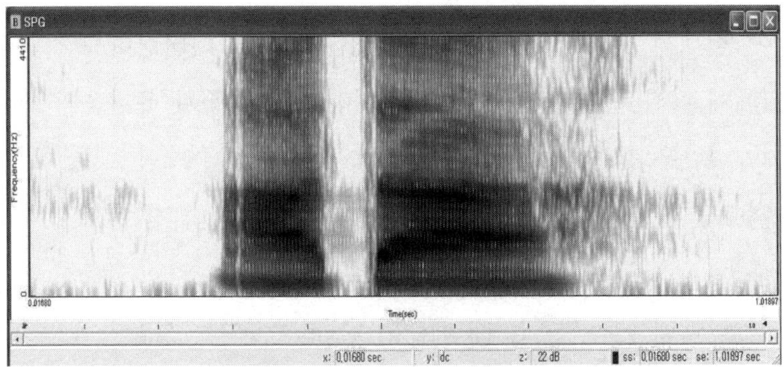

그림 2-13. '아다'의 스펙트로그램

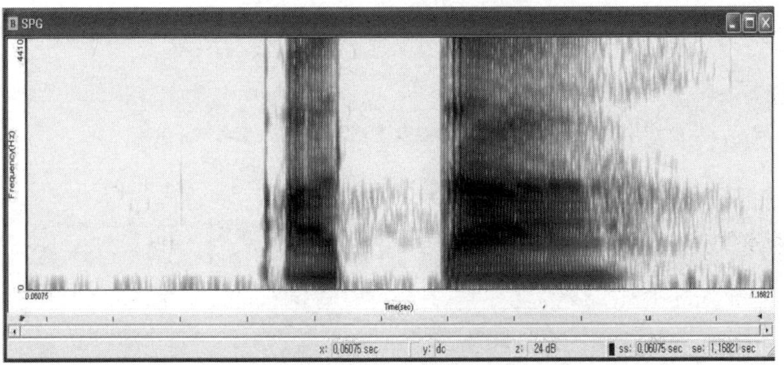

그림 2-14. '아따'의 스펙트로그램

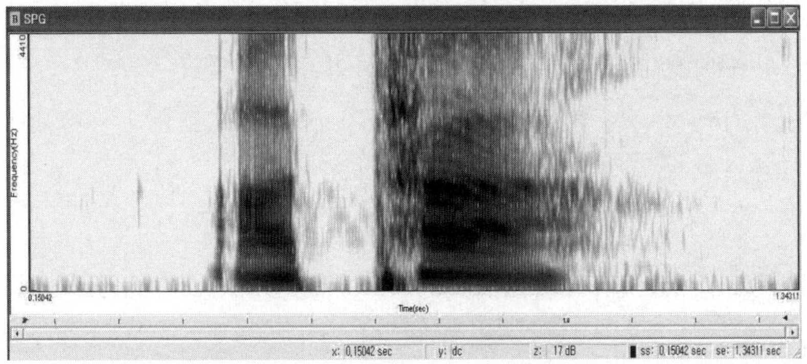

그림 2-15. '아타'의 스펙트로그램

우가 흰색의 빈 공간 길이가 가장 짧은 것으로 나타난다. 즉, 평음의 폐쇄 지속 시간은 짧게 나타나는 반면에, 경음과 유기음의 폐쇄 지속 시간은 긴 것을 알 수 있다. 〈그림 2-14〉와 〈그림 2-15〉를 비교해 보면, 유기음보다 경음의 폐쇄 지속 시간이 더 긴 것으로 나타났다.

국어 폐쇄음들이 조음 때 폐쇄된 다음 지속되는 시간이 평음, 경음, 유기음을 가르는 중요한 음성적 특징이 될 수 있다는 표진이(1975)의 실험 결과를 살펴보기로 하자. 여기서는 국어 폐쇄음의 다양한 음성적 특징을 알아보기 위해 오실로그래프를 분석하였다.[18]

표 2-8. 표진이(1975)의 실험 결과

음 소	ㅂ	ㅃ	ㅍ	ㄷ	ㄸ	ㅌ	ㄱ	ㄲ	ㅋ
자음 전체의 길이(cs)	10	26	27	11	36	49	11	32	43
폐색 시간의 길이(cs)	8	23	16	9	34	34	9.5	30	26

여기서도 자음 전체의 길이는 중간 자리에 위치한 자음만 측정하였는데, 이는 첫 자리에서는 폐쇄음들의 전면적 특징(닫힘-지속-터짐의 단계)을 완전히 볼 수 없기 때문이라고 하였다.

유기성 자음의 폐쇄 지속 시간은 전체 자음에 소요되는 시간의 50에서 60퍼센트 가량만 나타내는 반면, 유기성이 없는 센소리 자

---

18) 실험 음성학 연구에 쓰이는 한 방법으로 오실로그래프는 시간의 흐름에 따르는 소리의 변화를 강도의 변화로 도식화해서 나타내는 역할을 한다.(표진이:1975, 210)

음, 즉 경음은 자음 전체의 길이에 비해 폐쇄 지속 시간이 매우 중요한 비율을 나타낸다는 것은 특기할 만한 사실이라고 하였다.

또 다른 실험은 신지영(1998)에서도 이루어졌는데, 그 결과는 다음과 같다.

표 2-9. 신지영(1998)의 실험 결과

음 소	ㄷ	ㄸ	ㅌ
자음의 총길이(ms)	40.32	138.61	155.81
폐쇄 지속 시간(ms)	40.32	124.14	97.99

파열음의 경우, 총길이는 폐쇄 지속 시간과 VOT의 합으로 계산하였는데, 경음이 비록 유기음보다 훨씬 긴 폐쇄 지속 시간을 가지고 조음되었지만, 평균 총길이는 짧은 VOT 때문에 유기음보다 짧은 것으로 나타났다.

파열음의 폐쇄 지속 시간은 음향 자료의 광역 스펙트로그램 분석으로 측정되었는데, 폐쇄의 시작은 에너지 곡선에서 에너지가 최하로 떨어지기 시작한 지점이 되고, 그 끝은 스펙트로그램 상에서 묵음 기간을 뒤따라 수직의 스파이크가 나타난 지점이 된다. 이러한 측정 결과, 경음이 가장 큰 폐쇄 지속 시간을, 그리고 평음이 가장 짧은 폐쇄 지속 시간을 보였으며, 유기음은 경음보다는 짧은, 하지만 평음보다는 상당히 긴 폐쇄 지속 시간을 보였다고 보고하였다.

폐쇄 지속 시간은 경음이 다른 부류들에 비하여 큰 것으로 나타났으나, 유기음 계열의 폐쇄 지속 시간도 짧은 것으로 볼 수는 없다. 오히려 평음 계열의 폐쇄 지속 시간이 짧은 것이 특징으로 지적 될 정도이다.

4) 조음부의 긴장

평음은 조음할 때 조음부의 긴장을 동반하지 않으나, 경음, 또는 경음과 유기음은 긴장성을 가진다는 사실도 이 세 계열을 구분할 수 있는 특징으로 지적되어 왔다. 이때의 긴장은 후두의 긴장과 구 강 부위의 긴장으로 나누어 볼 필요가 있다. 후두의 긴장은 다른 조 음 부위의 긴장까지 동반하지만, 후두의 긴장 없이도 긴장 자질이 실현될 수 있기 때문이다. 모음도 긴장성 자질을 가질 수 있지만 후 두의 긴장을 동반하지는 않는다.

김진우(1965)의 관찰은 후두의 긴장을 직접 관찰하거나 측정한 것 이 아니라, 간접적인 방법인 오실로스코프에 나타난 개방에 후속하 는 모음의 파형을 관찰하고 측정함으로써 성문의 긴장도를 추리하 였다. 그 보고에 따르면, 파형의 한 주기가 'ㅌ<ㄸ<ㄷ'의 순으로 길게 나타났는데, 이 길이는 진동의 느림, 즉 소리의 낮음을 뜻하고, 진폭을 측정한 결과 'ㄷ<ㅌ<ㄸ'의 순으로 나타났는데, 진폭은 소 리의 크기(세기)에 비례하므로 된소리는 소리가 세다는 뜻이 된다.

'ㄷ' 소리가 진동이 늦고 진폭이 작은 것은 폐로부터의 공기 흐름 이 'ㄸ, ㅌ'에 견주어 약하고 늦기 때문이며, 이것은 성문의 긴장이 약하다는 것을 암시한다고 추측하였다.

구강 조음부 근육의 긴장은 관찰과 측정이 비교적 쉽다. 김진우 (1965)에서는 조음부의 긴장도를 보여주는 구개도(palatograph)를 제시하고 있다. '담, 땀, 탐'의 첫 자음의 조음에서 혀와 구개가 접촉하는 넓이가 서로 다르다. 그 접촉면이 'ㄷ<ㄸ<ㅌ'의 순으로 커지는데, 그 정도는 'ㄷ'과 'ㄸ, ㅌ' 사이가 심하다. 이것은 성도(vocal tract)의 긴장의 차이를 보여주는 것이라고 하였다. 이와 같은 실험 결과는 경음의 조음에서 구강 조음부의 근육 긴장이 매우 높음을 보여준다. 유기음도 경음과 비견되는 긴장이 수반되는 것으로 보아야 한다고 하였다.

후두의 긴장을 측정하는 방법 가운데 하나는 성대의 긴장에 관여한다고 알려진 근육의 활동을 관찰하는 것이다. 후두 근전도에 의한 연구 결과가 히로세 등(Hirose et.al.:1974)에 보고되어 있다. 요약하면 다음과 같다.

① 유기음에서는 파열 직전에 모두 내전근의 활동이 현저하게 억제되어 있다.
② 경음에서는 파열 직전에 갑상피열근의 현저한 활동 상승이 인정된다. 이것은 조음 폐쇄 구간 중 또는 파열 직후의 성문의 내전과 성대 내부 긴장의 고조와 관계가 있을 것이다.
③ 평음에서는 내전근의 억제가 있고, 파열 전에 갑상피열근의 활동의 고조가 보이지 않는다.

이상의 결과에서 히로세 등(Hirose et.al.:1974)는 적어도 한국어 파열음의 후두 조절 문제를 설명하기 위해서는 성대의 내전, 외전의 차원뿐 아니라 다른 차원, 예를 들면, 갑상피열근의 긴장 정도도 고려할 필요가 있다는 제안을 하였다.

후두 근육의 활동에 대한 관찰 결과, 후두의 긴장과 관련된 것은 다음과 같다.

① 성대근의 활동은 경음에서 가장 활발하다.

② 갑상피열근(방패모뿔근)의 활동은 파열음의 지속 단계에서는 억제되는데, 활동이 억제되는 정도가 경음에서 가장 약하다. 갑상피열근의 활동은 파열 이후에 다시 증가하는데, 경음에서 가장 빨리 증가한다.

③ 성문의 상대적 높이는 경음이 가장 높다.

④ 경음은 후행 모음의 진동 시작점 근처에서 성문이 하강한다. 평음과 유기음은 성문의 하강도 상승도 없다.

⑤ 바깥쪽 윤상피열근의 활동이 경음에서 가장 활발하다. 경음과 평음은 파열 이전에 성문이 닫히기 시작하는데, 경음이 더 빨리 그리고 더 완전히 닫힌다.

박혜숙(1982)에 따르면, 음절 초 파열음의 근전도 곡선을 보면, 어느 유형에서도 자음의 조음 폐쇄에 대응해 갑상피열근의 활동이 억제되는 것은 명백한 사실로 볼 수 있다. 이 실험에서 다룬 근(筋)은 갑상피열근인데, 근전도는 갑상피열근의 안쪽 부분을 구성하는 성대근에서 유도된다. 성대근은 주로 성대 긴장 기능을 가지는 근육이지만, 성대가 내전 또는 외전함으로써 오는 활동도 수반한다고 볼 수 있다.

근전도 검사 결과, 어두 파열음의 세 가지 유형은 자음의 조음 폐쇄 시점 부근에서도 후속모음의 개시 시점 부근에서도 명백한 차이가 나타났다. 즉, 자음의 조음 폐쇄 시점 부근에서 유기음은 갑상피 열근의 근활동이 가장 강하게 억제되고, 경음은 가장 약하게 억제 되고, 평음은 중간 정도 억제되어, '경음<평음<유기음'의 순서로 갑상피열근의 억제 정도가 다름이 인정된다. 이 결과는 후두 내시 경으로 관찰된 파열음 세 종류 유형이 보이는 각각의 성문 열림도 와 대응되는 결과이다.

후속 모음의 개시 시점 부근에서는 경음에서 근활동 상태가 가 장 빠르고, 유기음, 평음 순서로 시간이 늦어지며, 활동의 절정은 평음의 경우에서 다른 것보다 낮은 것이 관찰된다. 평음만 절정이 낮은 것은 아마 후속 모음의 기본 주파수가 낮은 것과 관계가 있을 것이고, 유기음에서 갑상피열근의 근활동 개시가 빠르고 후속 모음 에 대응하는 절정치가 높은 것은 유기음 조음 과정에서 크게 열린 성문이 닫히는 것과 관계가 있다. 그러나 성문의 열림이 좁은 경음 에서 근활동의 개시 시점이 가장 빠르고, 동시에 근활동의 절정치 가 높은 것은 성문의 열림과 닫힘이라는 기제만으로는 설명이 되 지 않는다. 경음에서 조음 폐쇄 사이의 성문 열림이 작고 갑상피열 근의 활동이 강하다는 것이 후두의 긴장과 대응하는 생리학적인 사실이다.

국어에서 경음과 평음의 구별은, VOT뿐만 아닌 성대근의 긴장과 후속모음의 기본 주파수 차이도 중요한 역할을 한다고 할 수 있다.

5) 기본 주파수와 후행 모음의 음높이

우메다 외((梅田博之 外:1965)에서는 경음에 후속하는 모음의 기본 주파수가 높다는 결과를 보여주었다. 경음과 유기음은 기본 주파수가 높고 평음은 낮다. 기본 주파수가 초기치에서는 경음이 가장 높고 평음이 가장 낮으며, 경음의 기본 주파수 패턴은 성대 진동 개시 후 급격히 하강함을 보이는 데 비해 평음과 유기음은 수평 패턴을 보여, 경음 특유의 기본 주파수 패턴은 평음, 유기음과 명확하게 분별됨을 지적하고 있다. 경음을 발음할 때 기본 주파수가 높다는 것은 성대 근육의 긴장과 성문하압이 높은 경음 특유의 특징으로 볼 수 있다.

신지영(2000)은 후행 모음의 음높이(pitch)를 보면 평음이 선행하는 경우에 비하여 유기음이나 경음이 선행하는 경우가 음높이가 훨씬 높다며, 후행 모음의 음높이를 기준으로 하면 경음과 유기음이 하나로 묶여서 평음과 대립된다고 보았다.

이상이 국어 장애음의 분화에 관여하는 것으로 여겨져 왔던 음성적 특징이다. 유기음의 경우 높은 VOT 수치와 넓은 성문 열림도가, 경음의 경우 긴 폐쇄 지속 시간과 조음부의 긴장도가 두드러진 음성 특징으로 볼 수 있다. 그러나 폐쇄 지속 시간의 경우 경음만이 가진 특성은 아니며, 오히려 경음과 유기음이 평음과 구별되는 특징이 된다.

2.3. 국어를 위한 후두 자질의 제안

이 절에서는 앞에서 관찰한 국어 장애음의 음성 특징을 바탕으로 하여 국어의 후두 자질을 설정하는 작업을 진행하기로 한다. 국어 장애음의 음성적 특징을 바탕으로 해서 '평음, 경음, 유기음'의 구분에 관여하는 요소를 자질로 설정하였는데, 자질 설정에서 음향적 자질과 조음적 자질 가운데 조음적인 자질을 선택하였다. 조음 때 성문의 크기와 성대의 긴장도라는 두 가지 기준에 따라 국어의 장애음을 분류하였는데, 이 두 가지 특성은 후두의 연골과 근육의 작용으로 일어나는 것이므로 후두 자질이라는 큰 틀 속에서 하나로 묶일 수 있다.

2.3.1. 성문의 열림 정도에 따른 자질

한 언어에서 같은 조음 위치와 조음 방법을 가진 둘 이상의 자음이 음운론적인 대립을 이룬다면, 이들은 발성 과정의 차이 때문에 생긴 것으로 볼 수 있다. 많은 언어에서 성대의 진동을 동반하느냐 아니냐에 따라 유성 자음과 무성 자음으로 나누어진다. 만일 이러한 대립을 이루는 자음이 세 종류 또는 네 종류에 이른다면, 이 언어의 자음을 완전히 분류하기 위해서는 최소한 두 가지의 기준이 필요하다. 조음 때 성대가 진동하느냐 여부와, 자음이 가지는 기식의 정도가 분류 기준으로 사용되기도 한다. 기식성이란 폐쇄음의 개방으로 기류가 방출되고 난 뒤에 후두에서 난기류가 형성되는 것을 의미하는데,[19] 소리는 이 기식성의 유무에 따라서 기식성이 있는 유기음과 기식성이 없는 무기음으로 나눌 수 있다. 이 기식성을 가진 소리에 [유기성] 자질을 부여해 왔다.[20]

성문이 열리는 정도와 기식의 정도 사이에는 직접적인 상관관계가 있다. 기식의 길이는 성대가 닫히는 데 걸리는 시간인 듯하며, 성문이 좁을수록 성대 진동이 빨리 시작된다. 김진우(1967/1970)에서는 [유기성]을 방출(puff of air)이나 성대 진동 지연(voicing lag) 또는 성대 진동 시점(VOT)의 기준에 따른 것으로 이해했던 것과는 달리, 폐쇄 개방 때의 성문의 열림 정도에 따른 자질로 이해했다. [유기성]은 후두 작용에 따라 통제되는 것으로, 파열이 이루어질 때 성문의 열림 정도에 따른 것이며, 그래서 유기성과 성문 열림 정도는 비례한다고 보았다.

VOT는 대체로 기식성의 정도와 비례한다고 알려져 있다. 기식성이 큰 폐쇄음일수록 폐쇄 기간 동안 성대가 멀리 떨어져 있는 상태로 조음되므로, 폐쇄의 개방 뒤에 후개방 되는 모음을 위해 성대가 진동하기 시작할 때까지 더 많은 시간이 걸리기 때문이다. 리스커-아브람슨(Lisker & Abramson:1964)는 성대 진동 지연 기간의 길이를 기식, 즉 [유기성]으로 보고, 후두 근육의 통제를 받는 것이 바로 이 무성의 시간 길이라 하였다. 마찬가지로 리스커-아브람슨(Lisker &

---

19) 난기류(turbulence)란 일정 속도 이상을 가진 기류가 갑자기 좁아진 통로를 지날 때 만들어지는 교란된 어지러운 기류를 말한다.
20) 신지영(2000) 참조.

Abramson:1971)에서도 VOT가 폐쇄음 부류들의 조음 방법상의 변별과 깊은 상관관계에 있다고 하였다.

앞 절에서 살핀 바와 같이, 국어의 경우 '경음<평음<유기음' 순으로 VOT 구간이 길게 나타난다. 어두 폐쇄음의 발성 유형에 따른 음향적 차이를 보면, 기식의 정도에서 큰 차이가 있다. 기식의 정도는 음향적으로 VOT 값에 비례한다. 기식성이 많으면 많을수록 후행하는 모음을 위한 성대 진동의 시작점이 그만큼 지연되기 때문이다.

유기음에서 음향적으로 파열 뒤에 드러나는 기식성에 상응하는 조음 음성학적 요인은 발성 작용과 관계된 성문의 열림도이다. 기식성이 생기는 것은 기류의 양이 많고 성문의 열림도가 크기 때문인데, 성문의 조음체 파열 뒤에 열리는 것이 아니라 지속 단계에서 이미 열려 있다. 기는 뒤따르는 모음의 울림을 위해 성대가 다시 접근하는 동안에 생기기 때문에, 성문이 조음체의 파열 전에 열려 있지 않았다면 기식성은 나타나지 않았을 것이다.

김(Kim:1970)은 기식의 길이가 다른 두 파열음에서 성문의 크기가 같아도 VOT 값이 다를 경우도 있어 정의를 확실히 해야 한다며, 모든 무성 파열음은 성문 폐쇄 명령이 개방 순간과 동시에 내려지므로 기식의 길이는 성문의 열림 정도와 함수 관계를 이룬다고 보는 것이 더 합리적이라는 주장을 펼쳤다.

앞에서 후두 자질 설정의 필요성을 논한 바 있다. 폐쇄 개방 때의 성문 크기가 폐쇄음의 분화에 관여한다면, 이를 자질로 설정해야 할 것이다. 음향적 자질과 조음적 자질 가운데 후자를 선택하겠다는 것이다. VOT로 드러난 차이는 근본적으로 조음 과정에서의 차이에 기인하는 것이기 때문이다.

이에 성문의 크기를 기준으로 설정된 [성문 확장성(spread glottis)]과 [성문 협착성(constricted glottis)]을 도입하여 평음과 경음, 유기음을 분류하기로 한다. 성대가 중립 위치[21]보다 외전된 음에 [+성문 확장성]를, 내전된 음에 [+성문 협착성] 자질을 주기로 한다. 국어의 유기음 계열은 성대가 넓게 열려 있으므로 [+성문 확장성] 자질을 가지고, 폐쇄의 개방 때 성문이 내전되는 경음은 [+성문 협착성] 자질을 가진다. 평음, 경음, 유기음이 가지는 각각의 자질은 다음 〈표 2-10〉과 같다.

김동례(1998)에서는, 경음의 조음 때 성문 상태가 어떠한지를 알아보기 위해 후두 스트로보스코피(Rhino-laryngeal Stroboscope Model

---

21) 중립적 위치에 대한 SPE의 설명을 보면 다음과 같다. 발화에 대한 대부분의 X선 필름을 보면, 발화 직전에 화자는 그의 성도(vocal tract)를 특정한 위치에 갖다 놓는 것을 볼 수 있는데 이와 같은 모양을 "중립적 위치(neutral position)"라고 부른다. 이것이 조용히 숨 쉬고 있을 때의 성도의 모양과 어떻게 다른가 보면 숨을 쉴 때에는 연구개가 밑으로 쳐져 있어 공기가 코로 통할 수 있게 해 준다. 한편 중립적 위치에서는 연구개가 위로 올라와 있어 코로 통하는 공기는 차단된다. 조용히 숨 쉬고 있을 때에는 입 안의 밑바닥에 편안한 상태로 놓여 있던 혓몸이 중립적 위치에서는 'bed'의 모음 [e]를 조음할 때 차지하는 것과 비슷한 높이까지 올라가게 된다. 그러나 설단은 조용히 숨 쉴 때와 거의 비슷한 위치에 놓여 있다. 일반적으로 발화는 공기를 배출(exhalation)하면서(내뿜으면서, 발산하면서) 이루어지므로 발화 직전의 허파의 공기 압력은 당연히 대기의 압력보다 높다. 조용히 숨 쉬고 있을 때는 아무 소리도 나지 않는 것을 보면 성대는 넓게 열려 있을 것이다. 발화 직전에 화자는 성문을 좁히고 중립적 위치에서 정상적이고 방해받지 않은 공기에 의해 자발적으로 진동할 수 있는 성대의 모양을 갖추게 된다.

표 2-10. 평음, 경음, 유기음의 후두 자질

	평음	경음	유기음
[성문 확장성]	−	−	+
[성문 협착성]	−	+	−

9100)를 사용하여 성문을 촬영하였다. 그 결과 경음과 평음 조음 때 성문의 상태를 찍은 사진을 자료로 제시하였다. 사진은 자음의 조음이 시작되는 순간을 정지시킨 것이며, 이후 성문은 모음의 조음을 위해 좁아지기 시작한다고 보고하였다. 사진에 나타난 어두의 경음과 평음의 성문 상태는 자음의 조음 시작 순간에 모두 열려 있으며, 그 열림의 정도, 즉 성문의 크기는 평음보다 오히려 경음에서 좀 더 크고, 어두에서 성문의 크기가 어중보다 더 큰 것으로 나타났다. 이를 통해 국어의 평음, 경음, 유기음 모두가 성문 폐쇄음이 아니라는 사실을 알 수 있으며, 이것은 국어 장애음이 모두 무성이라는 사실과 일치한다고 하였다.

이러한 실험 결과는 경음과 평음이 성문에서 같은 발성 과정을 겪는다는 것을 보여준다고 주장한다. 이들의 변별은 성문의 폐쇄 여부로 판단할 수 없다는 것이다. 폐쇄음의 경음에서 '기식(aspiration)'이 발생되지 않는 것은 무성 소리가 지속되는 동안 성문이 닫혀 있기 때문이라는 김진우(1970)의 추정에 반대하면서, 경음은 장애 때 조음체의 닫힘 시간이 길고 열림을 짧게 함으로써 발생되는 폭발음이기 때문에 '기식'이 없다고 하였다.

이 논의에서는 국어의 장애음을 분류하는 데에 [성문 협착성] 도입을 반대하며, 이 자질이 유성음을 위한 자질이라고 주장하였으나, 후두 자질을 처음 설정한 할레-스티븐스(Halle & Stevens:1971)에서 [성문 협착성] 자질을 설정한 취지는 그렇지 않다. 오히려 유성음들을 위해 널리 사용되던 [유성성(voice)] 자질 대신에 제시한 자질은 [성대 이완성(slack vocal cords)]이었다.

어쨌든 김동례(1998)의 관찰 결과가 타당한 것이라면 국어의 경음에 [성문 협착성] 자질을 부여하는 데에 결정적인 반론이 될 수 있다. 경음이 보여주는 짧은 VOT 값과 다른 연구자들의 후두 내시경 관찰 결과는 일관되게 경음의 조음에 성문의 좁힘이 있음을 말해 준다. 기존의 연구 결과와 상반되는 이러한 보고에 당혹스러울 수도 있는데, 이는 당연한 결과이다. 연구자가 밝혔듯이, 제시된 사진들은 "자음의 조음이 시작되는 순간"을 정지시킨 것이다. 폐쇄음들은 '폐쇄-지속-개방'의 세 단계를 가지는데, 성문이 좁아지는 것은 개방의 단계에서 벌어지는 일이다. 그러므로 자음의 조음이 시작되는 순간에는 당연히 성문이 열려 있게 된다. 〈그림 2-16〉의 히로세 등(Hirose et.al.:1974)에서 시간에 따른 성문 열림 정도를 관찰한 그래프를 보아도 이를 확인할 수 있다.

/빠, ㅂ, ㅍ/의 조음 과정에서 시간에 따라 성문 열림도가 변화하는 양상을 관찰하였더니, 조음의 시작 순간에는 평음, 경음, 유기음 모두 성문이 열려 있는 것으로 나타났다. 오른쪽 '0'의 위치에 있는 수직선은 폐쇄의 개방 순간을 의미하는데, 경음은 개방 순간 이전에 이미 성문이 내전되어 있으며, 평음은 개방 순간과 거의 동시에 성문이 좁아지는 데 반해 유기음은 폐쇄의 개방 순간에도 여전히

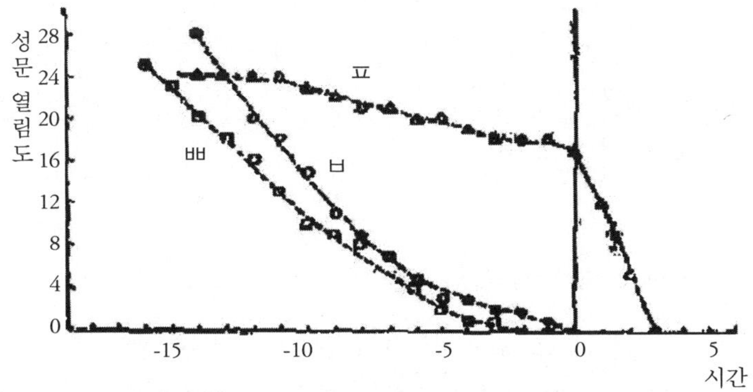

그림 2-16. /ㅃ, ㅂ, ㅍ/의 시간에 따른 성문 열림도의 변화

넓은 성문 열림도를 유지하는 것으로 나타났다.

2.3.2. 후두의 긴장에 의한 자질

표시(representation)와 분류(classification)라는 측면에서만 본다면 성문의 크기에 따라 설정된 자질만으로도 국어의 평음, 경음, 유기음을 분류하기에 충분하다. 세 가지를 분류하는 데 필요한 자질은 두 개면 충분하기 때문이다. 국어의 장애음을 성문의 크기에 의한 자질을 써서 분류한 결과를 다시 보이면 다음 〈표 2-11〉과 같다.

실제로 국어 폐쇄음의 표기에 미명세 이론을 도입한 대다수의 연구에서는 경음을 [+CG(constricted glottis)], 기음을 [+SG(spread glottis)]로 표기하고, 평음 계열은 후두 마디를 명세하지 않는 표기 방식을 택하고 있다.

표 2-11. 평음, 경음, 유기음의 후두 자질

	평 음	경 음	유기음
[성문 확장성]	−	−	+
[성문 협착성]	−	+	−

그러나 폐쇄의 개방 때 성문의 크기(성문 열림도)를 기준으로 제안된 [성문 확장성], [성문 협착성] 자질만으로 국어의 경음을 설명하기에는 부족함이 있다. 전통적인 분류에서처럼 경음의 조음에는 성대의 긴장 여부가 중요하게 작용하기 때문이다.[22]

김(Kim:1965)는 '긴장(tense)/이완(lax)'의 분류를 쓰지 않고도 폐쇄음들을 구별할 수 있다고 한 주장에 이의를 제기하여, 긴장성(tensity) 자질은 독자적으로 필요한 분류 기준이라고 주장하였다. 이 자질은 유기성(voicing lag) 자질과 함께 폐쇄음의 분류에 꼭 필요하며, 특히 국어 폐쇄음의 분류에는 두 자질이 있어야 완벽한 기술을 이룬다고 하였다.

리스커-아브람슨(Lisker & Abramson:1964)는 VOT의 차이로 국어의 폐쇄음도 분류하려고 하였으나, 평음-경음-유기음 사이에는 VOT의 수치가 겹치는 영역이 있다. 기식성(성대 진동 지연 기간; voicing lag)의 길이 분포를 보면 서로 겹치는 부분이 있으나, 실제는 이 세

---

22) 경음의 음가는 성문 폐쇄 자질을 가진 음이라는 견해와 조음 기관의 긴장으로 생긴 음이라는 두 입장으로 크게 나누어져 있다. 생성 음운론의 도입 이후 음운은 자질로 표시되기 시작하였고, 경음은 김진우(1965)에 의해 [+tense, − aspirate] 로 표시된 뒤 대부분의 생성 음운론자들에 의해 받아들여졌다.

부류의 음들을 잘 구별하는 까닭은 스펙트로그램, 파형, 공기 압력, 공기 흐름, 구개 사진, 근전도 등을 두루 실험해 본 결과, 평음 계열에 경음, 유기음과 구별되는 어떤 자질이 있기 때문인 것으로 밝혀졌다.

평음은 기식을 내는 기간 동안 파열의 강도가 낮고 에너지의 분포도 적음이 스펙트로그램에서 관찰된다. 또 후속 모음의 첫 부분 파형의 성대 진동 비율과 진폭이 낮다. 공기 압력의 증가가 느리고 지속되지 않거나 압력의 폭이 낮다. 평음은 개방 때에 기류량이 적다. 이런 특징은 경음과 유기음이 긴장음인 데 비해 평음은 긴장성 자질을 갖지 않기 때문이다. 그런데 이 긴장성을 자질로 독립시킬 때의 문제점은 '긴장/이완'을 물리적으로 정의하기 어렵다는 점이다. 그럼 여기서 [긴장성] 대신 사용할 다른 자질을 생각해 보기로 하자.

김주필(1990)에서는 폐쇄 지속 시간에 의해 평음이 유기음, 경음과 변별되고, 그 다음에 VOT에 의해 유기음과 경음이 변별된다고 보았다.[23] 국어 장애음의 음성적 특징을 연구한 많은 연구에서도 경음과 유기음의 폐쇄 지속 시간이 길다는 결과를 내놓아, 이것이 이 음들을 가르는 결정적인 지표가 될 수도 있음을 암시하였다. 모음 사이에서의 폐쇄 지속 시간을 보면, 평음의 경우 매우 짧은 반면

---

23) 이경희(2002)는 이것이 어두 위치와 어중 위치의 평음, 경음, 유기음을 변별하는 음향적 특성이 다르다는 것을 간과한 견해라며, 어중 환경에서는 VOT에 의해 유기음이 평음, 경음과 변별되고, 폐쇄 지속 시간에 따라 평음과 경음이 변별된다고 보는 것이 타당하다고 하였다.

에 경음과 유기음의 경우 아주 길게 나타나며, '경음>유기음>평음'의 순서를 보인다. 이런 논의에 따르면 국어의 장애음을 변별하는 1차적인 자질은 '폐쇄 지속 시간'인 것으로 생각할 수도 있다. 그러나 '폐쇄 지속 시간'이라는 지표가 장애음의 분류에서 이들의 차이를 드러내는 고유하고 본질적인 특성인지에 대해서는 살펴볼 필요가 있다.

지민제(1993)에서는 모든 음성 언어학적 조건이 같을 때는 조음적인 제약에 의해서 말소리의 길이가 달라질 수 있는데, 이것을 말소리의 '고유 지속 시간'이라 하였다. 말소리의 길이는 조음 기관의 조음 시간으로 결정되는데, 조음 기관의 긴장이 없는 음([lax])은 긴장이 있는 음([tense])보다 짧다. 경음을 발음하기 위해서는 조음 기관의 근육의 긴장이 이루어지는 시간이 걸리기 때문이다. 유기음은 후행 모음을 조음하기 위한 유성의 과정이 지연되기 때문에, 즉, 유성의 진동을 위하여 성문을 좁히는 데에 경음이나 평음보다 시간이 더 걸리기 때문에 폐쇄 지속 시간도 길어지는 것이라고 볼 수 있다. 이로써 폐쇄 지속 시간은 긴장성 때문에 야기된 특징이지, 이 자체가 이 음들의 본질적인 측면이라고 볼 수는 없다는 결론을 내렸다.

경음에 후속하는 모음의 기본 주파수가 높다는 결과를 보여준 우메다 외(梅田博之 外:1965)에 따르면, 경음과 유기음은 기본 주파수가 높고 평음은 낮다. 또 신지영(2000)은 후행 모음의 음높이가 평음이 선행하는 경우보다 유기음이나 경음이 선행하는 경우 훨씬 높다며, 후행 모음의 음높이를 기준으로 하면 경음과 유기음이 하나로 묶여서 평음과 대립된다고 보았다.

그런데 피치는 기본 주파수와 상관성이 있다. 피치의 변화는 주파수의 변화와 비례하기 때문이다. 기본 주파수(F_0)는 초당 성대가 한 진동주기를 완성하는 횟수를 가리키는데, 후두의 성대 환경 및 긴장을 결정하는 근육의 힘과 후두를 움직이며 발성 자체에 대한 에너지의 원천을 마련해 주는 호흡 체계의 공기역학적인 힘으로 조절된다.

성대 긴장도의 증가는 음높이의 상승을 가져온다. 음높이 조절 역할을 맡은 것은 후두근(주로 윤상갑상근; cricothyroid muscle=principal pitch raising muscle)이며, 후두근의 움직임에는 긴장도의 변화가 가장 주된 역할을 하고, 성문 하압의 변화, 성대의 질량, 진동에 관여하는 성대 부분의 길이가 부수적 역할을 한다. 음을 높게 하기 위해서는 성대의 진동수를 높여야 한다. 윤상갑상근의 수축에 의해 성대는 부정중위(paramedian position)에 위치하며 긴장도가 높아진다. 바깥쪽 윤상피열근(lateral cricoarytenoid muscle)과 성대근(vocalis muscle)의 수축으로 성대가 강하게 닫히고, 호기압을 크게 하여 성문 하압을 높인다.

리버만(Lieberman:1967)은 공기역학적 힘, 즉, 성문 하압이 음높이 조절의 일차적인 원인이 되고, 후두 조절은 이차적 선택적 형태라고 주장했다. 그러나 오하라(Ohala:1970)은 이를 반박하며, 외부 근육에 의해서 통제되는 후두의 수직 이동은 피치의 상승과 하강에 밀접한 상관관계가 있다고 보았다. 특히 윤상갑상근은 항상 성대의 직접적인 긴장에 의해서 피치가 올라갈 때 활발하게 활동하며, 후두 근육 운동보다는 덜 중요하지만, 성문 하압도 음높이 변화와 긍정적인 상관관계를 보여준다.[24] 음높이는 성대의 진동주기와 상호관계를 이룬다. 진동주기(frequency)는 성문 하압과 성대의 길이, 긴장, 두께를 관장하는 후두의 조정으로 결정된다. 진동주기는 어느 정도 성문 하압에 비례한다. 후두의 조정이 성대의 진동주기를 조절한다고 추정되며, 성문 하압이 후두를 움직이는 데 가장 중요한 역할을 한다는 사실이 광범위하게 받아들여지고 있다.(구희산 외 역:2002)

음높이와 기본 주파수, 그리고 높은 성문 하압도 결국 성대의 긴장을 가져오는 근육에 따라 좌우됨을 알 수 있다. 성대 근육의 긴장이 이런 부수 효과를 가져오는 것이다. 그러므로 성대의 위쪽과 아래쪽 끝부분의 당김이 증가하는 특성에 [+성대 경직성(stiff vocal cords)] 자질을 부여하여 긴장성을 나타내기로 한다. 후두를 관장하고 조절하는 근육에 의해 긴장성이 생기기 때문에, 이를 자질 설정에 반영한 것이다.

이 경우, 세 가지 음소를 분류하는 데 네 가지 자질을 사용함으로써 대단히 비효율적이라는 비판을 받을 수 있으나, 국어 폐쇄음의 특징[25]을 적절히 포착하기 위해서는 성문의 크기와 성대의 긴장도

---

24) 이-스미스(Lee & Smith:1973)에 따르면, 파열 시점에서 파열음의 성문 하압의 평균치는 유기음이 9.2㎝ H^2O, 경음이 8.6㎝ H^2O, 평음이 8.3㎝ H^2O로 유기음이 가장 높다.

25) 폐쇄음을 발음할 때의 생리학적 조절 작용은 다음과 같다.
경음은 폐쇄 이전에 성대, 인두의 근육이 경직되어 성문이 팽팽하게 내전되며 그 아래의 압력이 증가되어 있다. 폐쇄 기간 중 후두가 급강하여 성문 위

라는 두 가지 기준에서 설정된 자질이 꼭 필요하다. 자질 설정에는 변별성이라는 상대적 기준점 외에도 음의 본질이라는 절대적 가치도 고려되어야 하기 때문이다. 이 논의에서 설정한 후두 자질로 평음, 경음, 유기음의 자질을 완전 명세로 나타내면 다음 〈표 2-12〉와 같다.

표 2-12. 완전 명세 표기한 평음, 경음, 유기음의 후두 자질

	평 음	경 음	유기음
[성문 확장성]	−	−	+
[성문 협착성]	−	+	−
[성대 경직성]	−	+	+
[성대 이완성]	−	−	−

쪽 압력을 감소시킨다. 성문 근육 긴장으로 진동이 일어나지 않고 경직된 성대 아래에 압력이 형성되는 것이다. 폐쇄 개방 때에는 성문 상하의 압력차가 급증하며 성대가 급히 열리게 된다. 근육 경직으로 초기 성문 주기는 매우 빠르므로 모음 시작 때의 성대 진동도 빠르게 된다.

평음에서는 폐쇄 전에 성대가 약간 외전되며 이완되었다가 폐쇄 중에는 성문 상하 압력차가 경음보다 작다. 성문 위의 공간도 작아 진동에 필요한 압력차를 얻는 데 더 긴 시간(VOT)이 소요된다. 경직되지 않은 성대는 경음보다 폐쇄를 느리게 한다.

유기음에서는 폐쇄 전에 성대는 넓게 외전된 채 성대와 인두가 경직되었고, 폐쇄 단계에는 성문이 넓게 열려 성문 상하의 압력 차가 거의 없다. 개방 단계에선 성문 상하의 압력차가 연음보다 더 작다. 단 성문 하부의 압력이 평음보다 클 것인데 열린 성문으로 더 많은 기류가 통과함을 뜻한다. 성문 폐쇄가 이루어지는 시간과 VOT는 유기음이 가장 길다. 또 개방할 때 기류의 속도가 빠르므로 성대의 경직 여부에 관계없이 높은 진동이 시작될 것임을 알 수 있다.

조음 과정에서 성문이 외전되는 음에는 [+성문 확장성(spread glottis)]을, 성문이 내전되는 음에는 [+성문 협착성(constricted glottis)]을, 성대 근육의 긴장을 동반하는(성대의 위쪽과 아래쪽 끝부분의 당김이 증가하는) 음에 [+성대 경직성(stiff vocal cords)]의 자질을 부여하였다. 성대 근육의 긴장 여부는 음의 조음 과정에서 관찰되는 해당 근육들의 움직임과 폐쇄 지속 시간, 기본 주파수, 성문 하압, 음높이 등을 고려하여 판단할 수 있다. 그 결과 국어의 경음과 유기음은 [+성대 경직성] 자질을 가지는 것으로 드러났다.

여기서 [성대 이완성(slack vocal cords)] 자질은 평음, 경음, 유기음의 자질가가 서로 같으므로 꼭 필요하지 않은 자질이라고도 할 수 있다. 음소 차원에서 이 자질이 음운론적으로 기능하는 일은 없다. 단지 국어의 이음 과정 가운데 하나인 유성음화의 기술에 이 자질을 이용할 수는 있다. 그러나 국어의 유성음화는 음운으로의 변화가 아닌 변이음으로의 변화라는 점에서 음운 규칙의 영역에서 벗어난다고 하겠다.

음운 표기를 간소화하려는 미명세 이론에서는 잉여적이고 예측 가능한 정보를 기저 표시에서 배제하고, 어느 한 음을 다른 음으로부터 구별 짓는 데 필요한 변별 자질만 음운 표기에 허용하는데, 이런 입장에 선다면 [성대 이완성] 자질은 기저에 표시될 수 없는 자질이다.

이런 점들을 고려하면 자질 표기의 간소화와 경제성의 측면에서 [성대 이완성] 자질은 설정하지 않는 편이 낫다고도 할 수 있다. 그러나 최근의 자질 이론은 음운 자질과 음성 자질을 모두 표시하는

것을 지향하므로, 변이음 과정의 기술에 필요한 [성대 이완성] 자질
도 설정하기로 한다.26)

26) 국어의 평음 계열에 [+성대 이완성(slack vocal cords)] 자질을 부여하는 안현기
(Ahn, H.-K.:2000)과 같은 논의도 있다. 이 책의 자질 분류는 이와 달리 평음에
[−성대 경직성, −성대 이완성] 자질을 부여한다.

3장 후두음의 음성학과 음운론

이 장에서는 국어의 'ㅎ'과 'ㆆ'의 음성적 특징을 관찰함으로써 이들의 후두 자질을 설정하고, 이들 음에 음운론적 지위를 부여하는 작업이 이루어진다. 음성적 특징을 관찰하는 데에는 선행 연구 검토와 실제 음성의 스펙트로그램 분석이 이용되었다.

'ㅎ(h)'에서는 음운 과정에서 보여주는 'ㅎ'의 독특한 특성이 주로 언급될 것이고, 'ㆆ(ʔ)'에서는 이 음의 음소 설정 여부가 중요한 주제로 다루어질 것이다. 이어서 이 두 음의 공통점을 포착하여 국어에서 후두음이 독자적인 하나의 부류를 이룸을 주장하고, 이를 뒷받침하는 근거를 제시하려 한다.

3.1. 'ㅎ(h)'의 음성학과 음운론

3.1.1. 'ㅎ(h)'의 음성적 특징

현대국어의 음운 체계를 기술하는 데에서 'ㅎ'의 처리는 곤혹스러운 과제 가운데 하나이다. 어두 초성에서만 표면에 실현된다는 극심한 분포상의 제약을 가지기 때문이다. 다른 환경에서는 약화 또는 탈락하거나 음운 규칙의 적용을 받아 그 본래의 자취를 드러내지 않는다. 또한 구강 안에서 일정한 조음 위치를 가지지 않기 때문에, 뒤따르는 모음에 따라 다른 음가의 변이음으로 실현된다.[1)] 이러한 독특한 행동을 보이는 'ㅎ'에 적절한 자질을 부여하고 음운론적 지위를 확립하기 위해서는 그 음성적 특징을 면밀히 관찰하고 분석하는 일이 선행되어야 할 것이다.

이를 위해서, 우선 'ㅎ'이 나타나는 환경을 나누어 살펴보면 다음과 같다.

---

1) 이호영(1996)에 따르면 'ㅎ'의 변이음은 다음과 같다.

[ç] : ㅣ, j 앞에서(예 : 힘, 현대, 향수 등)

[x] : ㅡ 앞에서(예 : 흙, 흑산도 등)

[ʍ] : ㅜ, ㅗ, ㅚ, w 앞에서(예 : 훌륭한, 호두, 회담 등)

[çʷ] : ㅟ, ɥ 앞에서(예 : 휘파람, 휘다)

[h] : 그 밖의 다른 모음 앞에서(예 : 헤엄, 해, 하마, 허파 등)

[ɦ] : 유성음 사이에서 수의적으로(예 : 외할머니, 토함산 등)

(1) 어두 초성

① 원순모음(또는 w) 앞 : 화, 황소, 화촉, 후두, 화살, 휘다, 후두

② 전설모음(또는 y) 앞 : 힘, 힐책, 향가, 혀

③ '으' 앞 : 흙, 흔적, 흩어지다

④ '아, 어' 앞 : 할머니, 허공, 허리, 헛되다

⑤ '애, 에' 앞 : 해, 해맑다, 헤아리다. 해맑다

(2) 비어두 환경

① 공명음 사이

　a. 모음과 모음 사이 : 이후, 감사합니다, 아홉, 외할머니 / 좋은,
　낳은, 놓은

　b. 비음과 모음 사이 : 전화, 방학, 심하다, 산호, 남해, 영혼, 가난
　하다

　c. 유음과 모음 사이 : 결혼, 실험, 쌀쌀하다

② 장애음 뒤

　a. 악화, 국회, 입학, 법학, 박하, 약혼

　b. 약하다, 딱하다. 독하다, 가무잡잡하다

　c. 밥하고, 법하고, 육학년, 꽃하고,

③ 자음 앞

　a. 놓다, 놓지, 좋다, 낳다,

　b. 많고, 끊다, 하찮고, 싫지, 곯다

　c. 놓는

　d. 놓소, 좋습니다

(1)과 같은 어두 초성의 위치에서 'ㅎ'은 다양한 변이음으로 실현되며, 비어두의 위치에서는 (2)-①과 같이 약화 또는 탈락하거나 (2)-②, (2)-③과 같이 다양한 음운 규칙의 적용을 받아 표면에 그 음가를 실현시키지 않는다. (2)-①의 경우 'ㅎ'은 유성음 [ɦ]로 약화되거나 탈락한다. 공명음 사이에 나타나는 음절두음 위치의 'ㅎ'은 탈락이 수의적이나 어간 말음으로 'ㅎ'을 가진 용언이 모음으로 시작하는 어미와 결합할 때는 필수적으로 탈락한다.[2] (2)-②와 (2)-③a, (2)-③b에서 'ㅎ'은 유기음화를 실현하며 (2)-③c에서는 비음화가 (2)-③d에서는 경음화가 나타난다.

결국 'ㅎ'이 음성형으로 온전히 실현되는 환경은 어두 초성 위치에 한정된다고 하겠다. 이러한 분포상의 제약 또한 'ㅎ'이 가지는 특수한 지위와 관련이 있을 것이다. 이에 대해서는 후술하기로 하고, 우선 어두 위치에서 보이는 'ㅎ'에 대한 논의를 시작하기로 한다. 'ㅎ'의 특수성에 대해 배주채(2003:70)에서는 다음과 같이 언급하고 있다.

'ㅎ[h]'은 음성학적으로 특수한 소리이다. 조음 음성학적으로 보면 'ㅎ'은 다른 자음들과 달리 조음 위치가 구강 안이 아니다. 구강에서 혀는 'ㅎ' 뒤의 모음을 발음하는 자세를 미리 취한다. '하'라는 발음을 할 때 'ㅏ'를 발음하기 위해 혀의 높이를 최대한 낮추는 동작이 'ㅎ'를 발음

---

2) 배주채(2003)도 'ㅎ'은 어두에서 무성음으로, 비어두에서 유성음으로 발음된다고 하며, 유성음 'ㅎ(ɦ)'이 나타나는 위치를 앞 음절이 모음으로 끝나거나 비음, 유음으로 끝날 때로 기술하고 이때의 유성음 'ㅎ(ɦ)'는 탈락하기도 한다고 했다.

할 때 이미 완전하게 이루어진다. 마찬가지로 '후'를 발음할 때는 'ㅜ'를 발음할 때의 혀의 모양이 갖추어진 상태에서 'ㅎ'이 발음되기 시작한다. 이 때 발음되는 'ㅎ'은 사실은 'ㅏ, ㅜ' 등 뒤따르는 모음의 무성음과 똑같다. 'ㅏ'를 무성모음으로 발음한 [å]와 '하[ha]'의 [h]는 음가가 똑같다는 것이다. 무성모음과 [h]의 유사성 때문에 모음 앞에서만 [r]로 발음될 수 있는 'ㄹ'이 '결혼, 실험' 등에서는 'ㅎ'이라는 자음 앞에서 [r]로 발음하는 일이 생긴다.

[h]의 본질은 성문의 좁은 틈으로 공기가 지나가는 데 있는 것이지 구강 안의 조음기관들의 움직임과는 관계가 없다. 이런 조음 음성학적 특성 때문에 [h]는 다른 소리로 바뀌거나 탈락하는 일이 많다. '히, 흐'를 거칠게 발음하면 'ㅎ'은 [h]가 아닌 무성 경구개 마찰음 [ç]와 무성 연구개 마찰음 [x]가 된다. 또, 'ㅂ, ㄷ, ㄱ, ㅈ'와 'ㅎ'이 만나면 'ㅍ, ㅌ, ㅋ, ㅊ'와 같은 유기음이 생긴다.

'ㅎ'의 조음 위치가 구강 내부가 아니라고 하며, 그 본질을 '성문의 좁은 틈으로 공기가 지나가는' 것으로 파악하고 있다. 'ㅎ'은 전통적으로 성문 마찰음으로 규정되어 왔다. 신지영(2000)에서 "성문 마찰음 [h]는 성대를 일정 정도 이상 좁혀서 이 사이로 기류를 마찰하여 내는 소리"라고 한 것이나, 배주채(2003, 69)에서 "마찰음은 조음 위치에서 생긴 좁은 틈으로 공기를 빠르게 내보낼 때 나는 소리이다. 공기가 완전히 막히는 순간이 없는 점에서 폐쇄음이나 파찰음과 다르다. 'ㅎ[h]'는 성대의 틈을 좁혀서 발음하는 성문 마찰음이다"라고 한 것은 이런 견해를 명백하게 보여주는 것이다.

마찰음은 기류가 성도(vocal tract)를 통과할 때 나는 일종의 소음

(noise)[3]이다. 성도의 어느 곳을 좁힘으로써 기류가 통과할 때 장애를 받게 되어 생기는 난기류에 의한 비주기파로 그 음향적 특징을 규정지을 수 있다. ‘폐쇄-지속-개방’의 단계로 조음되는 파열음이나 ‘폐쇄-지속-부분 개방-마찰-완전 개방’의 단계로 조음되는 파찰음과는 달리, 마찰음은 ‘좁힘-마찰-개방’의 세 단계로 조음된다. 좁힘 단계에서는 두 조음 기관을 접근시켜 구강 안에서 좁힘을 형성하고 연구개를 상승시켜 비강 통로를 차단한다. 마찰 단계에서는 기류를 좁혀진 틈 사이로 통과시켜 마찰 소음(friction)을 생성한다. 그리고 개방 단계에서는 구강 안에서 형성된 좁힘을 완전히 개방한다.

국어의 마찰음에는 구강 안의 잇몸[齒莖] 부분에서 마찰이 일어나는 치경 마찰음 ‘ㅅ, ㅆ’와 성문에서 마찰이 일어나는 성문 마찰음 ‘ㅎ’의 두 종류가 있다. ‘ㅅ, ㅆ’와 ‘ㅎ’는 마찰성을 공유한다는 점에서 자연 부류로 묶일 만하다.

그런데 이 두 마찰음은 성질이 매우 달라서 ‘ㅅ’의 변이음은 그 조음 위치가 잇몸에서 벗어나지 않는 데 반하여, ‘ㅎ’의 변이음은

---

3) 주기파인 악음에 대립되는 비주기파를 말한다. 소음(noise)은 곧 음성 기관에서 발생하는 난기류에 의해 생기는 비주기파이다. 말소리를 만들어 내는 데 원료가 되는 것을 음향 음성학적인 용어로 음원(sound source)이라고 하는데, 소리의 기본적인 세 유형은 그 원료가 되는 음원이 서로 다르다. 악음의 음원은 성대의 진동이며, 소음의 음원은 성대에서 아무런 방해를 받지 않고 올라온 기류가 성도에서 갑자기 좁아진 통로를 통과하면서 만들어진 난기류로 인한 소음이며, 순간음의 음원은 성도가 폐쇄된 뒤 갑작스러운 방출 때문에 만들어지는 아주 짧은 폭발 소음이라고 할 수 있다.(신지영:2000 참고)

인두와 구강의 여러 군데에 걸쳐 있다. 또 'ㅅ'은 분명히 마찰이 있는 소리이나 'ㅎ'은 그 마찰의 성질이 분명하지 않아서 마찰음이 아니라 무성모음4)이라 보는 견해도 있다.

파이크(Pike:1943)에 따르면, 마찰음에는 두 종류가 있는데, 하나는 성도의 어떤 자리에 좁힘(stricture)이 생겨 거기서 심한 마찰적 소음이 나는 것이고, 다른 하나는 성도 자체가 마치 대롱과 같은 공명실이 되어 생기는 것이다. 파이크(Pike:1943)은 전자를 국부 마찰(local friction), 후자를 강부 마찰(cavity friction)이라 불렀다.

강부 마찰은 성문이 열린 상태에서 나는 숨(breath)이 성도에서 공명하는 것이기 때문에, 국부 마찰에 비하면 매우 약하다. 이러한 소리를 [h]로 표기하는데, [h]는 국부 마찰인 성문 마찰의 기호이기도 하다. [h]를 강부 마찰로 보는 경우와 국부 마찰로 보는 경우가 있는데, 강부 마찰의 경우에도 '무성모음'으로 보거나 '활음(glide)'으로 보는 경우로 나누어진다. [h]를 무성모음이라 하는 이유는, 무성이고 약한 마찰이 성도에서 일어나며, 후속 모음과 조음적 특징이 거의 같기 때문이다. 또, [h]를 성절음으로의 또는 성절음으로부터의 전이로 보는 견해도 있다. 영어에서 유성 자음은, 휴지 직후에서는 그 전반부가 휴지 직전에는 그 후반부가 무성화하는 경우가 흔히

---

4) 성문 마찰음 /ㅎ/는 일정한 음가로 실현되지 않고 뒤이어 나오는 모음에 따라 다른 음가의 변이음으로 실현된다. /ㅎ/를 발음할 때 폐로부터 나오는 기류는 성문을 통과하면서 성문 마찰음으로 변형된 다음, 구강 안에서 다음 모음의 조음 위치에 자리잡고 있는 혀에 의해 이차적으로 변형되어 다양한 음가의 변이음들로 실현되는 것이다. 그러므로 /ㅎ/는 뒤이어 나오는 모음의 무성음으로 실현된다고 할 수 있다.(이호영:1996)

나타나는데, 이것을 무성의 '활음'이라고 할 수 있다. 같은 맥락으로 모음의 앞이나 뒤에 무성의 '활음'이 생길 수 있는데, 그렇게 보면 [h]는 모음에 대한 활음인 셈이다. 모음으로 끝나는 말을 음향적으로 분석하면 끝에 [h]에 해당하는 부분이 나타난다고 한다.

파이크(Pike:1943)가 마찰에 따라 음성을 분류한 것을 표로 보이면 다음과 같다.

표 3-1. 파이크(1943)의 마찰음 분류

	성문 마찰 없음	성문 마찰 있음
강부 마찰 들림	무성모음 (h)	소근소근(whisper)
강부 마찰 안 들림	유성모음	유성 h

'h'를 무성모음이라 규정한 것은, 이 음이 후속하는 음의 조음 위치에서 일어나는 구강의 무성 공명이라는 데에서 기인한다.

국어 'ㅎ'의 성질에 대하여 언급한 허웅(1985) 역시 강부 마찰과 국부 마찰을 구별하였다. 강부 마찰을 '스침소리'로, 국부 마찰을 '갈이소리'로 이름 붙였는데, 이에 대해 언급한 내용을 보면 다음과 같다.

목청이 약간 열려서 공기의 흐름이 여기에서 마찰을 일으키게 되면, 국어의 '하루, 허리, 홀로' 따위 말의 첫소리가 되는데, 이것이 [h]이다. 그런데 이 [h] 소리는 그 갈이가 그리 똑똑하지 않고, 그리고 꼭 목청에서만 나는 것 같지 않다. 오히려 상당히 넓은 입안 통로를 공기가 지날 때에 인두나 입안 통로의 전체에서 갈이가 일어나는 듯한 느낌을 준다.

이러한 갈이소리를 '스침소리(cavity friction)'라 한다.(27쪽)

발음부의 어떠한 자리가 아주 좁아져서 공기가 이 작은 틈을 통과할 때 갈이가 생겨나는 소리를 '갈이소리'(마찰음)라 한다.(32쪽)

'하루, 허리' 따위의 [ㅎ] 소리는 그 갈이가 그리 분명하지 않아서, 꼭 대롱(관)을 부는 것 같은 소리가 들리므로, 어떤 사람들은 이런 소리를 '스침소리'라 한다.(32쪽)

소쉬르는 이 소리를 홀소리의 안울림으로 보았으며, 이것을 'cavity friction' 또는 'frictionless'라 하고 있다. 이에 대해서 일정한 자리에서 나는 갈이는 'local friction'이라 한다.(32쪽)

'향토, 형제, 효자, 힘' 따위와 같이, 그 뒤에 [i], [j] 소리가 일어나는 [ㅎ] 소리는 헛바닥과 센입천장 사이에서 꽤 뚜렷한 갈이가 들리게 된다. 이 소리는 [ç]로 적는다.(32쪽)

'회의, 이후, 휘파람' 따위 말의 [ㅎ]도 스침소리로 발음하기도 하나 조금만 [ㅎ]를 똑똑히 내려 하면, 두 입술 사이에서 갈이가 일어나게 된다. 이것은 [φ]로 적는다.(33쪽)

'하하하…'를 계속해서 발음해 보면, 그 혀나 입술의 모양은 처음에서 끝까지 바뀌지 않는다. 이로써 보면 이 경우의 [ㅎ]는 그 혀나 입술의 모양은 [ㅏ]와 다르지 않음을 알 수 있고, 다만 이 두 소리의 다름은 울림의 있고 없음에 달려 있는 것임을 알 수 있다. 그러므로 이러한 경우의, 일정한 자리의 갈이를 수반하지 않고, 스침소리를 가진 [ㅎ]소리는 그와 맞닿아 있는 홀소리의 안울림이라고도 볼 수 있다.(35쪽)

이는 국어의 'ㅎ'을 정확하게 관찰하였다는 사실을 확인시켜 주는데, 이 소리가 성문을 좁힘으로써 그 사이에서 마찰이 일어나서 생성되는 소리가 아님을 말하고 있다. 후속 모음에 따라 좁힘이 일어나더라도 그 협착은 구강 안에서 일어나는 것이지 성대 사이를 좁히는 것이 아니라는 것이다.

그동안 'ㅎ'을 성문 마찰음으로 규정해온 것은 정확한 음성적 관찰을 토대로 한 것이 아니라는 의심이 생기는 대목이다. 따라서 여기서 국어의 'ㅎ'이 가지는 생리적 음향적 특성을 자세히 살펴볼 필요가 있다.

'ㅎ'의 생리적 특성, 즉 조음적 특성을 알아보기 위하여, 우선 이 소리가 생성될 때 마찰이 일어나는 자리를 살피는 일이 중요하다. 김영송(1991)에서는 조음 위치의 관찰을 위해 제로그라피(xerography)로 촬영하는 엑스선 투시법을 사용하였다. 그 관찰 결과는 아래와 같다.

구강에서 좁힘 통로가 작은 모음에 앞서는 'ㅎ'은 그 모음의 조음(좁힘) 자리에서 마찰이 일어난다. 이러한 마찰을 일으키게 하는 것은 모음의 조음적 특성 때문인데, 좁힘 자리가 설단-경구개에 있는 '이', 후설-연구개에 있는 '으, 우' 목머리에 있는 '아, 어, 오'들은 그에 앞서는 'ㅎ'에 마찰을 일으키게 한다. '우, 외, 위'는 연구개와 입술에 좁힘이 생기는데 입술의 좁힘 장애가 더 크므로 여기서 마찰이 일어난다. 이 중

'우'는 입술 좁힘이 작아서 더러 연구개에서 마찰이 일어나는 수가 있다. '에, 애'는 구강에 마찰이 일어날 만큼의 좁힘이 없다. 그래서 이들의 마찰은 성문에서 일어나고 구강이 그 약한 스침을 울려 주는 구실을 한다.

'ㅎ'은 그 좁힘이 후속하는 모음의 조음점(좁힘이 일어나는 자리)과 일치하는데, 다만 '해, 헤'는 성도에 뚜렷한 좁힘이 없다고 결론을 내렸다. 이는 마찰이 성도에서 일어나지 않고 다른 방식의 조음 과정이 일어난다는 의미이다.

'ㅎ'의 물리적 특성을 알아보기 위해서 김영송(1991)에서는 오실로그래프 분석과 함께 스펙트로그램의 분석도 이루어졌다. 오실로그래프로 음파상의 특징을 알아보기 위해 모든 단모음과 그 모음에 앞서는 'ㅅ, ㅎ'의 파형을 대조하였는데, 그 결과 모든 파형들이 모음으로의 전이(transition) 부분에서 뚜렷한 특징을 보였다. 'ㅅ'은 어떤 모음 앞에서도 심한 비주기파가 일정하게 나타나는 데 비하여 'ㅎ'의 비주기파는 일정하지 않았으며, 후속 모음의 좁힘 자리에서 난기류가 나타나거나 원순모음의 경우 입술에서 난기류가 일어났고 '해, 헤'의 경우는 뚜렷한 난기류파가 나타나지 않는 것으로 나타났다.

또 스펙트로그램 분석 결과, 마찰 소음이 'ㅅ'은 일정하게 높은 주파수에서 나타남에 비해 'ㅎ'은 후속 모음의 포먼트 주파수에 따라 띠 모양으로 나타났으며, 'ㅎ'은 스펙트럼의 주파수 분포가 낮고 다른 자음들과는 달리 에너지 집중이 여러 개 생기는데, 이는 마치

모음에 여러 개의 포먼트가 생기는 것과 비슷한 현상이라고 할 수 있다.

다음의 〈그림 3-1〉과 〈그림 3-2〉는 '사'와 '하'의 광역 스펙트로그램이다. '사'의 'ㅅ'에서는 고주파수대에서 마찰 소음이 관찰되었고,

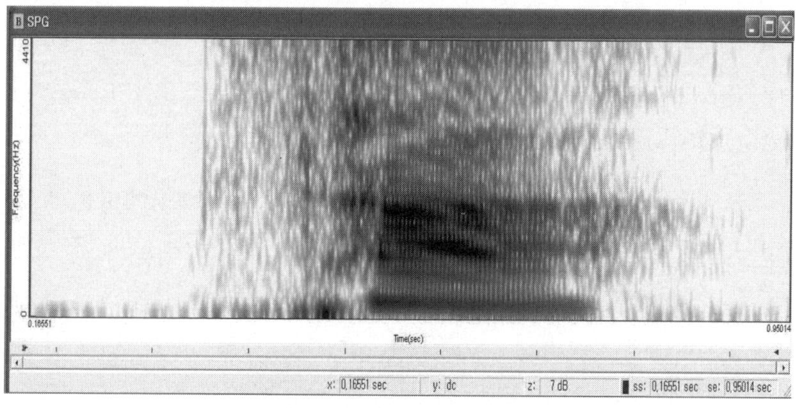

그림 3-1. '사'의 스펙트로그램

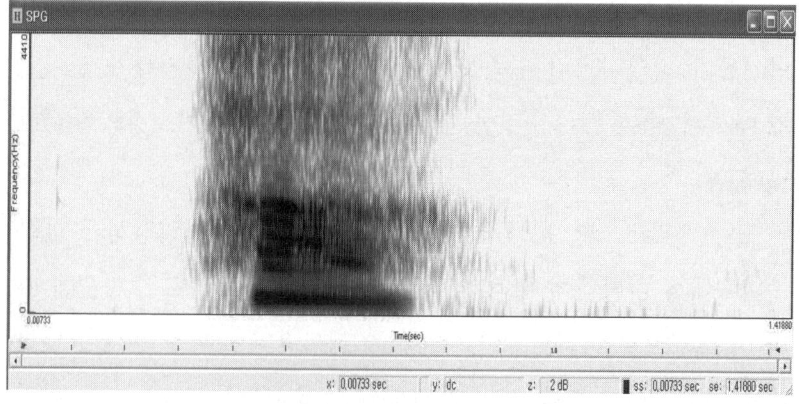

그림 3-2. '하'의 스펙트로그램

‘하’의 ‘ㅎ’에서는 후행 모음의 포먼트 주파수대에서 기 소음이 관찰되었다. ‘ㅎ’은 잡음의 에너지 분포가 후행하는 모음의 에너지 분포를 그대로 닮아 있다는 것이 특징이다. 어두에 위치한 경우 ‘ㅎ’이 모음과 다른 점은, 유성음이 아니라는 것과 잡음이 많이 섞여 있다는 것이다. 이런 특성에 주목하여 ‘ㅎ’을 무성의 공명음5)으로 보거나 무성의 모음6)으로 보는 견해도 있었다.

이번에는 후행 모음이 전설모음 ‘이’인 ‘히’와, 단모음 ‘이’의 스펙트로그램을 비교해 보기로 하자. ‘이’에서는 모음이 가지는 공명 주파수가 포먼트 구조로 나타나며, ‘히’는 그 앞에 기식이 동반된다는 차이가 있다. 이 기식은 후행 모음의 포먼트에 집중되어서 나타난다.

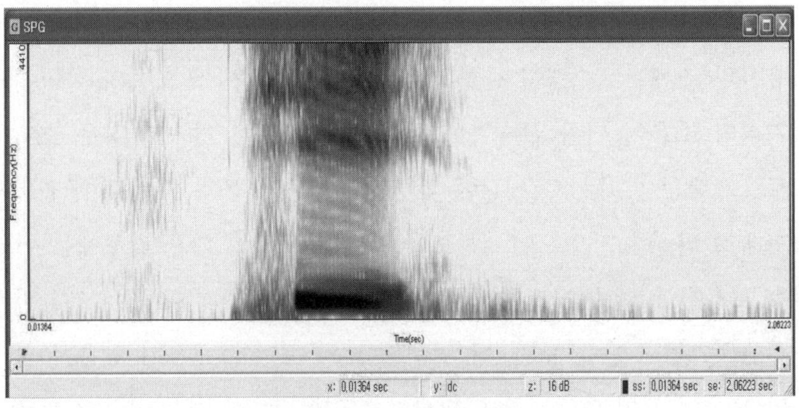

그림 3-3. ‘히’의 스펙트로그램

---

5) 김영송(1996)이 이런 입장을 취한다.
6) 김차균(1985)가 이런 입장을 취한다.

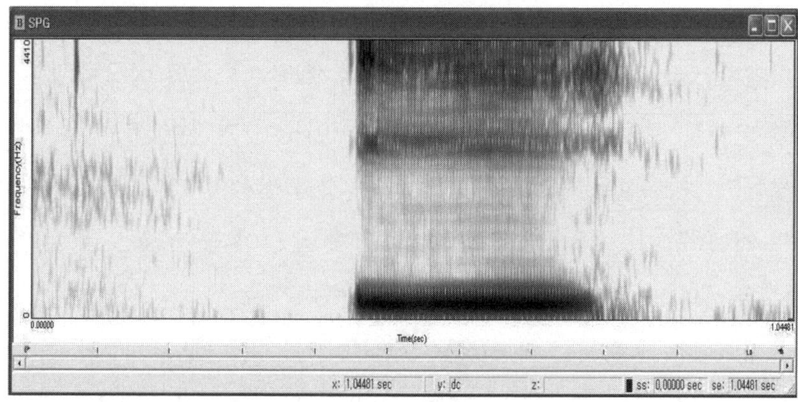

그림 3-4. '이'의 스펙트로그램

이것은 '우'와 '후'의 경우도 마찬가지이다. 모음과 모음 사이에 위치한 경우에는 유성음으로 실현되며, 이 위치에서는 유성음이라는 점에서 모음과 차이가 없으나 잡음이 섞여 있다는 점에서 차이가 있다. '아후'와 '아우'의 경우를 비교해 보기로 하자. 이 경우는 유사한 스펙트로그램이 관찰된다. '아후'의 경우 두 모음의 사이에 기식의 소음이 관찰되는 차이가 있다. 두 모음이 연속할 경우 스펙트로그램은 〈그림 3-4〉 같이 앞 모음과 뒤 모음의 포먼트 구조를 그대로 반영하고 있으며, 앞 모음과 뒤의 모음이 다른 경우에는 이 두 모음을 이어주는 전이 구간이 관찰된다. 모음 사이에 'ㅎ'가 위치한 〈그림 3-5〉를 보면, 이 경우도 /h/의 포먼트 구조가 앞 모음과 뒤 모음의 포먼트 구조를 연결하는 모양을 하고 있다. 이렇게 성문 마찰음은 여러 가지 면에서 모음과 유사한 음향적 특성을 보인다. 다만 모음과 모음의 전이 구간에 기식이 나타나는 점이 다를 뿐이다. 이때의 기식은 후행 모음의 포먼트에 집중해서 나타난다.

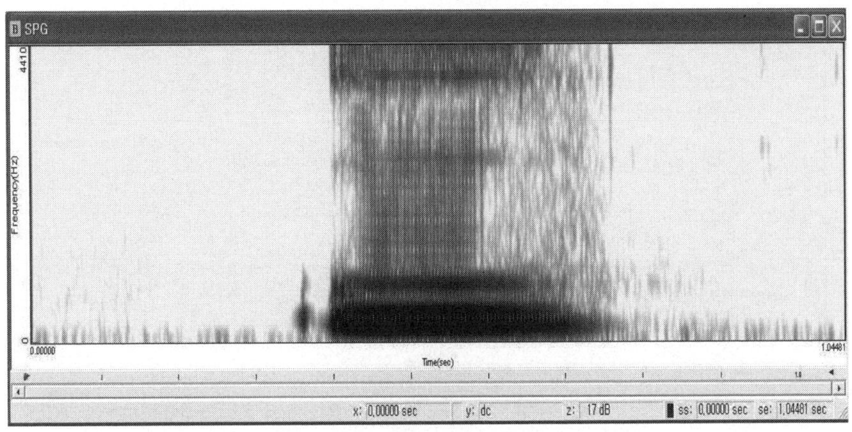

그림 3-5. '우'의 스펙트로그램

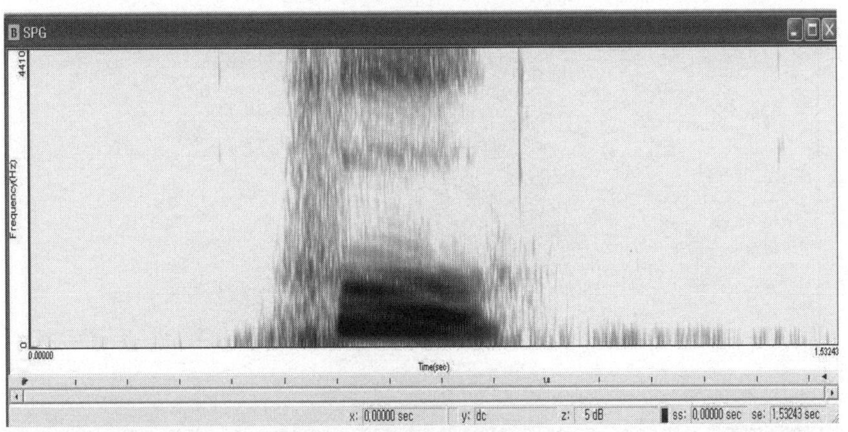

그림 3-6. '후'의 스펙트로그램

'이하'와 '이아', '아히'와 '아이', '이후'와 '이우', '우히'와 '우이'의 짝을 계속해서 비교해 보기로 한다. 기본 3모음인 전설모음 '이'와 후설모음 '아', 그리고 원순모음 '우'는 특징적인 포먼트 구조를 가지고 있어 이들이 이어질 때 포먼트 전이가 가장 눈에 띄게 드러날

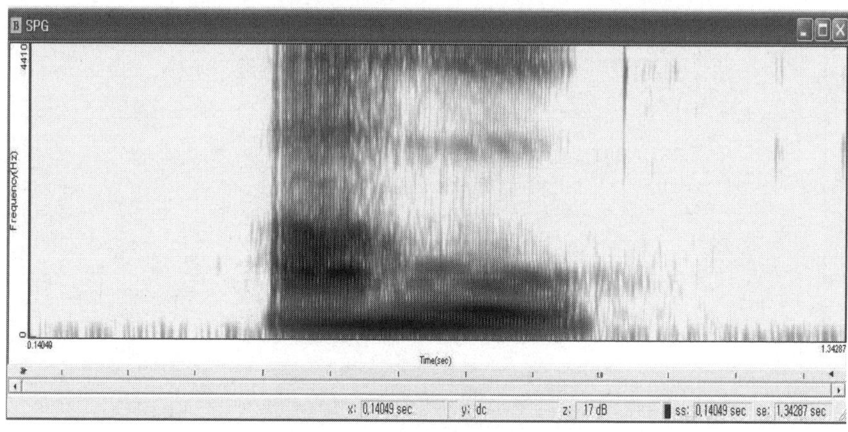

그림 3-7. '아후'의 스펙트로그램

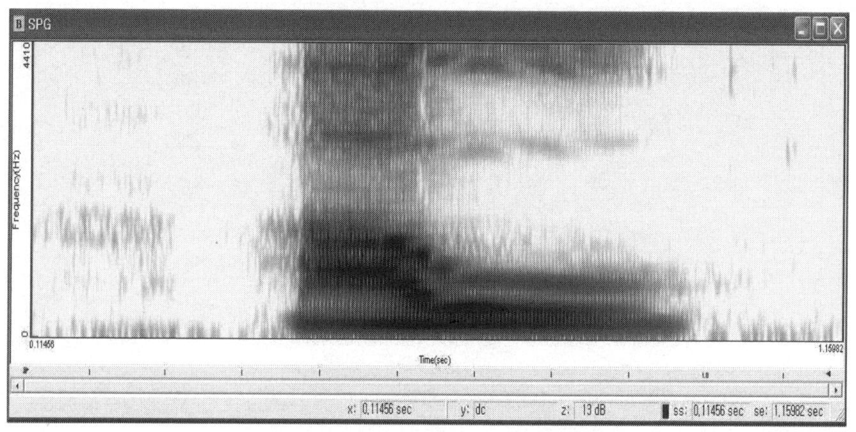

그림 3-8. '아우'의 스펙트로그램

것이며, 이 사이에 'ㅎ'이 있을 때 그 모습도 가시적으로 잘 드러날 것이기 때문이다. '이, 아, 우'가 각각 순서를 달리하여 이어날 때와 그 사이에 'ㅎ'이 있을 때를 각각 비교하기로 한다.

ㄱ. '이하'와 '이아'

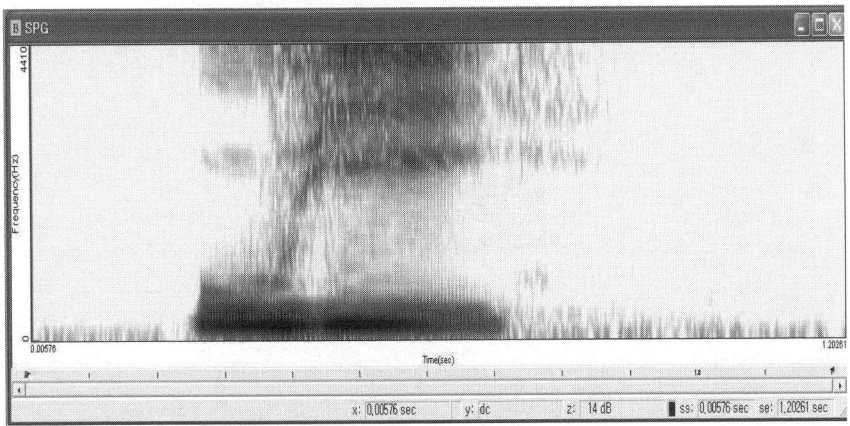

그림 3-9. '이하'의 스펙트로그램

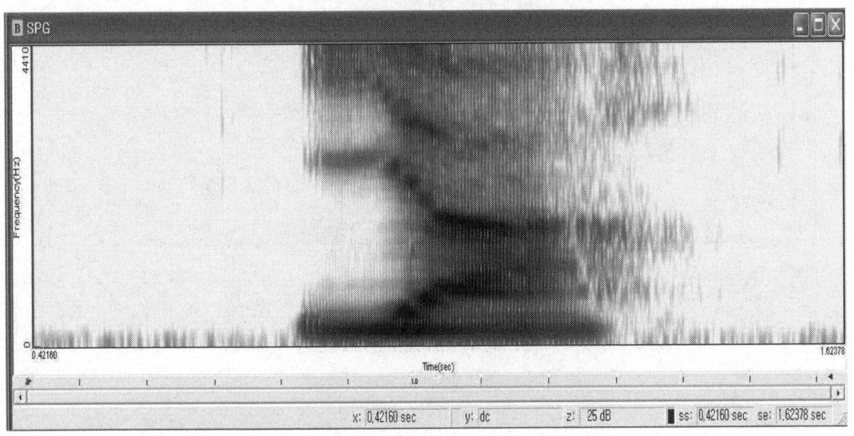

그림 3-10. '이아'의 스펙트로그램

ㄴ. '아히'와 '아이'

ㄷ. '이후'와 '이우'

ㄹ. '우히'와 '우이'

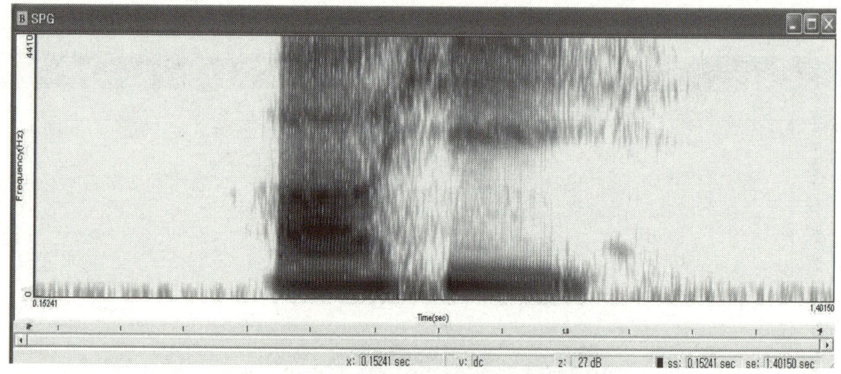

그림 3-11. '아히'의 스펙트로그램

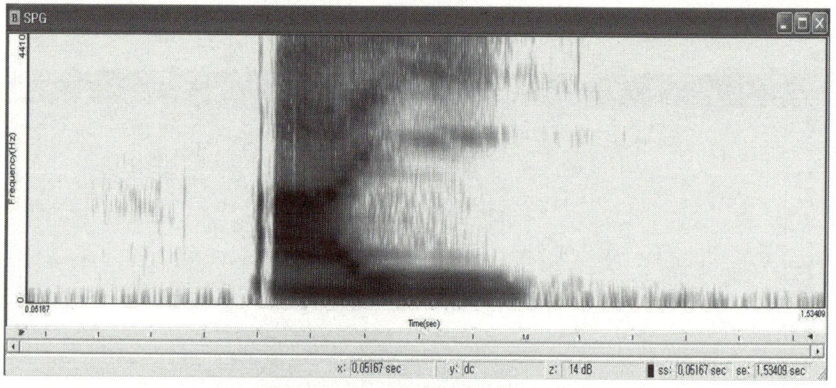

그림 3-12. '아이'의 스펙트로그램

위의 스펙트로그램을 관찰한 결과 'ㅎ'이 어두 초성의 위치에서
모음 앞에 올 때와 모음 사이에 'ㅎ'이 위치할 때 무성과 유성의 차
이만 있을 뿐 'ㅎ'의 기식은 후행 모음의 포먼트 구조에 집중하여
나타났다. 이렇게 'ㅎ'이 후행하는 모음의 포먼트 구조를 닮게 되는
이유에 대해 신지영(2000)에서는 후두 마찰로 인해 생긴 마찰 소음

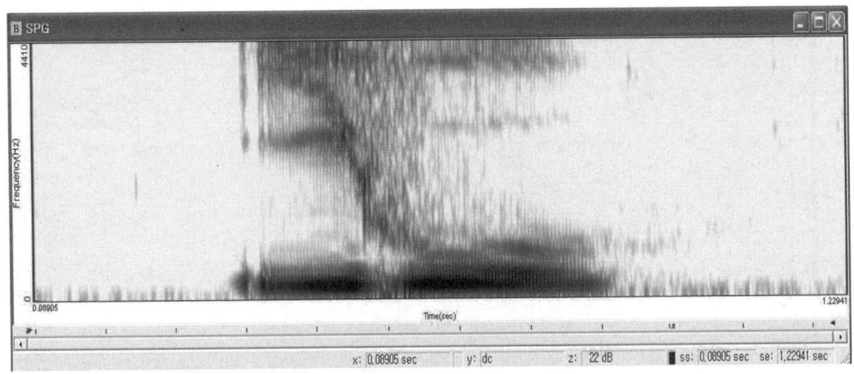

그림 3-13. '이후'의 스펙트로그램

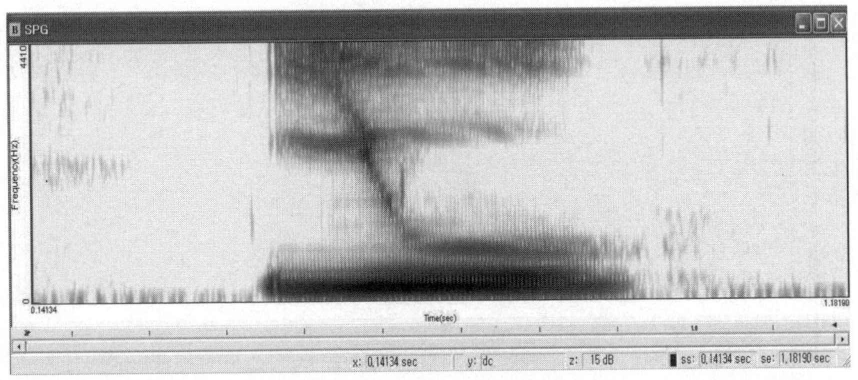

그림 3-14. '이우'의 스펙트로그램

이 통과하는 성도 여과기의 모양이 후행 모음의 것과 같기 때문이라고 설명한다. 그래서 성문 마찰음은 다른 마찰음과는 달리 잡음의 에너지가 분포된 주파수 대역이 후행 모음의 주파수와 유사하게 나타나는 특성을 갖게 된다는 것이다.

이는 'ㅎ'이 구강 안에서 특정한 조음 위치를 가지지 않기 때문에

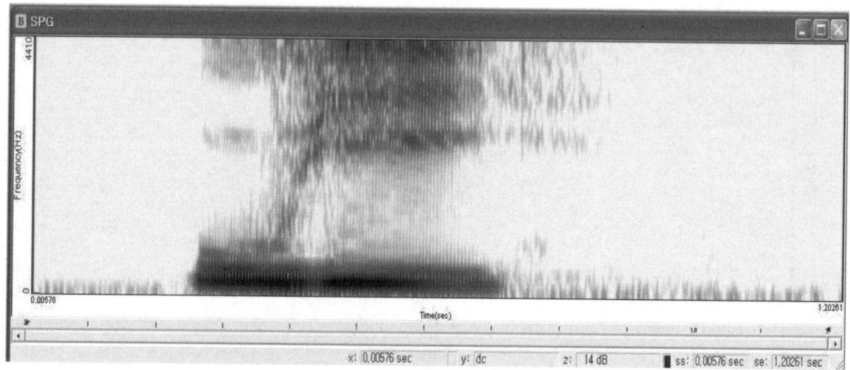

그림 3-15. '우히'의 스펙트로그램

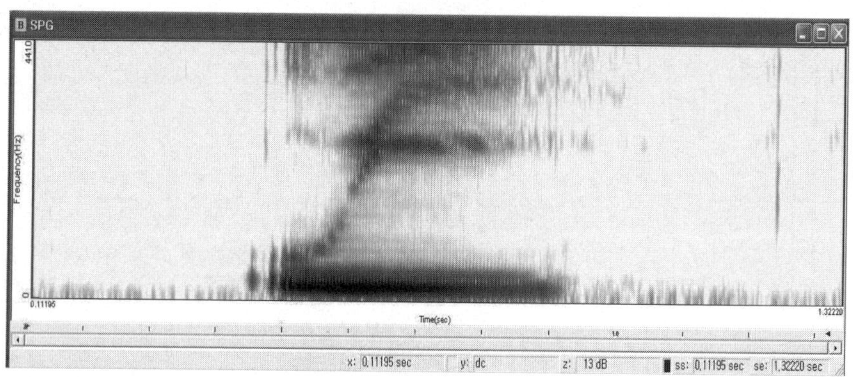

그림 3-16. '우이'의 스펙트로그램

가능한 일이라고 볼 수 있다. 구강 안에서의 좁힘이 후행 모음의 자리에서 일어나므로 포먼트 구조가 같아지는 것이다. 소음 부분이 관찰되는 것은 'ㅎ'의 조음 과정에 성문이 크게 열리는 것이 반영된 것이다.

3.1.2. 'ㅎ(h)'의 음운론적 지위

앞에서 살펴본 바와 같은 음성 특징을 가진 'ㅎ'의 음운 체계상의 위치를 규정하는 데에는 대립되는 두 가지 태도가 있으니, 'ㅎ'을 음운론적으로 활음으로 분류하는 쪽과 자음으로 분류하는 쪽이다.[7] 이는 국어 자음의 자질 분류에서 주요 부류 자질을 어떻게 설정할 것인가의 문제와 맞닿아 있으며, 과연 'ㅎ'의 주요 부류 자질로 어떤 값을 부여할 것인가의 문제로 귀결된다.

세부적인 자질 부여의 측면에서 'ㅎ'에 유기성 자질을 인정할 것인지의 여부도 논란이 되어 왔다. 'ㅎ'을 음운론적으로 활음으로 처리한 것은 이 음소가 구강 안에 조음 위치를 가지고 있지 않다는 사실과 무관하지 않다. 구강 안에서 협착을 일으키지 않으니 자음으로 분류할 수 없고, 그렇다고 모음적인 특성을 보이지도 않으므로[8] 활음으로 처리할 수밖에 없다는 것이다. 영어권의 음운론 연구에서 'h'를 활음으로 분류한 경우가 많다[9]는 점도 영향을 미쳤음을

---

7) 래드포즈드(Ladefoged:1975)는 [h]를 자음, 모음 어느 부류에도 포함시키지 않고 /w, r, j, l/과 같은 접근음(approximant)으로 분류하였다. [h]는 자음과 같은 역할을 하나 그 조음 방식을 살펴보면 후행하는 모음의 무성의 짝에 불과하다는 것이다. 레이버(Laver:1994)에서도 [h]를 후두 마찰음으로 보는 것은 잘못이며 접근음(approximant)의 일종으로 보아야 한다고 언급하였다.

8) 이진호(2003) 참조.

9) 글리슨(Gleason:1965)도 [h]를 후두마찰음으로서 y, w와 같이 글라이드(glide)나 연장음(prolongation)의 특질을 가지는 음으로 보고, 영어에서 모음 뒤에 올 수 없는 유일한 자음이라고 하였다. 이는 블룸필드(Bloomfield)가 [h, j, w]는 음절의 종

부인하기 어렵다. SPE의 자질 분류를 받아들인 논의들에서 'ㅎ'을 활음으로 분류한 경우가 많다는 것이 이를 보여준다.

이번 장에서 다룰 문제는 크게 두 가지이다. 'ㅎ'의 음운론적 지위를 어떻게 정립할 것인가와 우리가 국어의 자질 분류에서 유용한 것으로 받아들인 후두 자질로 이것을 어떻게 표시할 것인가 하는 문제이다. 앞 장에서 관찰한 'ㅎ'의 음성적 특징이 이 문제를 해결하는 데에 유용한 바탕이 될 것이다.[10]

1) 주요 부류 자질

'ㅎ'을 활음으로 분류할 것인가 자음으로 분류할 것인가의 문제는 이 음소의 주요 부류 자질을 어떻게 파악하느냐에 달려 있다. 주요 부류 자질에 대해서 자질 이론의 밑바탕이 되는 SPE의 분류를 먼저 살펴보고, 국어의 경우 선행 연구에서 이들을 어떻게 처리했는지를 비교해 보기로 한다.

① SPE의 주요 부류 자질

촘스키-할레(Chomsky & Halle:1968, 301~303, 354)에서는 주요 부류 자질로 [공명성], [자음성], [모음성]을 설정하고 영어의 /h/를 'y,

성이나 자음군의 마지막 요소가 될 수 없다며 [h]는 받침의 역할을 할 수 없다고 본 것과 유사하다.

10) 김영송(1991)에서는 "h는 성문마찰, 강부마찰, 무성모음, 반모음(근접음, 미끄럼) 등 여러 가지 분류가 가능한데 이것은 음운론에서 언어마다의 체계에 비추어 처리할 문제이며, 마찰음의 음성학적 연구는 성문 운동의 관찰이나 기류의 기체역학적인 계측 등이 필요하다"고 언급한 바 있다.

표 3-2. SPE의 주요 부류 자질

	[공명성]	[자음성]	[모음성]
유성모음 (voiced vowels)	+	−	+
무성모음 (voiceless vowels)	+	−	−
활음(glides) Ⅰ: w, y	+	−	−
활음 Ⅱ: h, ʔ	+	−	−
유음(liquids)	+	+	+
비음 (nasal consonants)	+	+	+
장애음 (nonnasal consonants)	−	+	−

w'와 함께 활음의 부류에 넣었다.[11]

[공명성(sonorant)]을 가지고 있는 소리는 공기가 발성 통로(vocal tract cavity)를 통과할 때 자발적인 성대 진동이 일어날 수 있는 성대의 상태가 만들어지는데, '모음, 활음, 비음, 유음'이 [+공명성]을

---

11) SPE의 7장에서는 주요 부류 자질로 '[공명성(sonorant)], [자음성(consonantal)], [모음성(vocalic)]'의 세 자질을 설정하였다가 8장에서는 [모음성] 자질을 [성절성(syllabic)]으로 수정하였다. '[공명성], [자음성], [모음성]'의 세 자질이 주요 부류 자질이 될 때에는 '유성모음, 무성모음, 활음Ⅰ(w,y), 활음Ⅱ(h, ʔ), 유음, 비음, 비비음(nonnasal)'이 주요 부류가 되지만, 주요 부류 자질로 [모음성] 대신에 [성절성]을 도입할 때는 '모음, 성절적 유음, 성절적 비음, 비성절적 유음, 비성절적 비음, 활음(w, y, h, ʔ), 장애음(obstruent)'이 주요 부류가 된다. 국어의 경우 유음과 비음이 성절성을 가지지 못하므로 7장의 자질 분류를 취하는 편이 더 나을 것이다.

가진다.12)

　[모음성(vocalic)] 자질은 구강 통로(oral cavity)의 협착이 [i]나 [u]를 발음할 때의 구강 협착과 같거나 그 이상 좁히지 않고 또한 자연스런 성대 진동을 동반하는 것을 의미한다.13) 유성모음과 유음이 [+모음성]의 범주에 들고, [+모음성] 소리가 아닌 부류에는 '무성모음, 활음, 비음, 장애음(nonnasal consonants)' 등이 해당된다.

　[자음성(consonantal)]을 가지고 있는 소리는 발성 통로에 순간적인 장애가 일어날 때 만들어지는 소리인데, 이때의 폐쇄는 구강의 중앙부에서 이루어지며, 적어도 마찰음을 조음할 때의 좁힘 정도와 같거나 그 이상이어야 한다. 성도의 화살촉 구역의 중간(midsagittal)을 막아서 내는 음이다.14) 이 자질은 유음과 자음을 활음과 모음으로부터 구별한다.

　주요 부류 자질로 이렇게 [공명성], [자음성], [모음성]을 설정하면 'w, y, h, ?'는 같은 부류에 속하게 된다. 'y, w'는 모음 'i, u'와 나머지 자질은 같되 'i, u'보다 협착점이 좁아지므로 모음성을 갖지 못

---

12) Sonorants are sounds produced with vocal tract cavity configuration in which spontaneous voicing is possible; obstruents are produced with a cavity configuration that makes spontaneous voicing impossible.(p.302)

13) Vocalic sounds are produced with an oral cavity in which the most radical constriction does not exceed that found in the high vowels [i] and [u] and with vocal cords that are positioned so as to allow spontaneous voicing; in producing nonvocalic sounds one or both of these conditions are not satisfied.(p.302)

14) Consonantal sounds are produced with a radical obstruction in the midsagittal region of the vocal tract; nonconsonantal sounds are produced without such an obstruction. (p.302)

하고, 'h'는 특별한 조음점을 갖지 않으며 더구나 마찰음을 낼 때보다 더 좁은 저해를 가진다고 볼 수 없으므로 자음성도 갖지 못한다. 따라서 영어의 /h/는 [−모음성, −자음성]으로 표시할 수 있다. 위 기준에 따르자면 국어의 'ㅎ' 역시 모음에도 자음에도 속하지 않게 된다.

또한 SPE에서는 활음 부류에 [공명성] 자질값을 '+'로 주고 있으나, 'y, w'와 달리 'h, ʔ'는 자발적인 성대 진동이 일어나지 않는 음이므로 이 음들의 [공명성] 자질에 '+' 값을 부여하는 데에는 문제가 있다.

② 국어의 주요 부류 자질

여기서는 선행 연구에서 국어의 주요 부류 자질을 어떻게 설정하고 있는지 살펴보기로 한다. 구현옥(1999), 김무림(1992), 김차균(1985), 배주채(1996), 오정란(1997), 이기문·김진우·이상억(1984), 이병근·최명옥(1997), 정연찬(1997), 허웅(1985) 등에 나타난 주요 부류 자질을 표로 제시한다. 공통된 자질을 중심으로 여기에 해당하는 음운 부류와 구체적인 자질값을 제시하되, 자질 명칭과 부류 명칭은 원문에 따르고 자질값에서 주요 부류 자질은 약어로 표시하였다.[15]

주요 부류 자질을 세 개 설정할 것인지 두 개 설정할 것인지, 그리고 어떤 자질을 주요 부류 자질로 설정할 것인지에 따라 서로 다른 일곱 가지 견해가 나타났다. 국어의 경우 공명자음이 [성절성]을

---

15) 국어의 주요 부류 자질에 대한 선행 연구는 차재은(2002)에서 정리된 바 있어 그것을 참고하였다.

표 3-3. 국어의 주요 부류 자질 비교

주요 부류 자질	주요 부류	자질값	비고
[자음성] [모음성] [공명성]	저해음 비음 유음 활음 모음	+자, −모, −공 +자, −모, +공 +자, +모, +공 −자, −모, +공 −자, +모, +공	이병근·최명옥(1997:35)
[자음성] [공명성] [음절성]	모음 순수자음[자음] 유음/비음[공명자음] 활음[반모음]	−자, +공, +음 +자, −공, −음 +자, +공, −음 −자, +공, −음	오정란(1997:104) [ ]는 김무림(1992:66) 이기문 외(1984)에는 국어의 주요 부류 자질 명세 없음
[성절성] [공명성] [막음성]	홀소리 닿소리 반홀소리 ㅎ	+성, +공, −막 ±성, ±공, +막 −성, +공, −막 −성, −공, −막	구현옥(1999:99) 자질표에는 제시하지 않았으나 ㅎ의 자질은 별도로 기술
[자음성] [성절성]	자음 모음 반모음	+자, −성 −자, +성 −자, −성	배주채(1996:104)
[자음성] [모음성]	자음 모음 반모음, ㅎ	+자, −모 −자, +모 −자, −모	김차균(1985)
[자음성] [모음성]	자음 모음 ㄹ	+자, −모 −자, +모 +자, +모	정연찬(1997:102) j, w는 음소로 보지 않음
[막음] [고정자리]	홑홀소리 반홀소리 ㅎ 그 밖의 닿소리	−막, +고 −막, −고 +막, −고 +막, +고	허웅(1985:209)

가지지 못하고 순수 자음들과 음절 안에서 같은 역할을 수행하므로
이들을 순수 자음과 구분하여 주요 부류로 먼저 분류할 필요가 없
다. 그러므로 주요 부류 자질은 두 개만 설정해도 충분하며 자음,
모음, 반모음이 주요 부류를 이루도록 하려면 [자음성]과 [성절성],
또는 [자음성], [모음성]이 주요 부류 자질이 되어야 한다. [성절성]
과 [모음성]은 자질의 내용은 다르지만 기능은 같다. 반모음들을 자
음, 모음과 구분하기 위해 필요한 자질인 것이다. [성절성]은 음절
의 핵(peak)이 될 수 있는 분절음에 부여되는 자질이다. 그런데 어떤
분절음이 성절음이 될 수 있는가는 언어마다 달라서, 영어의 경우
성절적 비음이나 유음이 존재하고, 언어에 따라서 장애음도 성절음
이 될 수 있는 반면, 국어에서는 오로지 모음만이 성절음이 된다.
그렇기 때문에 국어에서 [성절성]을 가질 수 있는 분절음은 오직 모
음뿐이고, 따라서 [성절성]이 [모음성]과 대치되더라도 별다른 문제
가 없다.

2) 'ㅎ'의 주요 부류 자질

그러면 이번에는 국어의 'ㅎ'에 대해서 어떤 주요 부류 자질을 부
여하고 있는지를 살펴보도록 하자.

선행 연구들을 크게 분류하면 'ㅎ'에 [−자음성, −모음성]을 배
당하고 있는 이병건(1976), 이기문 외(1984), 김차균(1985)와 [+자음
성, −모음성]을 배당하는 김무림(1992), 배주채(1996), 이병근·최명
옥(1997:35) 등으로 나눌 수 있다. 전자는 'ㅎ'을 활음으로 후자는
'ㅎ'을 자음으로 분류하고 있는 셈이다.

① ‘ㅎ’는 활음인가

이는 ‘ㅎ’를 국어의 반모음 ‘y, w’와 자연 부류를 형성하는 활음으로 분류하는 태도이다. 이런 입장에 서 있는 경우 주요 부류 자질을 [자음성]과 [모음성]으로 택한다. ‘h, y, w’가 [−자음성, −모음성]이라는 공통 자질을 공유하며, 이런 체계에서 ‘ㅎ’은 활음으로 분류된다. 주요 부류 자질을 ‘[자음성], [성절성], [공명성]’으로 설정하거나, ‘[자음성], [모음성], [공명성]’으로 설정하는 입장에서는, 활음 ‘y, w’는 [공명성] 자질을 갖지만 ‘ㅎ’은 그렇지 않으므로 이들은 하나의 부류로 묶이지 못하게 된다.

‘ㅎ’을 활음으로 처리한 연구들을 자세히 살펴보자.

ㄱ. 이병건(1976)

이병건(1976, 63)에서는 SPE의 주요 부류 자질을 따라 /h/의 자질을 [−모음성, −자음성]으로 기술했으나, /h/가 가진 [−모음성, −자음성] 자질이 국어 음운론에서 어떤 역할을 하는지 구체적으로 규명하는 데까지는 나가지 못했다. 또 이 체계에서는 [유기성]에 대해 ‘ㅎ’은 −값을 가지는 것으로 처리하였는데 이것은 ‘ㅎ’의 특징을 적절히 포착한 것이 아니다. 여기서 /h/는 자질 [−모음성, −자음성, +지속성, +저음성, −유기성] 등을 가진 것으로 파악하고 있다.

ㄴ. 이기문·김진우·이상억(1984)

이기문·김진우·이상억(1984, 235)에서는 [모음성] 대신 [성절성]과 [공명성], [비음성] 자질을 이용하여 자음(V), 모음(C), 활음(G),

유음(L), 비음(N), 성절적 유음(L), 성절적 비음(N)을 구분하였는데, 이렇게 한 이유는 성절성을 가진 유음·비음과 그렇지 않은 유음·비음을 구별하기 위함이다. 그러나 국어의 경우 성절적 유음과 비음의 구분이 없으므로 이 자질 체계를 그대로 수용할 필요는 없을 것이다. 이 논의에서는 파열음, 마찰음, 파찰음에 후두 활음(laryngeal glide) [h, ʔ] 등을 함께 묶어 공명이 일어나지 않는 참자음, 즉 [−공명성]로 특징지을 수 있다고 하며, 후두 활음은 [성절성], [자음성], [공명성], [비음성] 자질이 모두 '−'가 되는 것으로 본다. 후두 활음은 다른 활음(반모음)들과 [공명성] 자질만 반대일 뿐 가장 유사한 부류이므로 전체를 활음이라 불러도 좋다고 하였다. 그러면서 반모음은 모음에 더 가까우며, 후두 활음은 [−공명성]이므로 모음에는 덜 가깝고 장애음에 더 가까워 참자음으로 간주되는 경우가 많다고도 하여 입장이 모호하다. 활음이라고 하면서도 자음에 가깝다고 한 것은 이 자음들이 [−공명성]이기 때문인데, 이럴 경우 'ㅎ'의 정체성에 문제가 생긴다. 또 후두 활음과 반모음들이 가장 유사한 부류라고 하면서도 이들 사이의 음운론적 공통점을 포착하여 제시하지는 못했다.

ㄷ. 김차균(1985)

김차균(1985, 134)에서는 /h, ø, w, y/ 등에 [−자음성, −모음성]의 자질을 부여하여 활음으로 분류하고, 이 활음 부류들을 하위 분류할 수 있는 변별적 자질로 '[후두성], [유기성], [후설성], [고설성], [원순성]'을 설정하였다.

표 3-4. 김차균(1985)의 자질 분류

	h	ø	y	w	ɥ
[후두성]	+	+	−	−	−
[유기성]	+	−			
[후설성]			−	+	−
[고설성]			+	+	+
[원순성]			−	+	+
[자음성]	−	−		−	−
[모음성]	−	−	−	−	−

　위의 자질 분류를 보면 /h, ø/은 [+후두성] 자질을 공유하며, [유기성] 자질만 반대인 것으로 되어 있다. [후두성] 자질이 무엇을 의미하는지 정확한 정의를 내리지 않은 채 'h'에 [+후두성]을 표시했는데, [유기성]이 대체로 성문의 열림이 크다는 것을 의미하므로 [후두성]은 아마도 성대의 긴장도를 표시한 자질로 볼 수 있다. 이 책에서 채택한 후두 자질로는 [성대 경직성(stiff vocal cords)] 자질에 해당한다고 보아도 좋을 것이다. 그렇다면 /ø/는 [+후두성, −유기성]을 자질을 가지므로 성문이 닫힌 채 긴장되어 있다는 의미인데, 이런 음성을 반모음이라고 할 수 있을지 의문이 생긴다. 또, /h/가 후두 긴장성을 가진다고 보기도 어렵다는 문제가 있다.

ㄹ. 차재은(2002)

　차재은(2002)에서는 하나의 음운 단어, 또는 음운구 안에 있는 (C)V(C0)C1$C2V(C)의 연쇄에서 C1=h이면 '놓는[non.nɨn]'의 예처럼 음절 경계가 변하지 않는 반면, C2=h이면 '입학[i.pʰak]', '결혼 [kjʌ.rɦon]'처럼 반드시 음절 경계가 변하는데, 이를 근거로 국어의 'ㅎ'의 주요 부류 자질은 [−자음성, −모음성]으로 기술되어야 함을 주장하였다. 국어에서 '모음, 반모음, ㅎ'이 [−자음성]이라는 자질을 공유하는 활음 부류에 속한다는 것이다.

  'ㅎ'의 음운론적 지위를 '활음'으로 파악할 경우 직면하게 되는 문제는, 첫째, 국어의 음절 구조 제약을 위배한다는 점이다. 국어에는 표면에 '혀, 효, 휴, 화, 휘' 등의 음절이 존재하는데, 이 경우 '활음+활음+모음'으로 이루어진 이른바 삼중모음이 출현하게 된다. 이는 자연스러운 음운 연쇄로 볼 수 없으며, 국어에 이런 구조를 가진 음절은 존재하지 않는다. 둘째, 어간 말음으로 'ㅎ'을 가지는 용언들은 활음으로 끝나는 형태소로 보아야 하는데, 이 경우 국어에 활음으로 끝나는 형태소가 존재하지 않는다는 형태소 구조 조건을 어기게 된다. 셋째, 'ㅎ'이 활음이라면 '놓는[non.nɨn]'에서는 왜 이 분절음이 탈락 등의 다른 음운론적 과정을 보이지 않고 음절 말음의 위치를 지키는지 설명하기가 어렵다. 넷째, 'ㅎ'이 다른 자음들과의 연결에서 다양한 음운 규칙의 적용을 받는 것을 이해하기 어렵다. 자음군 단순화의 적용을 받기도 하고, 비음동화가 일어나기도 하는 등 다른 자음들과 비슷한 과정을 보이는 것을 설명하기 어렵기 때문이다.

  여기서 우리는 'ㅎ'에 활음과 같은 주요 부류 자질인 [−자음성, −모음성] 자질을 부여하는 것은 여러 가지 문제점이 있고, 이 음소와 관련된 여러 음운 현상을 설명하기 어려우므로, 이러한 자질 분류를 받아들일 수 없다는 결론에 이르게 된다. 무엇보다 국어의 'ㅎ'을 음운론적으로 활음으로 볼 경우, 같은 활음의 부류에 속하는 다른 음인 'y, w'와 공통성이 없다는 것이 문제이다. 활음 'y, w'는 모음 'i, u'와 다른 자질은 같으나 'i, u'보다 협착이 좁아진다는 고정된 조음 위치를 가지고 있지만, 'ㅎ'은 주변의 다른 음과 합쳐져서 실현될 뿐 독자적인 고유의 조음 영역을 가지지 못한다는 점에서 본질적인 차이가 있다.

② 'ㅎ'은 자음인가

그러면 이번에는 'ㅎ'에 대해 [+자음성, −모음성]의 자질을 부여한 논의를 살펴보자. 국어 음운론에서 'ㅎ'은 대체로 자음으로 여겨져 왔다. 'ㅎ'에 대해 특별한 입장을 표명하지 않은 대다수의 연구는 'ㅎ'을 자음으로 간주하여 성문 마찰음으로 분류하였다. 이는 주요 부류 자질로 [+자음성, −모음성]을 가지며, 여기에 조음 방법상의 자질로 [+지속성(continuant)]을 가지는 것으로 표시하는 것이다.

ㄱ. 김무림(1992)

김무림(1992, 69)에서는 SPE의 주요 부류 자질에 따라 장애음, 모음, 비음·유음, 과도음(반모음)을 구별하고는 있지만, 막상 'h, y, w'는 모두 자음 목록에서 다루고 있으며, [−자음성]인 과도음을 어떻게 자음으로 해석할 수 있는지에 대해서는 전혀 언급하지 않았다.

표 3-5. 김무림(1992)의 자질 분류

	모 음	장애음	유음·비음	과도음	/ㅎ/
[자음성]	−	+	+	−	+
[성절성]	+	−	−	−	−
[공명성]	+	−	+	+	−

ㄴ. 배주채(1996)

배주채(1996, 106)에서는 [자음성]은 '기류가 성도에서 장애를 받는 특성'으로 [성절성]은 '홀로 음절의 중성으로 쓰일 수 있는 특성'으로 정의하고 이 두 자질을 이용하여 자음, 모음, 반모음을 주요 부류로 나누고 'ㅎ'은 자음에 포함시켰다.

표 3-6. 배주채(1996)의 자질 분류

	자음	모음	반모음	/ㅎ/
[자음성]	+	−	−	+
[성절성]	−	+	−	−

이 체계는 주요 부류를 나눌 때 두 개의 자질만 사용하는데, 음성학적으로 잘 정의되지 않는 [성절성] 대신 [모음성]을 사용해도 같은 결과를 얻을 수 있다. 한국어에서 성절음이 될 수 있는 것은 오직 모음뿐이기 때문이다. 또, 기류가 성도에서 장애를 받는 특성을 기준으로 [자음성]을 규정하면 반모음도 성도에서 협착이 일어나므로 [+자음성]을 가질 수 있게 된다. 자질 설정의 기준을 명확하게 할 필요가 있다.

ㄷ. 이병근·최명옥(1997)

이병근·최명옥(1997, 35)에서는 주요 부류 자질로 [자음성], [모음성], [공명성]을 들고, 다음과 같이 자질 표시 하는데, 'ㅎ'은 자음 목록에, 'j, w'는 활음 목록에 들어 있다.

표 3-7. 이병근·최명옥(1997)의 자질 분류

	저해음	비음	유음	활음	모음	ㅎ
[자음성]	+	+	+	−	−	+
[모음성]	−	−	+	−	+	−
[공명성]	−	+	+	+	+	−

'ㅎ'은 국어의 다른 자음과 마찬가지로 [+자음성, −모음성, +공명성]을 가지는 것으로 파악하고 있다. 'ㅎ'의 다른 자질에 대해 "국어의 후두음인 /ㅎ/은 마찰음이어서 [−폐쇄성]([+지속성])으로 명시되는데, 이는 모음에서 언급할 [+저음성]으로 기타 모든 자음들과 구별된다"고 언급하였다.

이번에는 SPE와는 다른 술어를 가지고 분류한 연구를 살펴보자.

허웅(1985, 209~211)에서는 장애성(막음)과 특정 조음 위치(고정자리)라는 자질을 이용해서 모음(홑홀소리)과 자음(닿소리), 반모음(반홀소리), /ㅎ/을 나누고 있는데, 이 체계에 따르면 모음과 자음을 가르는 변별 자질은 장애성이며, /ㅎ/은 장애성을 가졌으므로 자음이다.

그 다음 모음과 반모음, /ㅎ/과 그 밖의 자음을 나누는 변별적 자질은 [고정자리]인데, 모음에서의 [고정자리]란 일정한 자리에 어느 순간 머무는 것으로 기술하고 있으니, 이것은 조음이 일정 시간 동안 지속되는 것으로 파악된다. 한편, 자음의 경우 [고정자리]란 고정된 조음 위치를 의미한다.

여기서 문제가 되는 것은 자음을 분류하는 데 쓰이는 [고정자리]와 모음을 분류하는 데 쓰이는 [고정자리]의 실체가 다르다는 것이다. 하나의 자질은 되도록 그에 대응되는 일정한 조음·음성학적 대상을 가져야 할 터인데, 조음 지속 시간이 짧다는 것과 정해진 조음 위치가 없다는 것을 [고정자리]라는 하나의 자질로 묶으려 한 시도는 무리가 있다.

표 3-8. 허웅(1985)의 자질 분류

	홑홀소리	반홀소리			/ㅎ/	그 밖의 닿소리
		y	w	ɯ		
[막음]	−	−	−	−	+	+
[고정자리]	+	−	−	−	−	+
[뒤]		−		+		
[둥근]		−	+	−		

국어에서 'ㅎ'과 다른 활음들이 자연 부류를 이루는 음운 현상을 찾기 힘들다는 점, 앞 장에서 살핀 바와 같이 'ㅎ'을 활음으로 분류할 때 생기는 여러 가지 문제점, 다른 자음들과 결합하여 다양한 음운 과정을 겪는다는 점 등을 고려하면 'ㅎ'은 자음으로 분류하는 것

이 마땅할 것이다.

그렇다면 앞(3.1.)에서 살펴보았던 'ㅎ'의 특성들이 다른 자음 부류들과 공통성이 거의 없다는 사실, 특히 같은 마찰음 계열로 분류되는 'ㅅ'계 자음과도 조음적으로나 음향적으로 유사성이 없다는 관찰 결과를 어떻게 설명할 것인가가 과제로 남는다.

어두 초성에서만 표면에 실현된다는 극심한 분포상의 제약을 가지고 있고, 다른 환경에서는 약화 또는 탈락하거나 음운 규칙의 적용을 받아 그 본래의 자취를 드러내지 않으며, 어두 초성에 위치할 경우에도 구강 안에 일정한 조음 위치를 가지지 않기 때문에 뒤따르는 모음에 따라 다른 음가의 변이음으로 실현되는 이유를 타당하게 설명할 수 있어야 할 것이다.

'ㅎ'에 적절한 음운론적 지위를 부여하려면 'ㅎ'이 보이는 음성적 특징들을 토대로 하여 적절한 음운 자질을 설정하여야 하고, 설정된 자질들은 'ㅎ'이 시현하는 다양한 음운 현상의 설명에 합리적으로 기여할 수 있어야 한다. 단선적인 기존의 자질 분류로는 'ㅎ'의 자질을 설정하는 데에 한계가 있으며, 이를 극복하기 위하여 국어의 장애음 분류를 위해 제안된 후두 자질이 'ㅎ'의 자질 설정과 음운 현상을 설명하는 설득력 있는 대안으로 모색될 것이다.

3) 'ㅎ'과 후두 자질

앞에서 우리는 'ㅎ'을 활음으로 분류하기는 어렵다는 결론에 이르렀다. 그러나 'ㅎ'을 자음으로 분류할 경우에도 이 음소를 평음으로 처리할지 유기음으로 처리할지의 문제가 남아 있다.

배주채(1996)은 '성문음 ㅎ는 좁혀진 성문에서 기류가 마찰을 일으키며 나는 소리'라며 /h/를 성문 유기음에 배당하였고, 'ㅎ'이 가진 자질은 [+유기성, −폐쇄성]인 것으로 분류했으나, 배주채(2003)에서는 자음의 음운론적 분류에서 'ㅎ'을 성문 마찰음의 평음 자리에 놓았다.

김진우(1966), 이승환(1967), 이혜숙(1968) 등 초기 생성 음운론자들은 공통적으로 'ㅎ'에 [−긴장성, −유기성] 자질을 부여하여 평음으로 처리하였으며, 정연찬(1997)에서도 'ㅎ'이 [−모음성, +자음성, −유기성, +지속성]의 자질을 가졌다고 하여 평음으로 분류하는 태도를 보였다. 이와 같이 'ㅎ'을 음운 체계에서 평음으로 분류하면 'ㅎ'의 특징으로 거론되어 온 스펙트로그램에 나타나는 기식을 설명해야 하는 부담이 남는다.

'ㅎ'이 유기음인가 하는 문제는 이 음소가 과연 [유기성] 자질을 가지는가의 문제와 직결되는 것이다. [유기성] 자질에 '+' 값을 표시하면서 평음이라고 할 수는 없는 일이기 때문이다.

이 책에서는 [유기성] 자질은 그 자질의 정체가 모호하고 기준이 일관되지 않으므로 국어의 평음, 경음, 유기음을 분류하는 데에는 [유기성], [긴장성] 자질보다 후두 자질을 사용하는 것이 더 유리하다는 결론을 내린 바 있다. 유기음의 스펙트로그램에 나타나는 기식 부분은 이들이 후두 자질로 '[성문 확장성]'을 가지고 있기 때문인데, 폐쇄의 개방 시점에 성문이 넓게 열림으로써 이런 결과를 가져오는 것이다. 그런데 아래의 〈그림 3-17〉에서 〈그림 3-19〉까지에서 볼 수 있듯이, 이러한 기식의 부분은 'ㅎ'의 스펙트로그램에도 나타난다.

  ‘하, 히, 후’의 스펙트로그램을 보면 ‘아, 이, 우’와 똑같은 포먼트 구조를 나타낸다. ‘ㅎ’과 모음과의 차이는 모음의 주파수 대역 앞부분에 나타나는 기식의 존재뿐이다. 이것은 조음 과정에서 성문이 넓게 열려 있었음을 의미한다. 에너지 집중이 후행 모음의 주파수 대역에서 생기는 것을 보면, 구강 안에 특정 조음 위치를 가지지 않는다는 것을 알 수 있다. 구강 어디에서인가 협착이 일어난다면 공명관이 모음의 것과 달라지기 때문에 똑같은 스펙트로그램이 나타날 수가 없다. 이러한 특성을 토대로 ‘ㅎ’에 자질을 부여하기로 하자.

  ‘ㅎ’은 성문이 넓게 열린 채로 조음되므로 우리의 후두 자질에 따라 완전 명세하면 [+성문 확장성, −성문 협착성]의 자질을 갖는 것으로 표시할 수 있다. 김경아(1997)에서는 ‘ㅎ’이 유성음화를 실현할 수 있다는 입장에서 보면, 평음과 마찬가지로 [−성대 경직성, −성대 이완성]으로 볼 수 있을 것이나, 용언 어간 말 ‘ㅎ’의 교체를 보면 유기음과 경음으로의 축약이 성대의 긴장을 이끌어 낸다는 점에서 [+성대 경직성, −성대 이완성]으로 볼 가능성이 있어 단언하기 이르다고 하였으나, 이 책의 입장은 다르다. ‘ㅎ’과 ‘ㅅ’의 결합에서 나타나는 경음화를 축약에 의한 것으로 볼 수 없을뿐더러, 조음할 때 성대의 경직성을 동반하지 않는 ‘ㅎ’에 [+성대 경직성] 자질을 줄 수는 없는 일이기 때문이다. ‘ㅎ’의 자질 명세에 [성대 경직성]은 필요하지 않다. ‘ㅎ’를 위한 후두 자질은 [성문 확장성] 자질 하나로 충분하다.

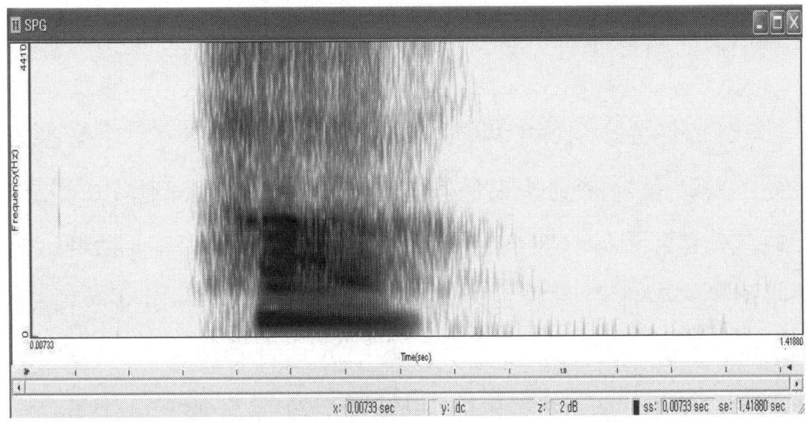

그림 3-17. '하'의 스펙트로그램

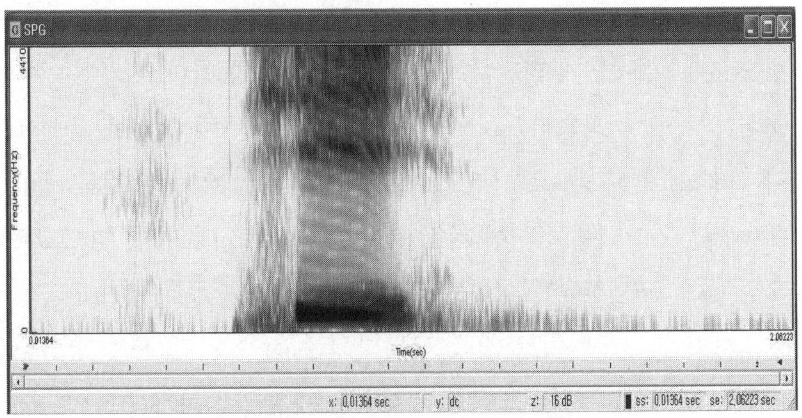

그림 3-18. '히'의 스펙트로그램

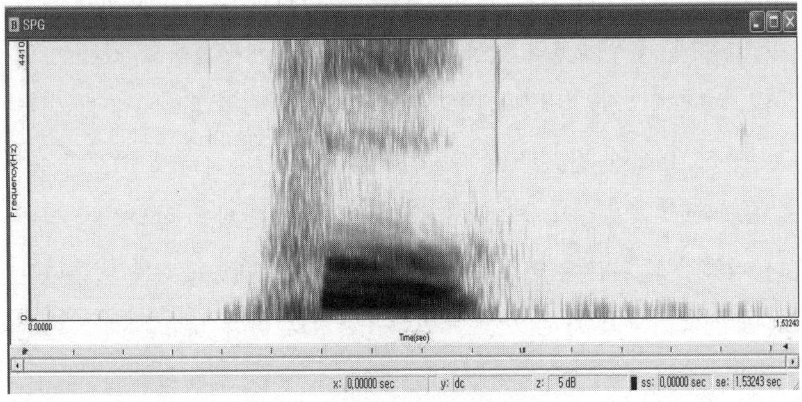

그림 3-19. '후'의 스펙트로그램

복선 음운론의 영향을 받은 오정란(1988)은 국어 장애음의 상관관계는 자립 분절 층렬인 후두음 층렬의 차이에서 기인한다고 하고, 후두음 층렬에 /ø/, /ʔ/, /h/를 설정하였다. 그러나 후두음 층렬이 자립 분절 층렬에 속한다는 것에도 동의할 수 없거니와, 설사 이를 인정한다고 할지라도 다른 문제가 있다. 한 언어 안에서 음운론적 역할을 수행하는 각각의 자질은 단지 하나의 층렬에만 나타난다는, 즉, 자질들은 하나 이상의 층렬에서 나타날 수 없다는 골드스미스(Goldsmith:1990)의 주장에 따르면, 분절음 층렬에 나타나는 /h/가 자립 분절 층렬에도 나타난다는 것은 성립할 수가 없다. 'ㅎ'은 어두 초성 위치에서 확고히 제 모습을 드러내기 때문에 분절음 층렬에 나타나는 'ㅎ'의 음소로서의 가치를 부정할 수는 없다. 분절음 층렬에 나타나는 'ㅎ'이 동시에 자립 분절 층렬에 나타날 수는 없으므로 오정란(1988)의 견해는 받아들이기 어렵다.

그보다는 후두음이 분절음 층렬과 독자적인 자립 분절 층렬을 이루는 것이 아니라, 분절음을 구성하는 자질로써 독자적인 마디를 형성하고 있다고 하는 편이 설득력이 있다. 자립 분절 층렬은 성조, 강세, 길이, 높낮이 등 분절음에 얹혀 나타나는 초분절 요소와 관련이 있는데, 후두에서의 작용은 분절음 자체를 구성하고 있는 성분이기 때문에, 초분절적 요소라기보다는 분절음의 내부 구조를 이루는 구성 요소인 자질로 설정하는 것이 더 합당하다고 하겠다.

또, 관련이 있는 몇 개의 자질들이 하나의 단위를 형성하여 상위의 기능적 단위로 묶일 수 있으며, 자질들은 계층구조를 이룬다는 자질 계층이론의 기본 가정을 받아들이기로 한다. SPE 이래로 단선 음운론에서는 분절음을 자질들의 묶음으로 인식하였을 뿐 아니라, 자질들 사이에는 어떠한 계층 구조도 인정되지 않았다. 성조가 자립분절소로서 분절음과 다른 독자적인 층렬을 가진다는 골드스미스(Goldsmith:1976)의 자립 분절 음운론 이후, 성조만이 아니라 비음 자질, 원순 자질, 후두 자질 등이 독자적인 층렬을 형성한다는 것이 여러 학자에 의해 제안되었다. 초기의 자립 분절 이론에서는 자질들이 각각 독립적인 층렬에 있으며, 이들은 서로 완전히 독립적이다. 이 이론들은 서로 관련 있는 자질들의 집합이 음운 과정에서 지속적으로 하나의 기능적인 단위로 행동한다는 사실을 표현하지 못한다. 이에 관련 있는 자질들을 하나로 묶는 계층적 구조를 제안하게 되었다.

이 책에서는 계층적 자질 표시의 표시(representation) 문제와 관련하여 예측이 가능하거나 무표적인 자질은 표기하지 않고, 나중에 잉여규칙에 의해 채워지는 미명세 이론(Underspecification Theory)을 적용하기로 한다.

이러한 사고를 바탕으로 하여 'ㅎ'은 성문이 넓게 열려 있으며, 구강 안에 고정된 특정 조음 위치를 가지지 않는다는 점에서, 후두 마디(laryngeal node)만 가지고 후두 상위 마디(supralaryngeal node)는 가지지 않는 음으로 분류할 수 있다. 후두 마디를 따로 설정한 것에는 대다수의 연구자들이 동의한다. 그것은 이 자질들이 보이는 독자성 때문인데, 후두 마디와 후두 상위 마디 각각은 음운 과정에서 독자적으로 행동하는 모습을 보인다. 'ㅎ'은 후두 마디에 [성문 열림성] 자질만 표기되고 후두 상위 마디를 가지지 않는 부류이며, 이런 부류들을 후두음으로 분류하기로 한다.

이 논의에서 상정하는 'ㅎ'의 표시는 다음과 같다.

여기서 자질과 음소의 관계에 대한 질문이 제기될 수 있다. 다시 말해서, 하나의 음소가 하나의 자질로 구성될 수 있느냐는 것이다. 이에 대한 이 책의 입장은 가능하다는 것이다. 하나의 단위가 그보다 상위의 단위를 이룰 때, 그 구성의 최소 단위가 '1'일 수가 있다. 분절음은 그보다 상위 단위인 음절을 이루게 되는데, 모음 하나가 하나의 음절을 구성할 수 있는 자격을 가지는 것과 같은 맥락의 문제이다.

다만 [성문 확장성] 자질 자체가 바로 'ㅎ'은 아니다. 'ㅎ'은 분절음의 지위를 가지며, 그 내부는 계층적 구조로 이루어져 있다. 따라서 C 층렬 아래 뿌리 마디를 가지고, 뿌리 마디 아래 후두 상위 마디 없이 후두 마디만 가지며, 후두 마디의 말단 자질로 [성문 확장성(SG)]을 가진 구조로 표시된다.

3.2. 'ㆆ(ʔ)'의 음성학과 음운론

3.2.1. 'ㆆ(ʔ)'의 음성적 특징

성문 폐쇄음 'ʔ'는 성대를 꽉 막았다가 터뜨려서 얻어지는 소리, 즉, 구강 안에서 폐쇄나 마찰을 일으키지 않고 단지 성문을 폐쇄했다 파열하여 내는 소리이다. 폐를 발동 기관으로 하는 소리 가운데 발성[16]을 수반하지 않는 유일한 음이 바로 'ʔ'이다. 발성은 성대에 의한 기류의 조정 과정이기 때문에, 후두를 통과하는 기류가 있어야만 일어날 수 있다.

성대는 발성(phonation)을 주로 담당하는 기관이지만, 조음 기관으로 사용되기도 한다. 성문음은 성대가 조음 기관으로 사용되어 조음되는 소리를 지칭한다. 폐에서 나오는 소리 가운데 후두가 1차적인 조음체가 되는 소리가 성문 폐쇄음(glottal stop)이다.

1) 성문음과 성문화음[17]

성문음과 구분하여야 할 용어로 성문화음(glottalized sound)이 있다. 성문화음은 후두가 발동부가 되는 소리이다. 그래서 후두화음

---

16) 발동 과정을 통해 공급된 기류는 성대를 거치면서 조절 과정을 겪게 된다. 이러한 기류 조절 과정을 발성 과정이라고 한다.

17) 이 절의 내용은 국내외 음성학 관련 서적과 김영송(1972), 양순임(2001), 신지영(2000) 등을 참고했다.

(laryngealized sound)이라고 부르기도 한다. 이 소리들은 폐에서 나오는 기류를 사용하지 않고, 성문과 입 안의 한 부분을 꽉 막아 그 사이에 남아 있는 기류를 이용하여 만들어지는 소리이다. 이 소리들은 성문의 폐쇄가 그 조음상의 특색이니, 폐쇄음의 경우 구강의 폐쇄와 거의 동시에 성문이 폐쇄되고 그 지속 동안에도 성문이 닫혀 있다. 그러므로 후두가 기류의 발동부가 되어 만들어지는 소리에 있어서 성문의 폐쇄는 필수 조건이 된다. 성문이 폐쇄된 후두는 그 상하 운동으로 기류를 일으키는데, 이를 통해 조음되는 소리들이 '성문화음'이다.

방출음(ejective)과 내파음(implosive)은 이러한 기류의 작용을 이용하여 만들어지는 성문화음인데, 방출음은 안의 기류를 밖으로 내보내는 성문 날숨 소리(glottalic egressive)인 반면에, 내파음은 밖의 공기를 안으로 끌어 들이는 성문 들숨 소리(glottalic ingressive)이다.

아프리카 언어, 코카서스어, 미국 인디언어 등에 나타나는 방출음은 성문 날숨 소리로, 성문과 입 안의 한 부분을 꽉 막아 그 사이에 남아 있는 기류를 밖으로 보내면서 나는 소리이다.

방출음을 내는 과정을 살펴보면 다음과 같다. 성문과 구강을 동시에 폐쇄하면 그 사이의 공간에 공기가 갇히게 된다. 이때 후두를 위로 올려 인후강의 면적을 줄이고 막혀 있는 공기를 압축하여 기압을 높인다. 이러한 상태에서 구강 폐쇄를 개방하면 강한 파열이 일어나게 되는데, 파열하면서 성문 상압(즉, 성문 위의 압력. 여기서는 성문 위 구강과 인후강 안에 갇혀 있던 공기의 압력을 의미한다) 이 외부의 기압보다 높아서 내부의 공기가 외부로 방출된다.[18]

언어 가운데에는 방출음처럼 성문 날숨이 그 발동으로 사용되어 나는 소리도 있지만, 성문 들숨이 그 발동으로 사용되어 나는 소리도 있다. 내파음(內破音, implosive)이 바로 성문 들숨을 그 발동으로 사용하는 음들이다.

내파음을 낼 때 가장 중요한 것은 성문 상압을 낮게 만들기 위하여 구강의 어느 한 부분을 폐쇄한 뒤 후두를 빠르고 힘 있게 끌어내리는 일이다. 이렇게 하면 성문과 구강, 인후강 사이의 공간이 갑자기 늘어나게 되어 성문 위의 압력이 갑자기 뚝 떨어지게 된다. 물론 성대가 진동하고 있는 상태이므로 약간의 기류가 성대를 통하여 성도 쪽으로 새어 나오기는 하지만, 허파의 기류가 적극적으로 사용되지 않기 때문에 그 양이 매우 적다. 따라서 그 낮은 기압은 구강을 개방하기 전까지의 짧은 시간 동안 유지된다. 이러한 상태에서 구강 폐쇄를 개방하면 대기와 구강의 기압차 때문에 구강 안으로 외부의 공기가 흡입된다. 결국 내파음의 경우는 방출음과 반대로 성문 상압을 순간적으로 낮추는 일이 필수적이다. 이렇게 낮아진 성문 상압이 바로 구강의 개방 때 외부의 공기를 끌어들이는 요인

---

18) 방출음을 내기 위해서는 높은 성문 상압이 필수적이다. 방출음을 내기 위해 후두가 상승하는 것은 바로 이러한 이유 때문이다. 성문과 구강의 폐쇄로 성문과 구강 폐쇄가 이루어진 부분 사이에 갇혀 있던 공기는 후두의 상승으로 더 좁은 공간에 갇히게 되어 압력이 상승하게 된다. 결국 후두의 상승은 피스톤 역할을 하게 된다. 방출음은 이런 기류 역학적 이유 때문에 유성의 짝이 없으며, 조음의 개방 때 나타나는 파열의 강도가 일반 폐쇄음보다 매우 높다. 방출음의 경우 또 한 가지 생각해 보아야 할 것은, 이들이 실제로는 두 번의 파열을 보인다는 것이다. 구강 폐쇄의 개방과 함께 이를 이어 닫혔던 성문이 열리기 때문이다.

이 되기 때문이다.

　두 소리를 비교한 결과, '?'는 후두가 발성부가 되는 성문화음이 아니라 후두가 조음체가 되는 소리인 성문음임을 확인하였다.

　2) 국어의 성문 폐쇄음

　국어에 나타나는 성문 폐쇄음의 음성적 특징에 대해서는 지금까지 깊이 논의된 바가 없다. 발성 과정이 없기 때문에 이 소리의 실재를 확인하기가 쉽지 않고, 따라서 음소로서의 인식에도 어려운 측면이 있는 것이 사실이다.

　성문 폐쇄음과 관련한 몇 가지 견해들을 살펴보자. 래드포즈드(Ladefoged:1982)에 따르면 성문 폐쇄음은 기침을 할 때 발생하는 소리와 유사한데, 'no'라는 의미로 'ah－ah'를 발음할 때 나오며 [t]의 이음으로 사용되니 'beaten, kitten' 등을 [biʔn, kiʔn]으로 발음할 때의 [ʔ]가 곧 성문 폐쇄음이다.

　SPE에서는 [ʔ]을 [h], [y], [w]와 함께 [+공명성, －자음성, －모음성]의 자질을 갖는 '활음(glide)'에 포함시켰다. 그러나 [ʔ]은 폐쇄 시 기류의 흐름이 전혀 없기 때문에 공명음이 될 수 없으나 [y], [w]는 공명음에 속한다. 그러므로 [ʔ]는 활음으로 볼 수 없다. [ʔ]를 낼 때 일단 성문이 폐쇄되어 기류의 흐름이 중단되므로 이것을 활음으로 간주하기보다는 하나의 장애음(obstruent)으로 보는 것이 타당할 것이다. 이 소리에 대해 허웅(1985, 171)에서는 다음과 같이 설명하였다.

매우 놀랐을 때에 내는 '앗' 하는 소리는 [ʔaʔ]으로서 홀소리 [a] 앞에 목청 터짐이 나고 다시 그 뒤에 목청 닫음이 따르게 된다. 국어에서는 [ʔ]는 이러한 특별한 경우에만 쓰이고 그 밖의 경우에는 쓰이는 일은 없는 듯하며 보통 말의 뜻을 분화하는 기능을 발휘하는 일은 전혀 없다. 이와 같이 보통 말에서 변별적으로 기능하지 못하면서 특별한 말에만 쓰이는 소리를 조직 밖의 음소라 하며, 이것은 보통의 음소와 같이 다루어지지 않는다.

이에 반해 김정수(1987)은 목청 터짐소리(성문 폐쇄음)가 일반 화자들에게 똑똑히 인식되고 있지는 않지만, 그 분포의 광범위함과 자유로움에 비추어 볼 때, 하나의 음소로 세우기에 충분한 자격이 있다고 하였다. 즉, 이 성문 폐쇄음은 '표현을 강조'하는 기능을 가진 어엿한 하나의 음소로 보아야 한다는 것이다.

목청 터짐소리가 분절음으로서 나타날 수 있는 자리는 일상적이니 담화에서도 말마디가 홀소리로 시작하는 경우의 머릿소리 자리와 홀소리나 향음으로 나는 경우의 꼬릿소리 자리이다. 예를 들면, "아니, 하필 오늘 이런 이변이 웬일이야?"에서는 다음과 같이 거의 모든 어절의 머리나 꼬리에 이 소리를 붙여 표현을 강화할 수 있다. [ʔaniʔ haphilʔ ʔonɨl ʔirʌn ʔibjʌni# wennirijaʔ]

또 "최우선적"[tshøʔusʌndzʌkˉ]에서처럼 말마디의 경계만이 아니라 속에서도 목청 터짐소리가 나타난다. 특히 경상도 사람들의 말에서 이런 발음을 많이 들을 수 있다.

성문 폐쇄음을 국어의 음소로 적극적으로 다루지 않았기 때문에 이에 대한 논의 또한 많지 않다. 허웅(1985)나 김정수(1987) 모두 특정한 감정이나 느낌을 표현하는 경우에 성문 폐쇄음이 동반됨을 지적하고 있다. 그러나 허웅(1985)의 경우 이런 표현적 자질을 가지는 음성을 음소로 인정하지 않음에 반해, 김정수(1987)에서는 "앗!"/a?/과 "악"/ak/의 대립을 예로 들면서, 다른 음소와 대립하므로 음소의 자격을 주어야 한다고 주장하여 입장의 차이를 보인다. 국어의 성문 폐쇄음이 단지 위와 같은 분포와 기능만을 가진다면 이를 음소로 인정하기는 어려울 것이다.

다음에서는 국어의 음운 체계에서 'ㅎ'(?)을 어떻게 처리해야 할지의 문제를 논의하기로 한다. 음소 설정의 여부와 표시의 문제가 여러 각도에서 다루어지게 될 것이다.

3.2.2. 'ㅎ(?)'의 음운론적 지위

그동안 국어 연구에서는 음운론적 차원에서 다분히 추상적으로 'ㅎ(?)'를 다루어 왔다. 'ㅎ(?)'은 표면에 단독으로 나타나지 않고 최소대립쌍도 존재하지 않기 때문에, 음소 설정 여부에 관해 학자들 사이에 논란이 있었다. 'ㅎ(?)'을 음소로 인정하지 않는 견해를 적극적으로 피력한 연구도 적지 않거니와, 현대국어의 자음 체계를 논하면서 'ㅎ(?)'에 대해 아무런 언급도 하지 않음으로써 암묵적으로 체계 안에 이를 음소로 인정하지 않았다.

음소로 인정하는 경우에도 견해 차이가 있어서 두 부류로 나누어지는데, 형태음소의 차원에서 'ㆆ(ʔ)'을 설정하는 경우와 음소로서의 지위를 부여하는 경우가 바로 그것이다.

형태음소의 차원에서 'ㆆ(ʔ)'을 인정한 논의에는 김완진(1972), 배주채(1989) 등이 있으며, 이익섭(1972), 최명옥(1978, 1980), 정인호(1995), 신승용(2000), 김봉국(2002), 이진호(2002) 등은 현대국어의 체계 안에 성문 폐쇄음 'ㆆ(ʔ)'을 음소로 인정하고 있다.

먼저 'ㆆ(ʔ)'을 형태음소로 인정하는 주장을 자세히 보기로 하자. 김완진(1972, 281~282)에서는 "울는지→울른지, 갈는지→갈른지"의 예를 들면서, 'ㄹㄴ'이 'ㄹㄹ'로 실현되는 것은 "훑는다→훌른다, 앓는다→알른다"의 예로 보아 ㄹ과 ㄴ 사이에 자음이 개재된 것으로 보아야 하는데, 이 경우 형태음소 'ㆆ'(ʔ)이 있다고 보았다. 즉, 미래 시제를 나타내는 형태소는 'ㄹㆆ'으로 보아야 한다는 것이다.

국어의 표시 층위로 형태음소 층위, 음소 층위, 음성 층위의 세 층위의 설정이 필요하다고 한 배주채(1989)는, 표면 음소로 나타나지 않는 분절음, 즉 추상 음소를 형태음소로 설정하는 것이 필요한 때가 있다고 하며, 동남 방언에서 표면에 실현되지 않는 기저음소 //ㆆ//이 설정될 수 있다고 주장하였다. 표면음소 층위에는 이 음소가 존재할 자리가 없으므로 형태음소 층위에 존재한다고 보아야 하고, 두 층위는 구별된 층위로 생각되어야 한다는 것이다. 이 책은 국어의 표시 층위에 대해 논하려는 것이 목적이 아니므로 이에 대한 언급은 하지 않는다.[19] 그러나 배주채(1989)에서 말하는 형태음

---

19) 국어의 표시 층위에 관한 논란에 대해서는 신승용(2002)를 참고할 수 있다.

소 층위는 구조주의 음운론에서처럼 기저 차원이 없는 단순한 이형태 선택과 관련한 것이 아니라 명시적으로 언급하고 있지는 않지만, 도출 과정과 규칙을 상정하고 있다는 점에서 기저 차원을 전제한 개념이라고 할 수 있겠다.(신승용:2002, 44)

이번에는 'ㆆ(ʔ)'를 음소로 인정하는 입장에 있는 논의들을 살펴보기로 하자. 이익섭(1972)에서는 강원도 영동 방언을 다루면서, '안다'가 '抱'의 뜻일 때는 '知'의 뜻일 때와는 달리 [aːntˀa, aːnkʼo, aːncʼi] 등으로 발음되는 사실에서 어간을 [aːn-]으로 보고 있으며, '(옷을 못에) 걸:구, 걸:드나, 걸:재'와 비교하여 '(걸음을) 걸:꾸, 걸:뜨나, 걸:째' 등의 활용을 볼 때 어간을 [kəːlˀ-]로 볼 수 있다고 하였다. 이때의 어간 말 /ˀ/는 성문 폐쇄음 'ʔ'로서 이것은 이 지역 방언에서 하나의 음소로 기능하고 있다는 것이다.

최명옥(1978)에서는 동남 방언을 다루면서, '실꼬, 실찌, 실런다'로 활용하는 동사의 어간을 성문 폐쇄음 /ʔ/(ㆆ)으로 끝나는 /silʔ-/로 잡을 수 있다고 보았으며, 경북 동해안 방언을 대상으로 한 최명옥(1980)에서도 '짓(作)-'의 활용이 '직:꼬, 진:떠라, 지이머'로 나타나는 것으로 보아 그 어간을 /ciʔ-/로 설정할 수 있다고 하였다.

정인호(1995)는 한층 적극적으로 'ㆆ'을 음소로 인정하는 주장을 펼치고 있는데, '화순 지역어를 대상으로 한 이 논의에서 'ㆆ'을 음소로 설정한 이유로 들고 있는 근거는 다음과 같다.

1. 추상 음소라고 해서 무조건 배격할 일은 못 된다. 기저형이 규칙에 의해 충분히 굴절될 가능성이 있는 이상 어느 정도 추상성은 존재할 수

밖에 없다. 결국 그 추상성의 한도를 정하는 일이 관건이라고 할 수 있다. 여기서 한 기준을 제시하자면 그것은 화자가 추상 음소를 구체적음성 형태로 도출해 내는 규칙을 가지고 있는가의 여부이다. 이 지역어의 화자들은 /ㅎ/이 표면형으로 도출되는 규칙, 즉, 구조 기술(structural description)과 구조 변화(structural change)를 훌륭히 인식하고 있다.

짓-(作)　지꼬(짓+고), 저:서(짓+어서), 진내(짓+내)

걻:-(步)　걸:꼬(걻+고), 걸:어서(걻+어서), 걸래(걻+냐)

ㅎ축약 (ㅎ 뒤의 평음이 경음으로 실현되는 것),

ㅎ탈락 (모음 앞에서 ㅎ의 탈락)

비음화 (/ʔ/ → /n/ / 　V___ + /n/)

유음화 (/n/ → /l/ / /lʔ/ + ___)

2. 종성의 'ㅎ'과 'ㆆ'은 규칙 적용의 양상이 거의 비슷하다. 탈락, 비음화, 유음화 단 차이가 나는 것은 축약되어 유기음이 되느냐 아니면 경음이 되느냐의 차이뿐이다. 이는 어느 한 자질의 차이 때문이라고 할수 있다. 결국 화자들이 'ㅎ'을 종성으로 인식하고 있다면 이와 하나의자질([cont])에서 차이를 보이는 어떤 음소, 즉 ㆆ도 역시 종성으로 인식할 수 있는 것이다.

3. 이 지역어에서 종종 'ㅀ'과 'ㅀ'의 수의적 교체가 존재한다. (예 : 걻:다 ~ 걿:다(步), 듦다 ~ 듦다(聞) 등) 그런데 만약 음소 /ㅎ/은 인정하고 /ㆆ/은 인정하지 않는다면 유기음화와 경음화의 상관성을 맺을 수가없게 되어 음운론적 설명이 비논리적이게 될 것이다.

4. 체계상의 균형을 유지하기 위해서도 필요하다. 이 지역어에서 치

조마찰음은 [cont] 자질에 의한 대립짝을 가지고 있다. 하지만 성문음에
는 'ㅎ'만이 있어 그 위치가 불안정했는데 'ㆆ'를 인정하면 두 음소의
대립 관계가 [cont]에 의해 유지되어 체계상의 균형을 유지할 수 있다.

강원도 남부 지역어를 기술한 김봉국(2002)에서도 자음의 음소 목
록에 'ㆆ'을 포함시키고 있는데, 이는 이 지역 방언이 다음과 같은
용언의 활용을 보여주기 때문이다.[20]

표 3-9. 강원도 남부 지역어의 용언 활용

어간 \ 어미	−구	−으니	해당 방언
걸− (懸)	걸구	거니	강, 삼, 정, 원
걿− (步)	걸꾸	거르니	강, 삼, 정
싫− (載)	실꾸	시르니	강, 삼, 정, 원
찛− (搗)	찌쿠	찌이니	강, 정, 원
찛− (搗)	찌꾸	찌이니	삼
씷− / 씷− (洗)	씨꾸~씨쿠	씨이니	원
꼬− /꼬ㆆ −	꼬고~꼬꼬	꼬니~꼬오니	원
바꾸ㆆ − (替)	바꾸꼬		삼
뜨수ㆆ − (溫)	뜨수꼬		삼

이 논의의 주요 내용을 재구성하면 다음과 같다. 표준어형 '걸−
(懸)'과 '걷−(步)'은 이 지역어에서 '걸구, 걸꾸'에서의 경음화에서의
차이, '거니, 거르니'에서의 '으' 탈락과 유음 탈락에서의 차이를 보

---

20) 표에서 '강, 삼, 정, 원'은 각각 '강릉, 삼척, 정선, 원주'를 가리킨다.

여주는데 이를 설명하기 위해 'ㅎ'의 존재가 요구되었다. '걷-'의 기저형을 '겂-'로 설정하여 '걸-'과의 차이를 설명하고자 한 것이다. 표준어 '신다'에 대응하는 이 지역어의 활용도 '걷다'와 마찬가지로 '실꾸, 시르니'로 나타나는데, 여기서도 기저형을 '싫-'로 설정할 수 있다. 'ㄷ 불규칙 용언'이 방언에서 보여주는 이런 활용의 양상은 'ㅎ'을 기저형에 설정함으로써 설명될 수 있다.

 '찧-'은 '찌쿠, 찌꾸'와 같이 활용하는데, 경음과 유기음의 차이를 고려하면 '찌꾸'에는 'ㅎ'에 대응하는 어떤 음소가 음절 말에 존재하는 것으로 추정할 수 있다. 이때 고려할 수 있는 음소는 'ㆆ'인데, 동일한 의미를 지닌 형태소가 방언에 따라 어간 말이 'ㅎ'으로도 'ㆆ'으로도 나타날 수 있다는 것은, 이 두 음소가 같은 음운 부류로 묶일 가능성을 보여준다고도 할 수 있다.

 표준어 '씻-'은 '씨꾸~씨쿠'로 수의적으로 실현되어, 여기서도 어간 말에 'ㅎ'과 'ㆆ'이 존재하는 것으로 볼 수 있다. '꼬-'의 경우와 비교하면 전자는 어간 말의 'ㅎ'과 'ㆆ'이 수의적인 양상을 띠며, 후자는 'Ø ~ ㆆ'의 수의적인 교체를 보이는데, 여기서도 'ㅎ'과 'ㆆ'은 일정한 관계를 가진다는 사실을 암시해(김봉국:2002) 준다고 하겠다.

 표면 음성이라는 관점에서 보면 'ㆆ'은 실제로 관찰하기 힘든 요소여서 추상적인 음소로 여겨지기도 했고, 'ㆆ'의 음소로서의 본질이 무엇이며 'ㅎ'과 대립되는 가치가 무엇이기에 경음화에 관여하는지 분명히 밝혀지지 않았다. 'ㆆ'의 존재를 확인하기 위해서는 경음화와 유기음화 사이의 관계도 검토되어야 하는데, 폐쇄음 뒤에서 나타나는 경음화와 비교해 보았을 때 경음화를 일으키는 'ㅎ'은 폐쇄음으로 볼 가능성이 있으며, 이렇게 본다면 'ㅎ'과 'ㆆ'은 같은 후음 계열에 속하면서 [지속성] 또는 [폐쇄성]에 의한 대립의 짝일 가능성이 있다고 하였다.

그런데 강원도 남부 지역의 방언에서 보여주는 활용의 예를 토대로 했을 때 'ㅎ'과 'ㆆ'이 음운론적으로 동일한 행동을 보이며, 이는 후음 계열의 음소로 묶일 충분한 근거가 있다고 하면서도 용언 어간 말 'ㅎ'이 '으'계 어미나 '아/어'계 어미와의 결합에서 탈락하는 것이 자연스러운가 하는 문제가 제기될 수 있다며, [+지속성] 자질을 가진 'ㅎ'이 [+지속성]의 자질을 가진 유성음 사이에서 잉여적이어서 탈락하는 것은 자연스러우며, 유성음 사이의 'ㅎ' 탈락은 다른 언어에서도 쉽게 발견되지만, [−지속성]을 가진 'ㆆ'이 [+지속성] 자질을 가진 유성음 사이에서 탈락하는 것이 과연 자연스러운가 하는 질문을 던지고 있다. 이에 대해 김봉국(2000)에서는 후음 탈락의 동기가 되는 것은 [지속성] 때문이 아니라 후음이 가진 음성적 특징 때문으로 볼 가능성을 제시하였으나, 그것이 어떤 음성적 특징인지에 관해서 더 이상의 언급은 없다.

이상의 논의들은 공통적으로 특정 지역 방언을 대상으로 하고 있으며, 각 대상 방언의 활용 양상을 통해 그 기저형에 성문 폐쇄음을 설정하고 있다. 이 경우 방언에 따라 성문 폐쇄음을 갖는 방향으로 기저형이 재구조화된 것으로 볼 수 있다. 중앙 방언에서도 성문 폐쇄음을 음소로 설정하는 문제는 불규칙 동사의 기저형 설정 과정에서 그 필요성이 요구되었다.

ㅅ 불규칙 용언은 그 기저형으로 최명옥(1985)에서는 //X{t-ø}-// 또는 //X?-//이 제안되었다. 그리고 김성규(1988)에서는 //X{t-?}-// 또는 //X{t-ɨ}-//로, 배주채(1989)에서는 //X?-//로 기저형을 설정하는 방안이 제안되었다.

짇:꼬	귿:꼬	낟:꼬
지으면~지:면	그으면~그:면	나으면~나:면
지어도	그어도	나아도

//X{t-ø}-//의 방안은 모음 '이, 으, 아'로 끝나는 어간과 달리 '으'계 어미의 모음을 탈락시키지 않는 사실을 설명하지 못하므로 적합하지 못하다. 그래서 제안된 방안이 //X{t-?}-//이나, 이 경우 성문폐쇄음의 설정이 문제가 된다. 표면에 실현되지 않는 /?/를 용언 어간 말에 설정했다가 모음 사이와 같은 일정한 환경에서 필수적으로 탈락시키는 것은 기술을 위한 작위적인 절차로 보인다.

//X?-//와 같이 'ㅎ' 규칙 용언으로 파악하는 경우는 이와 같은 문제 외에도 자음으로 시작하는 어미 앞에서 '? → t'와 같은 과정을 설정해야 하는 부담도 안고 있다. 배주채(1989)에서는 'ㅎ말음 용언'과 'ㆆ말음 용언'을 평행적으로 다루어 'ㅎ'과 'ㆆ'이 'ㄷ'으로 되는 과정을 "유기음, 된소리, 마찰음, 비음, 유음 앞에서 ㅎ, ㆆ이 ㄷ이 된다"와 같은 규칙으로 설명하고 있다.

김경아(2000)에서는 ㅅ 불규칙 용언 어간의 말음을 [?]로 보는 경우, 발화 산출의 측면에서 이 음성이 실현되고 있다는 사실을 부인할 수는 없을 것이나, 이 음성이 국어의 화자나 청자에게 인식되는 일이 거의 없다면서 음소로서의 지위를 인정하지 않았다. 성문 폐쇄음이 어두 위치에서 의미를 변별해 주는 일이 없거니와 인식되지도 못하는 단위이므로, 인식 단위인 형태음운 표시에도 이 음성을 어간의 말음으로 설정할 수는 없을 것이라는 주장을 펼쳤다. ㅅ 불규칙 용언 어간의 패러다임을 고려하여 형태음운 표시를 //이ㅎ-+-고//와 같이 설정한다면 이 표시는 지극히 추상적이라며 화자나 청자가 /이꼬/, /이으니/를 통해 이 ㅅ 불규칙 용언 어간의 형태음운 표시가 //이ㅎ-//라고 분석해 내기는 쉽지 않을 것이라고 했다. 결국 성문 폐쇄음은 경음화와 같은 음운 현상을 통하여 그 실재성을 드러내고 있기는 하지만, 화자나 청자가 인식할 수 있는 단위가 아니라는 점에서 형태음운 표시일 수 없음은 물론이고 음운 표시일 수도 없다는 것이다.

여기서 ㅅ 불규칙 용언의 문제에 대해 짚고 넘어가기로 하자. 각 지역 방언에서 나타나는 '잇다'의 활용형은 다음과 같다.[21]

경기 : [이꼬], [이꾸], [일꾸], [익꾸]
강원 : [이꾸], [일꾸], [익꾸]
충북 : [일꾸], [익꾸], [이꾸]
충남 : [일꼬], [익꾸], [이꾸]
전북 : [일꼬], [일꾸], [이꼬], [이꾸], [이수고]
전남 : [이꼬], [이수고]

---

21) 음장의 구별은 생략했다.

경북 : [이꼬], [이수고], [이수꼬], [이수코]

경남 : [이꼬], [이수고], [이수꼬]

제주 : [이꼬]

경기 방언을 예로 들면, '이꼬, 이꾸[i:k'o], [i:k'u])'와 같은 형태가 나타나는 연천, 파주, 포천, 강화, 김포, 고양, 양주, 남양주, 가평, 옹진, 양평, 평택 등의 지역은 'ㅎ'이 규칙 활용을 하는 것으로 볼 수 있으며, 이 경우는 기저형에 'ㅎ'을 설정해도 아무 문제가 없다. 이른바 ㅅ 불규칙 용언이 대부분 'ㅎ' 규칙 용언으로 재구조화된 전남, 경남, 경북, 제주 등의 방언에도 'ㅎ'을 기저 음소로 설정할 수 있다.

그러나 '잌꾸[i:tk'u]'의 형태가 나타나는 경기 시흥, 광주, 화성, 용인, 안성 지역이나 '익꾸[i:kk'u]'의 형태가 나타나는 경기 이천, 여주 지역에서는 기저형에 'ㅎ'을 설정할 수 없다. '익꾸'는 '잌꾸'에 위치 동화가 일어난 형태이므로 이 둘은 같은 기저형에서 도출된 것으로 볼 수 있다. '잌꾸'의 어간 기저형을 'ㅎ'로 설정하면 '? → t'와 같은 과정을 상정해야 하는데 이와 같은 과정은 자연스럽지 않다.

화자들이 자기 언어에 대하여 이해하고 있는 기저 음소는 음성형으로 존재하는 것에 한정되며, 음성형으로 존재하지 않는 기저 음소를 이해할 수는 없으므로 그러한 음소는 그 언어의 기저 음소라 할 수 없다.(최명옥:1985, 166) 그런데 'ㅎ'은 엄태수(1993)에 따르면 직접적으로 표면에 나타나지 않으므로 다른 음운 현상에 의해서 간접적으로 유추된 것이고, 이러한 결론에 이르게 한 결정적인 계기는 다음 평음을 경음화시켜야 한다는 점, 'ㄴ'을 만날 때 유음화해야 한다는 점, '으'계 어미의 초성 '으'를 탈락시키지 말아야 한다는 점 때문인데, 여기서 중요한 사실은 이 음소가 표면의 음성형으로 확인되어야 한다는 것이라며 'ㅎ'의 음소 설정에 반대했다. 그러면서 최명옥(1978)에서 'ㅎ'을 음소로 설정하는 근거로 들었던 관형사형 어미 뒤에 나타나는 요소나 '실-(載)'이 보여주는 음운 현상은 하나의 자질 때문에 일어나는 현상이라고 하는 편이 나을 것이라 하였다. 그러나 이것이 자질이라면 음절 말의 어떤 'ㄹ'은 이런 자질을 가지고 어떤 'ㄹ'은 가지지 않는다고 해야 하는데, 그것이 더욱 임의적일 뿐 아니라 'ㄹ'이 그런 자질을 수반할 수 있는지도 의문이다.

신승용(2000)에서는 음절 초에 올 수 없으며, 음절 말 자음의 미파화에 의해 음절 말에서도 /ㄷ/으로 중화되어 그 자체로 실현되지 못한다는 '?'의 음성적 특징을 고려할 때, 현대 국어에서 '?'의 존재 자체를 부정하기 어렵다는 견해를 밝히고 있다. 여기서 '?'를 음소로 설정하는 중요한 논거는 후행하는 음절 두음이 평음일 때, 이를 경음화시키고 후행하는 음절이 모음으로 시작할 때는 탈락하는 특성을 가진 소리로 '?' 이외의 소리를 설정하기 어렵다는 음운론적 해석에 의해서이다. 그러나 음절 초에 올 수 없으며 다음 음절의 초성을 경음화시키는 것이 성문 폐쇄음이 가지는 본질적인 음성 특징은 아니다. 앞 장에서 살펴본 대로 성문 폐쇄음(glottal stop)은 모음 사이에서도 나타날 수 있다. 또한 '?'이 음절 말에서 'ㄷ'으로 중화한다고 볼 근거도 없거니와, 그렇다고 하더라도 그 과정을 중화라고 할 수 있을지 의문이다. 오히려 결합 관계에서 '?'의 존재를 확인할 수 있다는 것이 현대 국어의 자음 체계에서 '?'의 존재를 부정하기 힘든 이유가 될 것이다. /?/의 설정이 추상성의 문제를 야기한다는 지적에 대해서는 방언의 어간 재구조화라는 변화에서 설정되는 /?/을 함께 고려할 때 결코 추상적인 음소라고 할 수 없다는 주장을 펼쳤다.

이 밖에도 '안다(抱)', '신다', '옮다', '굶다' 등에서 나타나는 어간 말 비음 뒤의 경음화 현상은 이들이 어간 말음으로 '?'를 가지고 있을 가능성을 보여준다. 송철의(2000)에서는 '?'이 추상적 음소이며 '옮-', '굶-' 등의 경우에는 음절 말에 세 자음의 연쇄를 허용해야 한다는 점에서 논란의 여지가 있는 문제로 보았다. 여기서 제기되는 추상성의 문제는 이 음소가 표면에서 실현되지 못한다는 점 때문인데, 이에 대해 신승용(2000)에서는 후자의 문제는 국어의 음절구조에 대한 고찰이 선행된 다음에야 가능한 비판이라고 하며, 음절 구조에 대한 문제로 인해 /?/의 설정이 문제점을 가진다고 할 것이 아니라, 오히려 /?/의 문제는 국어의 음절 구조와 음절화를 다시 한 번 고찰해야 할 필요성을 제기하는 현상이라고 하였다. 또한 관형사형 어미 뒤에서 일어나는 경음화 현상도 그 기저형을 'ㄹㅎ'로 볼 가능성이 충분히 있다. 이 문제는 대해서는 4장에서 자세하게 논의하게 될 것이다.

이 밖에도 국어의 된소리와 관련하여 'q' 음소를 설정하거나, 사이시옷의 기저형을 성문 폐쇄음으로 본 경우가 있다.

국어의 경음화 현상의 설명과 사이시옷 문제의 해결을 위해 성문 폐쇄음을 음소로 인정한 대표적 논의인 김정우(1994)는, 성문 폐쇄음의 발생은 음성적인 현상이지만 국어의 자음 체계에 성문 폐쇄음을 설정하면 이를 음운론적으로 설명할 수 있다고 하면서, 성문이 폐쇄되면 항상 성문 폐쇄음이 발생하지만 인접음이 없으면 거의 그 영향을 알아차릴 수 없다고 했다. 성문 폐쇄음은 자신의 적극적인 음가 실현은 미약하지만 주변음에 효과를 미칠 수 있는데, 성문 폐쇄음을 자질로 표기하면 [+저음성, −지속성]가 되고, 성문 폐쇄음의 지위에 대해서는 국어에서 독자적인 음소로 설정되었으므로 자격상 CV 층렬 연결선을 가지며, 후속 음절과 이어질 때 먼저 σ 층렬에 연결되는 것으로 보았는데, 성문 폐쇄음을 가진 사이시옷의 기저형을 아래와 같이 보고 있다.

사이시옷의 기저형

이 논의는 경음화 현상과 사이시옷의 기술에 성문 폐쇄음의 도입을 부정하므로 이를 'ㆆ(ʔ)'를 음소로 설정하는 근거로 볼 수는 없다. 이에 대한 자세한 논의는 5장에서 이루어질 것이다.

'ㆆ(ʔ)'을 현대 국어의 자음 체계에 설정하느냐 마느냐의 문제는 문법 기술의 간결성이라는 측면에서 조명되어야 할 것이다. 표면에 실현되지 않는 음소를 설정하는 것은 '기저형의 추상성'이라는 부담을 안게 된다. 그러나 이 음소를 설정함으로써 문법의 기술이 간결하고 체계화될 수가 있다면 그 정도의 부담은 감수할 수 있다. 게다가 이 음소는 표면에 전혀 실현되지 않는 여타의 추상 음소들과는 경우가 다르다. 결합 관계에서 그 존재를 확인할 수 있는 것이다.

국어의 자음 체계에 하나의 음소를 더 설정하는 것이 문법에 주는 부담과 문법 체계 기술의 간결성이라는 양면이, 현대 국어의 공시적인 음운 기술에서 어느 쪽이 더 중요한 비중을 가지는가 하는 문제로 귀결되는데, 이 논의는 '?'의 음소 설정에 적극적 태도를 취한다.

기저형에 설정되는 분절음은 해당 언어에 실재하는 것이어야 한다. 만약 해당 언어에 존재하지 않는 분절음, 즉 추상적인 분절음을 기저형에 설정하면, 그러한 기저형은 추상적인 기저형이라 할 수 있다. 표면에 나타나지 않는 분절음을 기저형에 설정하는 것은, 화자들의 심리적 실재를 반영하는 것이라 할 수 없다. 'ㅎ'은 표면에 그대로 실현되는 일은 없지만, 후행 장애음을 경음화시킴으로써 그 존재를 간접적으로나마 드러낸다. 그런 점에서 'ㅎ'은 표면에 전혀 그 모습을 드러내지 않는 여타의 추상적 분절음과는 구별된다고 할 수 있다.

공시론적 음운 기술의 조건으로 '자연성, 일반성, 일관성, 경제성, 심리적 실재성'을 들고 있는 이진호(2002)에서는 심리적 실재성을 이유로 'ㅎ'을 현대 국어에서 음소로 인정하는 것을 받아들이고 있는데, 이는 시사하는 바가 크다고 하겠다. 경남 방언에서 중앙어의 '고:-(烹)'와 '바꾸-(換)'는 각각 '고ㅎ-', '바꾸ㅎ-'로 재구조화가 일어났는데, 만약 'ㅎ'이 심리적 실재성을 반영하지 못하는 추상적인 음소에 지나지 않는다면 이러한 변화를 설명할 수 없기 때문이다. 여러 방언에서 후두음을 말음으로 가지는 방향으로 재구조화가 일어났는데, 이를 통해 'ㅎ(ʔ)'의 심리적 실재성을 확인할 수 있다.

'ㅎ(ʔ)'은 화자의 심리적 실재 속에 존재하는 음소이며, 표면의 결합 관계에서도 그 모습을 드러내므로 음소로 설정할 근거가 충분히 있다고 하겠다.

기저 층위에 존재하는 분절음의 구조는 그 언어에서 변별적 기능을 하는 변별적 자질들로 이루어져야 하며, 'ㅎ(ʔ)'도 이 조건을 충족해야 한다. 'ㅎ(ʔ)'은 구강에서의 조음 작용이 없으므로 후두 상위 마디를 가지지 않고 후두 마디만 가진 자음이며, 성문의 폐쇄가 일어난다는 점에서 [성문 협착성] 자질로 명세된다. 이 자음은 후두 마디만 가졌기 때문에 단독으로는 음성 실현될 수 없으며, 후행 요소와 결합하여 인접음의 후두 상위 마디를 나누어 가져야 표면에 나타날 수 있다. 이 점에서 'ㅎ'과 유사한 면을 보인다. 'ㅎ(h)'과 'ㅎ(ʔ)'은 동일하게 후두음에 속하며, 이들은 자연 부류를 이루게 된다. 'ㅎ(ʔ)'의 자질 표시는 아래와 같다.

3.3. 후두음과 자연 부류

국어의 음운 체계에서 'ㅎ(h)'과 'ㆆ(ʔ)'은 구강에서의 조음 과정을 가지지 않으며, 후두에서의 조음 과정만으로 정의될 수 있는 부류임을 앞에서 밝혔다. 후두음 부류에 속하는 일원인 'ㅎ(h)'과 'ㆆ(ʔ)'은 자연 부류를 이룰 것으로 기대된다. 자연 부류(natural class)의 정의가 명확하지는 않지만, 일반적으로 두 개 이상의 음소가 체계상 밀접한 관련을 맺고 있으면 자연 부류를 이룬다고 할 수 있다.[22] 이때 음소들의 관계가 밀접한가 아닌가 여부는 음소들의 집합을 변별적 자질로 간단하게 표시할 수 있느냐 없느냐로 결정할 수 있다. 표시(representation)의 측면에서 이 두 음소는 자연 부류의 조건을 충족한다고 볼 수 있으나, 실제 언어 상황에서 후두음 부류로 설정된 'ㅎ'과 'ㆆ'이 자연 부류를 이룬다는 사실을 뒷받침할 만한 근거가 필요하다. 이번 절에서는 언어의 변화 과정에서 'ㅎ(h)'과 'ㆆ(ʔ)'이 보이는 유기적 관계를 살필 것이다. 중세국어에서 ㅂ계 어두 자음군을 가졌던 단어들이 후대 방언형에 경음 또는 유기음으로 다르게 남아 있는 예와, 어간의 재구조화 방향이 후두음을 말음으로 가지

---

22) Hyman(1975)에서 두 개의 분절음 A, B가 자연 부류에 속하는지를 판별하는 기준을 몇 가지 제시하고 있는데, 두 분절음이 음운 규칙의 입력 또는 환경으로 함께 작용하거나 A가 음운 규칙에 의해 B로 바뀌면 두 개의 분절음은 자연 부류에 속한다고 했다.

는 쪽으로 일어난 여러 방언의 예를 통해 후두 마디의 존재를 입증
하려 한다.

3.3.1. ㅂ계 어두 자음군의 변화 방향과 후두음

중세국어의 어두 ㅂ계 합용병서들은 자음군이었던 것으로 보는
것이 합리적이며,[23] 이 ㅂ계 합용병서들의 15세기 이후의 변화 방
향에 대해서는 후행하는 자음의 된소리로 변화하였고, ㅂ 뒤의 자
음이 된소리로 변화할 수 없는 자음일 경우 'ㅂ'은 탈락한다고 보는
것이 일반적 견해이다.[24]

그런데 이 ㅂ계 합용병서의 변화가 경음이 아니라 유기음으로
나타난 경우가 있다. 중세국어에서 ㅂ계 어두 자음군을 가졌던 단
어들이 방언에서 경음과 유기음으로 각기 달리 반사되어 있는 점이
흥미롭다. 일단 중세국어 문헌에 ㅂ계 어두 자음군으로 나타나는
용례를 모두 제시하면 다음 〈표 3-10〉과 같다.[25] 이 어휘들은 박창
원(1991/1996)에서 제시된 목록을 토대로, 김형주(1987)의 어휘를 보
충하였고, 고어사전(2002)의 용례와 출전을 검토하였다.

이들 단어의 후대 반사형 가운데 몇몇이 한국정신문화연구원에

---

23) ㅂ계 합용병서에 대한 견해는 자음군설과 된소리설로 나누어지는데, 이에 대한
   자세한 논의는 박창원(1990, 1991, 1996) 등을 참고할 수 있다.
24) 이기문(1972) 참조.
25) 'ㅄ'은 체계 내에 'ㅅ'의 유기음이 존재하지 않으므로 변화의 방향이 유기음으
   로 나타날 수 없기에 여기서 다루지 않았다.

표 3-10. 중세국어의 ㅂ계 어두 자음군 목록

	용 례
ㅳ	ᄠᅳ-(適) ᄠᆞ-(破) ᄠᅥ디-(落) ᄠᅥ나-(去) ᄠᅥᆯ-(拂) ᄠᅥᆲ-(澁) ᄠᅱ어나-(超) ᄠᅱ-(跳) ᄠᅳ-(浮) ᄠᅳ-(開) ᄠᅳ-(鬱) ᄠᅳᆮ-(適) ᄠᅵ-(烝) ᄠᅵ(垢) ᄠᅦ(筏) ᄠᆡ(莎) ᄠᅱ(茅) ᄠᅳᆮ(志) ᄠᅳᆯ(庭) ᄠᅵ(輪) ᄠᅩ로(ᄠᅩ로)(各) ᄠᆡ오-(터치-) ᄠᆞᆯ기
ㅶ	ᄡᅳ-(壓) ᄡᅳ-(織) ᄡᅳ-(作) ᄡᅳ-(繩髮) ᄡᅳ-(候) ᄡᅳ-(鹹) ᄡᅵ-(裂) ᄧᅩ-(逐) ᄧᅩ-(從) ᄧᆡ-(曝) ᄧᅦᆽ-(裂) ᄧᅵ지-(灼) ᄲᅳᇂ-(간절하-) ᄶᅡᆨ(雙) ᄶᅩᆨ(片) ᄶᅡ개(片)
ㅷ	ᄩᅳ-(彈) ᄩᆞ-(破) ᄩᅥᆯ-(拂) ᄩᅥ디-(折) ᄩᅱ-(跳) ᄩᅳ-(裂) ᄩᅳᆮ-(摘) ᄩᅥᆲ-(澁) ᄩᅮᆨᄩᅮ기

서 조사한 《한국방언자료집》의 조사 항목에 포함되어 있어 방언에
따른 변화의 경향을 살필 수 있다. 그 결과 대다수의 예가 경음으로
변화한 것을 볼 수 있었으나, 그 가운데 유기음으로도 대응된 경우
의 어휘와 분포 지역을 표로 제시하면 다음 〈표 3-11〉과 같다.

① "ᄠᅥᆲ-"

중세국어의 'ᄠᅥᆲ다'는 현대어에 '(맛이) 떫다'로 이어졌고, 이 어형
이 전국적으로 분포하고 있으나, 경기(파주, 고양, 옹진), 강원(평창, 명

표 3-11. ㅂ계 어두 자음군과 후대 방언형의 대응

중세국어 어형	후대 방언형	지 역
ㅳ-	tʼ	경기 그 외 지역 강원 그 외 지역 충북 그 외 지역 충남 그 외 지역 전북 전역 전남 전역 경북 전역 경남 그 외 지역 제주 남제주, 북제주
	tʰ	경기 파주, 고양, 옹진 강원 평창, 명주, 원성, 영월, 삼척, 정선 충북 제원, 단양 충남 당진 경남 거창, 창녕, 의령, 진양, 사천, 고성, 남해, 통영, 거제 제주 북제주
ㅳ-	tʼ	경기 그 외 지역 강원 전역 충북 전역 충남 그 외 지역 전북 완주, 김제, 임실, 순창, 남원 전남 그 외 지역 경북 그 외 지역 경남 창녕, 울주, 함양, 산청, 의령, 하동, 통영 제주 남제주

	tʰ	경기 가평, 양평, 용인 충남 연기, 논산, 금산 전북 그 외 지역 전남 곡성, 광양 경북 청송, 월성 경남 그 외 지역 제주 북제주
뷔1-	t'	강원 정선, 인제 충북 중원, 단양, 괴산 충남 그 외 지역 전북 전역 경북 봉화, 영야, 청송, 영덕, 군위, 성주 경남 합천, 함안
	tʰ	경기 전역 강원 그 외 지역 충북 그 외 지역 충남 예산, 청양, 연기, 서천 전남 전역 경북 그 외 지역 경남 그 외 지역 제주 전역
뷔2-	t'	경기 파주, 김포, 고양, 양주, 가평, 시흥, 화성 강원 그 외 지역 충북 그 외 지역 충남 그 외 지역 전북 그 외 지역 전남 그 외 지역 경북 봉화, 문경, 영양, 상주, 청송, 영덕, 군위, 영일, 상주, 고령 경남 그 외 지역

	t^h	경기 그 외 지역 강원 명주, 고성, 춘성, 양구, 평창, 영월, 삼척 충북 진천, 영동 충남 예산, 청양, 연기, 서천 전북 익산, 완주, 진안, 순창 전남 함평, 무안, 여천 경북 그 외 지역 경남 울주, 산청, 김해, 양산, 고성, 통영, 거제 제주 전역
뜯-	t'	경기 그 외 지역 강원 전역 충북 전역 충남 그 외 지역 전북 전역 전남 전역 경북 전역 경남 전역 제주 북제주
	t^h	경기 김포 충남 예산 제주 남제주, 북제주
빼	t'	제주 포함 전 지역
	t^h	제주 북제주
딸기	t'	제주 포함 전 지역
	t^h	제주 남제주, 북제주
빚-	c'	제주 포함 전 지역
	c^h	제주 남제주, 북제주

주, 원성, 영월, 삼척, 정선), 충북(제원, 단양), 충남(당진), 경남(거창, 창녕, 의령, 진양, 사천, 고성, 남해, 통영, 거제), 제주(북제주) 등 일부 지역에서는 '텁-'의 형태로 나타나, 지역에 따라 경음과 유기음으로 달리 변화했음을 알 수 있다.

② "ᄠᆞ-"

'ᄠᆞ다'는 중세국어에서 '배를 가르다, 잎을 따다' 등의 의미를 가진 단어였다. 이 어휘의 후대형은 '따다'인데《표준국어대사전》에 '사과를 따다, 꽃을 따다'의 경우처럼 '붙어 있는 것을 잡아떼다' 등의 의미를 가진 '따다'의 제주 방언형은 '타다'로 나타난다고 기술되어 있으며, '따다'의 뜻풀이에 '배를 가르다'의 의미는 빠져 있다.

《한국방언자료집》의 조사 항목에는 '따다'가 없으나, 이 단어의 모습을 볼 수 있는 다른 어휘가 있어 그 변화 과정을 미루어 추측할 수 있다. 방언 자료집에서는 '물고기의 배를 가르다'의 의미로써 '따다'가 아니라 '타다'를 조사 항목으로 하여 방언형을 조사하였다. '타다'는《표준국어대사전》에 '가르다'의 경북 방언형으로 등재된 것이 전부이고 따로 표제항으로 실리지 않았다. '따다'와 '타다'는 전국적으로 고르게 분포하는데, '따다'형이 나타나는 지역이 더 우세하다. 유기음으로 대응되는 어휘가 더 우세한 지역은 전북과 경남이고 그 외에 경기(가평, 양평, 용인), 충남(연기, 논산, 금산), 전남(곡성, 광양), 경북(청송, 월성), 제주(북제주) 일부 지역에서도 '타다'가 나타난다.

③ "뛰1-"(기름, 물이 튀다)

'뛰다'는 '躍, 跳'의 의미를 가진 단어로 그 후대형은 '뛰다'이다. 《표준국어대사전》의 뜻풀이를 보면 "뛰다01「1」있던 자리로부터 몸을 높이 솟구쳐 오르다.(예 : 제자리에서 높이 뛰다)「2」물방울, 흙 따위가 힘을 받아서 세차게 솟아올랐다가 흩어지다.(예 : 다이너마이트가 터지자 사방으로 파편이 뛰었다)"와 같다. 중세국어에서 '뛰다'는 "믈 뛸 격 激(신증유합 하 60), 爆은 브렛 밤 뛸 소리니(귀감언해 상 15)"와 같은 경우에도 나타나는데, 이는 현대국어의 '튀다'와 의미상 유사하다. '튀다'는 "튀다「1」탄력 있는 물체가 솟아오르다.(예 : 공이 골대에 맞고 옆으로 튀다)「2」어떤 힘을 받아 작은 물체나 액체 방울이 위나 옆으로 세게 흩어지다.(예 : 불똥이 사방으로 튀다/자동차가 지나가면서 흙탕물이 벽으로 튀었다/그의 침이 내 얼굴에 튀었다/끓는 기름이 나에게 튀는 바람에 화상을 입었다)"와 같이 풀이되어 있다.

방언 자료집에는 '튀다'가 조사 항목으로 제시되어 있는데 '기름, 물 등이 튀다'와 '공이 튀다'의 경우로 나누어 조사하였는바, 이는 다의어로 하나의 표제어이지만 의미에 따라 경음과 유기음으로의 실현이 달리 나타나므로 편의상 '뛰1-'과 '뛰2-'로 나누었다.

'기름, 물 등이 튀다'의 의미를 가진 '뛰1-'은 전국적으로 보면 '튀다'가 우세하게 나타나는데, 전북은 전 지역에서 '뛰다'로 나타나며, 충남도 '뛰다'가 우세하다. 그 외에 강원(정선, 인제), 충북(중원, 단양, 괴산), 경북(봉화, 영야, 청송, 영덕, 군위, 성주), 경남(합천, 함안) 일부 지역에서도 '뛰다'가 나타난다.

④ "튀2-"(공이 튀다)

'공이 튀다'의 의미일 때는 경음과 유기음의 분포가 대등하다. 전체적으로 '튀다' 형이 우세한 '튀1-'과는 다른 경향을 보인다.

제주는 전 지역에서 유기음을 가진 어형으로 나타났으며, 경기와 경북은 '튀다' 형이 우세한 것으로, 나머지 강원, 충북, 충남, 전북, 전남, 경남 지역은 '뛰다'가 우세한 것으로 나타났지만, 우세 지역에서도 다른 쪽 어휘가 상당수 분포하는 것을 볼 수 있다. 각 지역에서 유기음과 경음이 고르게 나타났다.

⑤ "뜯-"

중세국어의 '뜯다'가 어떻게 변화했는지는 방언 자료집의 '뜯어내다' 항목을 통해 알아볼 수 있다. 전국적으로 '뜯다' 형이 나타나는데 경기(김포), 충남(예산), 제주(남제주, 북제주) 등 일부 지역에서만 유기음을 가진 '튿다'가 나타난다.

⑥ "뻬, 딸기, 뽜-"

ㅳ 자음군을 가진 '뻬, 딸기'와 ㅄ 자음군을 가진 '뽜-'(맛이 짜다)는 제주를 제외한 전 지역에서 경음으로 나타나고, 제주 지역에만 유기음을 가진 어휘가 나타난다. 특히 '뽜-'는 ㅄ 자음군 가운데 유일하게 유기음으로 대응하는 예를 보여준다.

이상의 예를 통해 경음으로 변했다고 알려진 ㅂ 계 자음군 가운데 일부는 방언에 따라 어느 지역은 경음으로 어느 지역은 유기음으로 변화하였음을 확인할 수 있다. 특히 제주 지역은 중세국어의

ㅂ계 어두 자음군이 유기음을 가진 형태로 변화한 비율이 높다. 위의 예를 제외하고도 '뛰다, 뜨다, 뜯다' 등이 유기음을 가진 어휘로 나타난다. '躍'의 의미로서의 '뛰다'는 전국적으로 경음으로 대응되는데, 제주에서는 '튀어/뛰어'가 두 어형이 다 나타나며, '浮'의 의미를 가진 '뜨다'의 경우에도 '튼다/뜬다'가 다 나타난다. '뜨다'의 사역형 '띄우다' 역시 '티운다/띠운다' 두 가지 형태가 다 있으며, 사동사 '(풀을) 뜯기다'는 '튿진다'로 나타나 유기음으로의 대응을 보여준다.

이 밖에도 경기 김포 지역에서는 "물방울이 튀다"의 '튀다'가 '뛰다'로 나타나며, '뛰다(躍)'가 경기 화성에서는 '튀다'로 나타난다.

ㅂ계 어두 자음군이 어휘에 따라 육지 방언과 제주 방언에 다르게 나타나는 예를 보이면 다음 〈표 3-12〉, 〈표 3-13〉, 〈표 3-14〉와 같다.26)

〈표 3-12〉부터 〈표 3-14〉까지에서 제시된 어휘들은 첫째, 육지 방언에서 경음으로만 나타나는 것이 제주 방언에서는 유기음으로만 나타나는 예, 둘째, 육지 방언에서 경음과 유기음으로 대응되는 것이 제주 방언에서는 유기음으로만 나타나는 예, 셋째, 육지 방언에서 경음으로만 나타나는 것이 제주 방언에서는 경음과 유기음으로 대응되어 나타나는 예, 넷째, 육지 방언, 제주 방언에서 모두 유기음으로만 나타나는 예, 다섯째, 육지 방언, 제주 방언에서 경음과 유기음으로 대응되어 나타나는 예로 나눌 수 있다.

---

26) 이 목록은 김형주(1987)에서 제시된 예 가운데, 중세국어 문헌에 용례가 나타나지 않은 것들을 빼고 간추린 것이다.

표 3-12. ㅳ계 어두 자음군과 방언 대응

중세국어 ㅂ계 어두 자음군 어휘 목록 (ㅳ계)	육지 방언		제주 방언	
	경음	유기음	경음	유기음
따다, 뜨다(摘)	+		+	+
뜨다(破)	+	+		+
뻐디다(落)	+		+	+
떨다(拂, 振)	+	+	+	+
뜳다(澁)	+	+		+
뻬다(離)	+			+
뛰다(跳, 躍, 走)	+	+	+	+
뜨다(開)	+	+		+
뜨다(浮)	+		+	+
뜨다(隙)	+	+		+
뜨다(鬱, 焦)	+			+
뜯다(破)	+	+		+
삐다(烝)	+			+
딸기, 뚤기(苺)	+			+
떨기(叢)	+	+		+
뜰(庭)	+	+		+
뻬(筏)	+			+
뙤(茅)	+			+
띠(垢)	+			+
뜨로, 또로(各, 別)	+		+	+

표 3-13. ᄡ계 어두 자음군과 방언 대응

중세국어 ㅂ계 어두 자음군 어휘 목록 (ᄡ계)	육지 방언		제주 방언	
	경음	유기음	경음	유기음
ᄡᅡ다(織)	+			+
ᄡᅡ다(鹹)	+		+	+
ᄡᅵ다(裂, 破)	+		+	+
ᄡᅳᆺ다(裂)	+			+
ᄡᅬ다(曝)	+		+	+
ᄡᅵ다(蒸)	+			+
ᄡᅡᆨ(雙, 匹)	+			+
ᄡᅩᆨ(片)	+			+

표 3-14. ᄩ계 어두 자음군과 방언 대응

중세국어 ㅂ계 어두 자음군 어휘 목록 (ᄩ계)	육지 방언		제주 방언	
	경음	유기음	경음	유기음
ᄩᆞ다(和攪, 染)		+		+
ᄩᆞ다(彈)		+		+
ᄩᆞ다(剖)	+	+		+
ᄩᅥ디다(折)		+		+
ᄩᅳᆯ다(拂)	+	+	+	+
ᄩᅳᆲ다(澁)	+	+		+
ᄩᅱ다(跳, 躍)	+	+		+
ᄩᅳ다(裂, 破)	+	+		+
ᄩᅳᆮ다(摘)	+	+		+
ᄩᅩᆨ		+		+

정승철(2003)에서는 15세기 국어의 어두 자음군은 음소 배열 제약과의 밀접한 관련 아래 변화를 경험하였으며, 15세기 또는 그 이전 시기에 어두 위치에서 'ㅂ'과 평폐쇄음의 연결을 꺼리는 음소 배열 제약이 어두 자음군의 격음화를 유발한 것으로 보았다. 제주 방언을 제외한 대부분의 방언에서 이러한 격음화는 곧 새로이 출현한 경음화에 의해 대체되었는데, 그것을 경음화의 동인이 된 'ㄷ'과 평폐쇄음의 연결을 꺼리는 음소 배열 제약이 모든 폐쇄음과 평음의 연결을 꺼리는 음소 배열 제약으로 적용 영역을 확대하면서 초래된 결과로 해석하였다. 제주 방언은 새로 출현한 경음화의 물결에서 벗어나 있었기에 유기음으로 변화한 어휘가 많이 남아 있는 것이라 하였다. 'ㅂ'과 평폐쇄음의 연결을 꺼리는 음소 배열 제약이 격음화를 유발하였다고 하였는데, 그러한 제약이 격음화를 유발할 필연성은 부족해 보인다.

또 'ㄷ'과 평폐쇄음의 연결을 꺼리는 음소 배열 제약이 경음화의 동인이 되었다고 하였는데, 이는 음절 말 자음의 미파화 경향과 깊은 연관이 있다. 엄밀히 말하면, 'ㄷ'과 평폐쇄음의 연결이 제약되는 것이 아니라 음절 말의 'ㄷ'과 평폐쇄음의 연결이 제약되는 것이기 때문이며, 경음화 현상은 미파화라는 기제를 빼놓고 설명하기 어렵다.

이런 변화를 현재로서는 정확히 설명하기 어렵지만, 어두에 C1C2 두 개의 자음을 가졌던 자음군이 변화하면서, 일부는 경음으로 또 일부는 유기음으로 변화하였다는 사실은, 이들의 변화에 'C1>ㅎ 또는 ㆆ'의 과정이 있었음을 암시한다고 하겠다. 'ㅎ'과 'ㆆ'

이 ㅂ계 어두 자음군의 변화에서 평행하게 일정한 기능을 수행한 것은 이 둘 사이의 긴밀성을 말해 주는 것이며, 이는 'ㅎ'과 'ㆆ'이 자연 부류를 이룬다고 한 이 논의를 지지하는 하나의 근거가 되기에 충분하다.

3.3.2. 재구조화의 방향과 후두음

기저형에서의 변화를 재구조화(restructuring)라고 하는데, 국어에서 재구조화는 음운론적 재구조화와 형태·통사론적 재구조화로 구분된다. 음운론적 재구조화는 다시 음운 변화에 따른 재구조화와 음운 과정에 따른 재구조화로 나누어지며, 음운 과정에 따른 재구조화는 형태소 내부에서의 음운 과정에 따른 재구조화와 형태소 경계에서의 음운 과정에 따른 재구조화로 하위 구분된다.(최명옥:1993, 2) 이를 정리하면 다음과 같다.

   (1) 재구조화의 유형
   음운론적 재구조화
      음운 변화에 의한 재구조화
      음운 과정에 의한 재구조화
         형태소 내부에서의 음운 과정에 의한 재구조화
         형태소 경계에서의 음운 과정에 의한 재구조화
      형태·통사론적 재구조화

이 가운데 음운 변화에 따른 재구조화와 형태소 내부에서 음운 과정에 따른 재구조화는 통시적인 현상이다. 그러나 형태소 경계에서 음운 과정에 따른 재구조화는 어간과 어미의 통합 과정에서 일어난 것으로, 그 통합형에 나타나는 음운 현상은 통시적인 것인지 공시적인 것인지 입증하는 것뿐 아니라 규칙에 따라 설명하기도 어렵다.

재구조화 여부를 밝혀내기 위해서는 객관적인 판정 기준이 있어야 하는데, 이에 대해 최명옥(1993)은 어간이나 어미가 단일하게 재구조화된 경우 어떤 어간이나 어미의 기저형이 시간에 따른 변화를 보이고, 변화 후에 존재하는 공시적 규칙으로 그 변화를 설명할 수 없으면 재구조화가 일어난 것으로 판정할 수 있으나, 재구조화가 단일하게 일어나지 않는 경우, 즉 통합되는 어미 초나 어간 말의 음운론적 조건에 따라서 달리 재구조화가 일어난 경우는 이 기준으로 판정하기 어렵다며, 이 둘을 망라하는 판정 기준으로 "어간이나 어미의 변화형들이나 그것을 공시적인 교체형들에 대한 공시적인 설명의 가능 여부"를 제시하였다.

어간 말음으로 모음이나 기타의 자음을 가졌던 단어들이 후두음 'ㅎ, ㆆ'을 말음으로 갖는 어간으로 재구조화된 것으로 판단되는 예가 상당수 존재한다. 이를 모음 어간이 재구조화된 경우, 이른바 불규칙 동사의 어간이 재구조화된 경우, 후음 말음 어간이 재구조화된 경우로 나누어 살펴보기로 한다. 후두음을 말음으로 가진 어간으로 재구조화된 예는 김현(2001)에서 취하였고, 이 어휘들의 분포는 《한국방언자료집》을 통해 확인했다.27) 우선 모음 어간이 후음 말음 어간으로 재구조화된 예를 보면 다음과 같다.

표 3-15. 모음 어간의 재구조화

재구조화 이전	재구조화	분포 지역
고:-(烹)	고ㅎ- (꼬ㅎ-)	충북 보은, 영동 충남 연기 전북 무주 전남 해남, 완도 경북 봉화, 예천, 금릉, 달성, 월성 경남 거창, 밀양
	고ㅎ- (꼬ㅎ-)	충북 단양, 청원, 괴산, 옥천 경북 영풍, 영덕 경남 김해, 양산
꼬:-(索)	꼬ㅎ-	충북 보은, 옥천, 영동 전북 무주 전남 신안, 장흥28) 경남 거창
	꼬ㅎ-	강원 원주 전남 영광, 강진, 장흥
쏘:-(射)	쏘ㅎ-	충북 영동 전남 신안, 영암, 완도
누-(泄)	누ㅎ-	경기 파주, 포천, 강화, 고양 충남 금산
꾸-(借)	꾸ㅎ-	충북 영동
	꾸ㅎ-	경북 예천 경남 고성

27) 김현(2001)은 이러한 재구조화의 요인을 찾으려는 시도인데, 거기서는 화자가
발화한 활용형을 청자가 새롭게 분석함으로써, 즉 활용형의 재분석에 의해 재구
조화가 일어난 것으로 보았다.

꾸―(夢)	꾸ㅎ―	충북 영동
	꾸ㆆ―	경남 함양
가두―(囚)	가두ㅎ―	충북 단양29) 경북 영풍, 봉화, 울진, 문경, 상주, 청송, 영덕, 선산, 영일, 성주, 경산, 영천, 월성
	가두ㆆ―	충북 단양30) 경남 산청, 진양, 사천
바꾸―(換)	바꾸ㅎ―	경북 영풍, 봉화, 울진, 문경, 예천, 영양, 의성, 청송, 영덕, 선산, 군위, 영일, 성주, 경산, 영천, 고령, 월성
	바꾸ㆆ―	강원 삼척 경남 산청, 진양, 사천, 고성
맞추―(使的)	마추ㅎ―	경북 영풍, 봉화, 울진, 예천, 영양, 의성, 청송, 영덕, 선산, 군위, 성주, 칠곡, 경산, 영천, 월성
	마추ㆆ―	경남 진양, 사천, 거제
시쿠―(使冷)	시쿠ㅎ―	경북 문경, 의성, 청송, 금릉, 선산, 군위, 영일, 성주, 영천
	시쿠ㆆ―	경북 월성
얼구―(얼우―) (使氷)	얼구ㅎ―	경북 영풍, 봉화, 울진, 문경, 예천, 안동, 영양, 상주, 의성, 선산, 영일, 경산, 영천
	얼우ㅎ―	경북 영덕
	얼우ㆆ―	경북 월성 경남 산청, 진양, 사천
메꾸―(埋)	메꾸ㅎ― 메쿠ㅎ― 미꾸ㅎ― 미쿠ㅎ―	경북 영풍, 봉화, 예천, 안동, 영양, 의성, 군위, 성주, 월성

이수-(繼)	이수ㅎ-	경북 봉화, 문경, 예천, 안동, 영양, 의성, 청송, 영덕, 선산, 군위, 영일, 칠곡, 경산, 영천, 월성
	이수ㆆ-	경북 달성 경남 산청
기루-(育) (지루-, 질구-)	기루ㅎ- 지루ㅎ-	경북 영덕 경북 영천
	지루ㆆ-	경남 진양
	질구ㅎ-	경북 선산, 군위, 영일, 성주, 경산
	질구ㆆ-	경북 봉화
따루-(注)	따루ㅎ-	경북 영풍, 봉화, 울진, 문경, 예천, 안동, 영양, 청송, 영덕, 영일, 경산, 영천, 월성
	따루ㆆ-	경남 산청, 진양
따르-(從)	딿-	강원 고성, 양양, 정선, 삼척 충북 단양 충남 논산 전남 곡성 경북 영풍, 봉화, 울진, 예천, 안동 경남 의령, 진양, 함안, 양산, 사천, 고성, 통영, 거제
	딿-	강원 명주 경북 금릉 경남 산청
따르-(注)	딿-	충남 부여 전북 고창
기르-(育) (수염을 기르다)	짏-	전남 영암

이:-(聾)	이ㅎ-	강원 고성
	이흥-	강원 철원, 화천, 홍천, 원성, 정선 충북 중원
(뛰-⇒) 띠-(走)	띠ㅎ-	경북 고령, 달성 경남 거창
그스-~긍ㅇ- (引)	ㄲㅎ-	경북 금릉, 선산 경남 거창, 창녕, 밀양, 사천
	ㄲ흥-	충남 서산, 청양, 전북 김제, 부안, 정읍, 임실, 장수, 고창, 순창, 남원 전남 전 지역 경남 합천, 함양, 의령, 하동, 진양, 함안, 양산, 사천, 고성, 남해, 통영, 거제 제주 남제주, 북제주
	긇-	충북 영동 충남 공주, 부여, 논산, 청양 전북 옥구, 완주 경북 영양
	긻-	충남 홍성, 청양 전북 진안 경남 산청, 남해

28) 장흥 지역에서는 [꼬꼬], [꼬코] 둘 다 나타남.

29) [가도치]로 나타남.

30) [가도꾸]로 나타남.

재구조화 이전과 이후의 활용의 패러다임을 비교해 보면, 이들은 분명히 기저형에 변화가 일어났으며, '꼬:- ⇒ 꼬ㅎ-' 또는 '꼬:- ⇒ 꼬ㅎ-'의 변화를 현대국어의 음운 규칙으로 설명할 수 없으므로 재구조화가 일어났다고 보아야 한다.

표 3-16. 모음 어간의 활용 패러다임의 변화

기저형	-고	-는	-으니	-어/아
고으-~고:- 고ㅎ-/고ㅎ-	고으고~고:고 고코/고꼬	고으는~고:는 곤는	고으니~고:니 고으니~고:니	고아~과:~고와 고아~과:~고와
꼬:- 꼬ㅎ-/꼬ㅎ-	꼬:고 꼬코/꼬꼬	꼬:는 꼰는	꼬:니 꼬으니~꼬:니	꼬아~꽈:~꼬와 꼬아~꽈:~꼬와
이:- 이ㅎ-/이ㅎ-	이:고 이코/이꼬	이:는 인는	이:니 이으니~이:니	이어~여:~이여 이어~여:~이여

이 논의가 관심을 갖는 부분은, 이러한 재구조화가 일어나게 된 원인이 아니라 재구조화의 방향이 어간 말음으로 'ㅎ' 또는 'ㅎ'을 갖는 쪽으로 일어났다는 점이다. 이를 통해서도 'ㅎ'과 'ㅎ'의 긴밀한 관계를 다시 한 번 파악할 수 있다.

다음 쪽의 〈표 3-17〉은 이른바 불규칙 용언 어간이 후음 말음 어간으로 재구조화된 예이다. 'ㅂ' 불규칙 용언의 어간 가운데 후두음을 말음으로 하는 어간으로 재구조화된 것으로는, '굽다', '눕다', '깁다'라는 세 어휘가 나타났다. 모두 알다시피 이들은 중세국어 단계에서 'ㅸ'을 가졌던 어휘들이다. 이 재구조화는 거의 모든 지역에서

표 3-17. 불규칙 용언 어간의 재구조화

재구조화 이전	재구조화	분포 지역
굽-(炙),	구ㅎ-, 꾸ㅎ-	강원 화천 충북 영동 전북 익산, 무주
	구ㅎ-, 꾸ㅎ-	경기 연천, 파주, 포천, 강화, 김포, 양주, 남양주, 가평, 옹진, 시흥, 광주, 양평, 평택 강원 화천, 홍천 충북 진천, 중원, 제원, 단양, 괴산, 보은, 옥천 충남 서산, 당진, 예산, 청양, 연기, 대덕 전북 완주, 진안, 부안, 정읍, 임실, 고창, 순창 전남 영광, 장성, 담양, 구례, 함평, 광산, 신안, 무안, 나주, 승주, 광양, 영암, 진도, 해남, 강진, 장흥, 보성, 고흥, 여천, 완도[31] 경북 울진, 문경, 예천, 안동, 금릉 경남 전 지역 [kʼukʼo]
눕-(臥)	누ㅎ-	충남 예산, 공주 전북 김제
	누ㅎ-	경기 연천, 파주, 포천, 강화, 김포, 고양, 양주, 용인, 평택 충북 진천, 단양, 괴산, 옥천, 영동 충남 천원, 청양, 서천, 대덕, 금산 전북 익산, 무주, 부안, 정읍, 남원 전남 화순, 해남, 여천 경남 거창, 합천, 함양, 의령, 하동, 진양, 함안, 의창, 김해, 사천, 고성, 남해, 통영, 거제

깁-(縫)	기ㅎ-, 지ㅎ- 주ㅎ-	충북 옥천, 영동 충남 서산, 당진, 아산, 예산, 청양, 공주, 연기, 보령, 부여, 서천, 논산, 금산 전북 옥구, 익산, 완주, 진안, 무주, 김제 전남 고흥
	기ㅎ-, 지ㅎ- 주ㅎ	경기 파주, 김포, 고양, 시흥, 광주, 양평, 여주, 평택 강원 화천, 홍천, 평창, 명주, 영월 충북 진천, 음성, 중원, 단양, 청원, 괴산, 보은 충남 천원, 홍성, 대덕 전북 부안, 정읍, 장수 전남 승주, 해남, 강진, 보성, 완도 경북 영풍, 안동, 선산
걷-(步)	걿-	전북 부안, 정읍
	걿-	강원 명주, 삼척, 정선 충북 단양 전북 옥구, 완주, 무주, 임실, 장수, 고창, 순창 전남 영광, 장성, 곡성, 구례, 함평, 광산, 신안, 나주, 영암, 고흥
듣-(聽)	듫-	강원 정선 경북 안동
묻-(問)	뭃-	전북 정읍, 순창[32] 전남 화순
	뭃-	강원 명주, 정선, 삼척 전북 진안, 임실, 고창, 순창, 남원 전남 영광, 담양, 곡성, 구례, 함평, 광산, 나주 경북 영풍, 울진, 예천, 안동

	싫-	경기 김포 경남 거창, 하동, 고성 충남 당진, 아산, 예산, 홍성, 청양, 공주, 연기, 보령, 부여, 서천, 논산, 대덕 전북 옥구, 익산, 김제, 부안, 임실, 고창, 순창 전남 영광, 장성, 담양, 곡성, 구례, 함평, 광산, 무안, 나주, 화순, 진도, 해남, 강진, 장흥, 고흥, 여천, 완도 경남 거창, 하동, 고성
싣-(載)	싫-	경기 파주, 강화, 고양, 옹진, 시흥, 광주, 화성, 용인, 평택, 안성 강원 양양, 명주, 정선, 삼척 충북 진천, 음성, 중원, 제원, 단양, 청원, 괴산, 보은, 옥천, 영동 충남 천원, 금산 전북 완주, 진안, 무주, 정읍, 장수, 남원 전남 신안, 보성, 고흥[33] 경북 영풍, 봉화, 예천, 안동, 영양, 의성, 영덕, 선산, 군위, 영일, 성주, 칠곡, 경산, 영천, 고령, 달성, 월성 경남 합천, 창녕, 밀양, 울주, 함양, 산청, 의령, 진양, 함안, 의창, 사천 경남 합천, 창녕, 밀양, 울주, 함양, 산청, 의령, 진양, 함안, 의창, 사천 제주 남제주

31) '굽-'은 곡성을 제외한 전남 전 지역에서 ㅎ말음 어간으로 재구조화됨.

32) 순창 지역은 [물코], [물꼬] 두 형태 다 나타남.

33) 고흥 지역은 [실코], [실꼬] 두 형태 다 나타남.

폭넓게 나타나는데, 이 경우, 'ㅎ'을 말음으로 가지는 경우보다 'ㆆ'을 말음으로 가지는 경우가 월등히 많이 나타난다는 사실을 알 수 있다.

'ㄷ' 불규칙 용언의 어간은 'ㅭ' 또는 'ㅀ'을 말음으로 갖는 방향으로 재구조화되었다. 어휘에 따라 재구조화의 정도에 차이가 있는데, '싣-'의 경우 전국적으로 많은 지역에서 재구조화가 일어났음을 확인할 수 있고, 역시 'ㅀ' 말음으로의 재구조화가 현저히 많이 나타난다.

이들 불규칙 용언의 재구조화가 역사적인 음운 과정의 결과인지, 아니면 재구가 가능한지 하는 문제는 분명히 말할 수 없다. 'ㅂ' 불규칙의 경우 '굽찌 > 구찌/구치'의 변화가 일어났다고 하기에는 자연성이 떨어지고, 무엇보다 '굽찌'는 규칙과 불규칙 용언이 공유하는 활용형이므로 이러한 음운 변화가 불규칙 용언에만 일어났다고 보기는 어려운 면이 있다.

이 책에서 주목하는 것은 이들 불규칙 용언의 재구조화가 하나의 어휘에 'ㅎ' 말음과 'ㆆ' 말음을 가지는 두 가지 어형을 가지는 방향으로 일어났다는 점이다. 한 지역에서 'ㅎ 말음'과 'ㆆ 말음'이 동시에 보고된 경우도 있었으며, 이는 'ㅎ'과 'ㆆ'이 음운 체계에서 밀접한 상관을 가진 음이라는 증거가 될 수 있다.

후음 말음 어간의 경우는 중세국어 'ㅿ 말음 어간'의 반사형이 'ㆆ 말음'이 아닌 'ㅎ 말음'으로 나타나는 경우와, 일반적으로 'ㅎ 말음'을 가진 어간이 'ㆆ 말음'으로 나타나는 경우의 두 가지가 있다. 이들은 앞에서 다룬 재구조화의 경우와 다르게, 변화 이전의 어간

표 3-18. 후음 어간 말음의 재구조화

재구조화 이전	재구조화	분포 지역
붓-(注)	부ㅎ-	충남 연기 경북 의성, 청송, 청도, 월성
낫-(癒)	나ㅎ-	강원 철원, 인제, 양양 전북 무주 전남 완도
긋-(劃)	그ㅎ-	경북 영풍, 봉화, 문경, 예천, 영양, 상주, 금릉, 선산, 군위, 영일, 성주, 칠곡, 경산, 영천, 고령, 달성, 청도, 월성 경남 창녕, 밀양
쌓-(積)	싸ㅎ-	경기 가평 강원 춘성, 양양, 정선 전북 완주
찧-(搗)	찌ㅎ-	경기 양주 강원 고성, 양양, 평창, 삼척34) 충남 공주, 논산 전북 옥구, 익산, 정읍 전남 영광, 곡성, 승주, 강진, 장흥, 고흥, 여천, 완도 경북 영풍, 봉화, 예천, 안동, 영덕, 군위, 영일, 칠곡, 경산, 영천, 월성 경남 합천, 울주, 산청, 양산, 사천, 고성, 남해 제주 남제주
빻-(粉碎)35)	빠ㅎ-	강원 고성, 삼척
앓-(痛)	앓-	경북 청송, 영천, 월성 경남 합천, 김해, 고성, 통영, 거제

말음과 변화 이후의 어간 말음이 모두 후두음이라는 데에서 흥미를 끈다. 중세국어 단계에서 'ᅀ 말음 어간'을 가졌던 단어들은 현대국어에서 이른바 'ᄉ' 불규칙 용언으로 간주되는데, 지역에 따라서 이들의 기저형을 'ᅙ'으로 볼 수도 있다.

표 3-19. 후음 어간 말음의 재구조화 방향

'ᅙ ⇒ ㅎ'로의 재구조화	'ㅎ ⇒ ᅙ'로의 재구조화
붛-(注) ⇒ 붕-	쌓-(積) ⇒ 싸ᅙ-
낳-(癒) ⇒ 낭-	찧-(搗) ⇒ 찌ᅙ-
긇-(劃) ⇒ 긍-	앓-(痛) ⇒ 앓-

'ㅎ 말음' 어간과 'ᅙ 말음' 어간의 활용 패러다임은 장애음으로 시작하는 어미와 결합할 때 유기음과 경음이라는 차이를 보일 뿐, 나머지 어미와 결합할 때에는 'ㄴ'으로 변동하거나 탈락하는 등 완전히 같다.

이들이 음운 변화에 따라 'ㅎ>ᅙ'의 변화를 겪었는지, 아니면 그 반대인 'ᅙ>ㅎ'의 변화를 겪었는지에 대해서는 현재로서는 판단을 내리기 어렵다. 다만 이러한 재구조화의 방향이 체계 안에서 'ㅎ'과

---

34) 한국정신문화연구원의 《한국방언자료집》에는 '찧+고'에 해당하는 삼척 지역의 어형으로 '찍코'[čikkʰo]가 실려 있으나 김봉국(2002)에서는 '찌꾸'의 형태를 보고하고 있다.

35) 'ㅂᅀ- ~ 붗ㅇ-'.

'ㆆ'의 유기적인 관계를 보여주는 점은 부인할 수 없으며, 'ㅎ'과 'ㆆ'이 자연 부류를 이룸을 뒷받침할 만한 하나의 근거가 될 수는 있을 것이다.

4장 [성문 확장성] 자질과 음운 현상

국어의 음운 체계에서 'ㅎ'은 후두음의 부류에 속하며, [성문 확장성(spread glottis)] 자질이 명세된 후두 마디만 가진다는 사실을 3장에서 밝혔다. 3장에서 확인된 사실은 'ㅎ'이 국어의 음운 체계에서 별다른 이론 없이 성문 마찰음으로 인정되어왔던 것과는 달리, 조음 과정에서 성문은 넓게 열려 있다는 것이며, 이는 스펙트로그램상에 나타나는 기 소음으로 판단할 수 있었다. 어두 초성에 위치하는 'ㅎ'은 기식성 외에는 후행 모음의 스펙트로그램과 다르지 않은데, 이것은 'ㅎ＋모음'과 '모음'의 차이는 'ㅎ'에 동반된 '기'밖에 없으며 'ㅎ'은 기식, 즉 성문이 넓게 열리는 것 외에 구강에서 특별한 조음 과정을 가지지 않기 때문으로 파악하였다. 모음 사이에 위치한 초성의 'ㅎ'은 유성음으로 실현되거나 탈락하는데, 유성음으로 실현되는 경우 선・후행 모음의 전이 부분에 기가 동반되는 것 외에는 단모음끼리의 연결에서 보이는 포먼트 전이를 그대로 보여준다. 이런 특성을 토대로 'ㅎ'을 구강에서의 조음 과정을 관할하는 후두 상위 마디를 가지지 않는 후두음으로 분류한 것이다. 이러한 'ㅎ'의 특성은 자음과 연결되면서 나타나는 여러 음운 현상의 설명에도 적절히 기여할 수 있어야 할 것이다.

우선 국어에서 'ㅎ'이 나타나는 환경을 어두와 비어두로 나누어 그 분포를 살펴보면 다음과 같다.

  (1) 어두 초성
     ① 원순모음(또는 w) 앞 : 화, 황소, 화촉, 후두, 화살, 휘다, 후두
     ② 전설모음(또는 y) 앞 : 힘, 힐책, 향가, 혀
     ③ '으' 앞 : 흙, 흔적, 흩어지다
     ④ '아, 어' 앞 : 할머니, 허공, 허리, 헛되다
     ⑤ '애, 에' 앞 : 해, 해맑다, 헤아리다. 해맑다
  (2) 비어두 환경
     ① 공명음 사이
       a. 모음과 모음 사이
        초성 ㅎ : 이후, 감사합니다, 아홉, 외할머니
        종성 ㅎ : 좋은, 낳은, 놓은, 좋아, 좋아서, 낳아
       b. 비음 뒤
        ㄴ 뒤 : 전화, 산호, 가난하다, 신혼
        ㅁ 뒤 : 남해, 감호, 감화, 심하다, 예감하다
        ㅇ 뒤 : 방학, 영혼, 경호, 상호, 이상한, 당당한
       c. 유음 뒤 : 결혼, 실험, 쌀쌀하다, 우울한
     ② 장애음 뒤
       a. 단어 내부(한자어) : 악화, 국회, 입학, 법학, 박하, 약혼

    b. 파생접사 '하다'와 결합 : 약하다, 딱하다. 독하다, 가무잡잡하다

    c. 체언과 조사 '하고'의 결합 : 밥하고, 법하고, 꽃하고

③ 음절 말 위치

    a. 'ㄱ, ㄷ, ㅈ' 앞

      어간 말 ㅎ :놓다, 놓지, 좋다, 낳다, 좋고

      어간 말 ㄶ, ㅀ :많고, 끊다, 하찮고, 싫지, 곯다

    b. 'ㅅ' 앞 : 놓소, 좋습니다

    c. 'ㄴ' 앞 : 놓는

어두 초성의 위치에 나타나는 'ㅎ'은 다양한 변이음을 보이며, 비어두의 위치에서는 다양한 음운 과정을 거쳐 표면에 그 음가를 실현시키지 않는다. 비어두 환경을 공명음 뒤와 장애음 뒤로 나누어 본다면 공명음 뒤에서는 약화나 탈락이, 장애음 뒤에서는 유기음화가 일어난다. 공명음 사이에서도 초성 'ㅎ'의 탈락은 수의적이나 어간 말음으로 'ㅎ'을 가진 용언이 모음으로 시작하는 어미와 결합할 때는 필수적으로 탈락이 일어난다.

음절 말 위치의 'ㅎ'은 용언 어간 말음이 'ㅎ'인 경우에 한정되는데, 뒤에 오는 어미의 두음으로는 'ㄱ, ㄷ, ㅅ, ㅈ, ㄴ'만 존재하므로 이들 음소와 결합하는 활용의 과정에서 여러 가지 음운 과정을 겪는다. 평폐쇄음 'ㄱ, ㄷ'이나 평파찰음 'ㅈ'과 연결될 때는 유기음화가, 마찰음 'ㅅ'과 연결될 때는 경음화가, 비음 'ㄴ'과 연결될 때는 비음화가 일어난다. 이 가운데 'ㅎ'과 'ㅅ, ㄴ'의 연결이 표면에서 각각 경음, 비음으로 실현되는 것은, 'ㅎ'의 중화 문제와 관련이 있다고 알려져 왔다. 이 장에서는 'ㅎ'이 보여주는 다양한 음운 현상

을 살펴보기로 한다.[1] 음운 체계에서 후두음으로 분류된 'ㅎ'이 가진 특수성이 이러한 과정의 설명에 유리함을 보여줄 것이다.

4.1. 약화·탈락

'ㅎ'이 약화되거나 탈락한다고 알려진 환경은 다음과 같이 공명자음 사이나 모음 사이에 위치할 경우이다.[2]

(3) ① 공명자음 + ㅎ

    a. 'ㄴ+ㅎ' : 산호[sa.nɦo]

    b. 'ㅁ+ㅎ' : 남해[na.mɦɛ]

    c. 'ㅇ+ㅎ' : 영혼[jʌŋ.ɦon]

    d. 'ㄹ+ㅎ' : 결혼[kyʌ.ɾɦon]

  ② 모음 + ㅎ

  외할머니[외알머니~외할머니], 아홉[아옵~아홉]

---

1) 엄밀히 말하면 'ㅎ'의 약화는 음성적인 현상이므로 이를 'ㅎ'이 관여하는 다른 음운 현상을 논하는 자리에서 함께 언급하는 것은 문제가 있을 수 있다. 그러나 이 현상 역시 'ㅎ'이 가진 독특한 부류의 특성에서 야기되는 현상으로 보아 함께 다루기로 한다.

2) 'ㅎ'의 약화는 음성적인 차원에서의 현상이고 음운론적으로는 탈락이다. 그러나 '좋은[조은]'의 경우처럼 음절 말의 'ㅎ'이 완전히 그 자취를 잃는 것이 아니라 스펙트로그램상에 유성의 기가 자음에 얹혀 나타나기 때문에 약화라고 한 것이다.

③ ㅎ+모음
좋은[조은], 낳은[나은], 놓은[노은]

(3)-①에서 'ㅎ'은 [ɦ]으로 약화되고3), (3)-②에서는 약화와 탈락이 수의적으로 일어나며, (3)-③의 경우는 필수적으로 탈락한다. (3)-①과 같은 현상에 대해 김영송(1987, 1991)과 이호영(1996)에서는 [공명자음ɦ$모음]의 연쇄로 보았고, 김차균(1995)에서는 [공명자음 $무성모음]의 연쇄로 보았다. 반면에 신지영·차재은(2000)에서는 '결혼[kyʌ.rɦon]'에 실현된 [ɦ]가 음성적으로는 후행하는 모음 요소에 얹힌 소리이지만, 음운론적으로는 [$공명자음─활음]의 연쇄로 해석해야 한다고 주장하며 'ㅎ'의 음운론적 지위를 활음으로 분류하였다.

김영송(1991)과 이호영(1996)은 공명음과 'ㅎ'의 연쇄에서 공명자음이 유기화한 것이라 본 것은 같으나, 'ㅇ+ㅎ'에 대해 김영송(1991)은 'ㅇ'이 음절의 끝자리에만 분포하는 음소라는 이유로 [ŋ$ɦ]와 같이 그 사이에 음절 경계를 두는 데에 비해, 이호영(1996)은 다른 비음들과 마찬가지로 [ŋɦ]로 해석하는 점에서 세부적인 차이가 있다.

김영송(1991)은 'ㅎ'이 후속하는 자음과 합쳐져 그것을 유기화하는 현상과 공명자음과 합쳐지는 현상을 같은 것으로 파악하고, 이 과정을 유성 유기화라고 보았다. 그러나 원래 공명음들은 유성음이

---

3) 빠른 스타일의 발화에서는 유성음 [ɦ]가 탈락하기도 한다.

므로 유기화된 것이지 유성화된 것은 아니므로, 공명자음의 유기화로 표현하는 것이 맞다.

    (4) ㄴ + ㅎ → [nɦ] : 간혹, 연해

       ㅁ + ㅎ → [mɦ] : 감흥, 남해

       ㄹ + ㅎ → [rɦ] : 결혼, 열흘

    이때의 [nɦ], [mɦ], [rɦ]은 유성 유기음으로 실현된 것이다. 유성 유기음의 존재에 대해 회의적인 신지영-차재은(2000)은 유성성과 유기성은 원칙적으로 배타성을 가지고 있기 때문에, 이는 실현되기 어려운 음성형이라고 본다. 성대의 진동을 위해서는 두 성대가 될 수 있는 한 가까이 있어야 하는데, 유기음들은 성문이 열린 채로 조음되기 때문에 양립하기 어려운 것이라고 설명하였다. 그러나 유성 유기음이 원천적으로 실현 불가능한 음성은 아니다. 아주 소수의 언어이기는 하지만, 힌두어 등의 언어에는 유성 유기음이 존재한다.[4]

    유성성과 유기성의 동시 실현이 가능한지 여부에 대해 후두 자질을 제안한 할레-스티븐스(Halle & Steven:1971)에서도 이것을 가능한

---

  4) 힌두어에 존재하는 유성 유기음과 공명자음과 'ㅎ'의 결합 과정에서 나타나는 음성은 같은 것이 아니다. 힌두어의 경우 유기성이 강하게 나타나는 데 비해 국어의 [nɦ], [mɦ], [rɦ] 등은 그렇지 못하다. 그러나 [n], [m], [r]과 다른 음성인 것은 분명하다. 힌두어를 예로 든 이유는 국어의 [nɦ], [mɦ], [rɦ] 등을 음운론적으로 유성 유기음으로 분류하고자 하는 것이 아니라 유기성과 유성성의 동시 실현이 불가능한 것이 아니라는 점을 강조하기 위해서이다.

음성으로 보고 있는데, 폐쇄 기간에 약간의 성대 진동이 있으나 오래 지속되지 못하고, 폐쇄가 해제될 때 성대가 크게 열려 성대를 통과하는 공기의 양이 많아지는 것으로 설명할 수 있다.

김차균(1995)와 같이 무성모음으로 보는 것은 [ɦ]의 음성적 특징을 고려했을 때 타당하지 않다.[5] 모음 사이에 위치한 'ㅎ'의 변이음 가운데 하나인 [ɦ]는 유성음이라는 점은 모음과 같되 기식이 섞여 있을 뿐 무성음은 아니기 때문이다.(신지영-차재은:2000)

공명음 사이의 'ㅎ'에 대한 해석을 위해 먼저 이들의 스펙트로그램을 보기로 하자. 〈그림 4-1〉은 '좋아', 〈그림 4-2〉는 '넣어'의 스펙트로그램이다.

이때의 'ㅎ'은 모음 사이에서 탈락한다. '좋아'에서는 '오'에서 '아'로의 포먼트 전이가 나타나며, '넣어'는 같은 모음의 연속이므로 두 모음의 길이만큼 '어'의 포먼트 구조만 관찰된다. 여기서 'ㅎ'은 어떤 흔적도 보이지 않는다. 모음 사이에 위치한 'ㅎ'은 후행 모음의 주파수대에 기식이 동반되는데, 〈그림 4-1〉과 〈그림 4-2〉의 스펙트로그램을 보면 어떤 기 소음도 나타나지 않으며, 두 모음의 연속과 똑같은 스펙트로그램을 보여준다. 이는 용언 어간 말의 'ㅎ'은 모음 사이에서 완전히 탈락하여 흔적을 남기지 않는다는 사실을 말해준다.

---

5) 배주채(2003)은 'ㅎ(ɦ)'은 유성음이기 때문에 성대가 진동해야 하고, 성문 마찰음이므로 성대의 좁은 틈으로 공기가 지나가야 하므로, 두 가지 특징을 다 갖추기 위해서는 성대의 일부는 진동하고 일부는 좁은 틈을 통해 공기를 내보내야 한다고 했으나, 'ㅎ'의 마찰이 일어나는 곳은 성문이 아니라 후행 모음의 조음점이다. 'ㅎ'의 조음을 위해서는 성문이 크게 열려 있어야 한다.

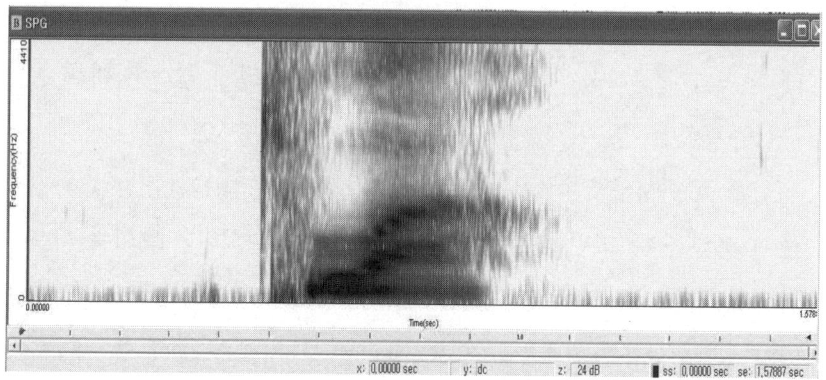

그림 4-1. '좋아'의 스펙트로그램

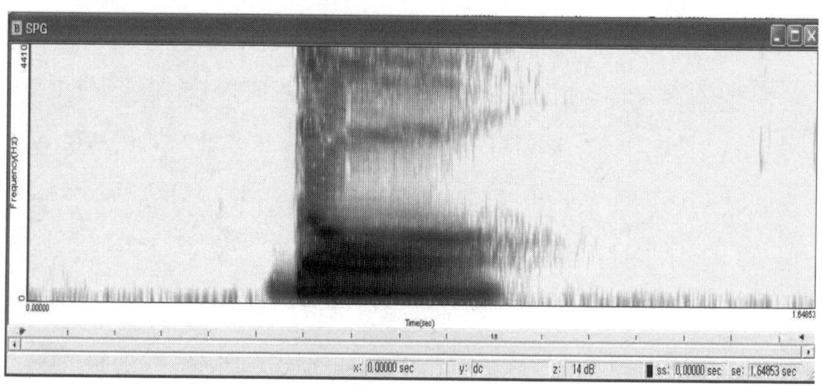

그림 4-2. '넣어'의 스펙트로그램

〈그림 4-3〉은 비음 뒤에 'ㅎ'이 위치한 '신호'의 스펙트로그램이
다. 음절 말 비음 'ㄴ'은 무성화하지 않고 유성음으로 실현되며, 후
행 모음의 앞에 기식성 소음이 나타나는 것을 관찰할 수 있다. 비
음은 모음보다 공명 주파수가 낮게 형성되며 에너지가 훨씬 약해
서, 스펙트로그램에서 모음에 비해 흐리게 나타나는 것이 특징이

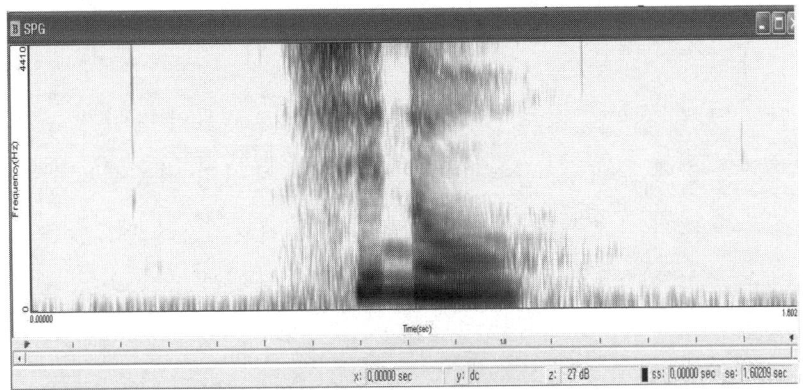

그림 4-3. '신호'의 스펙트로그램

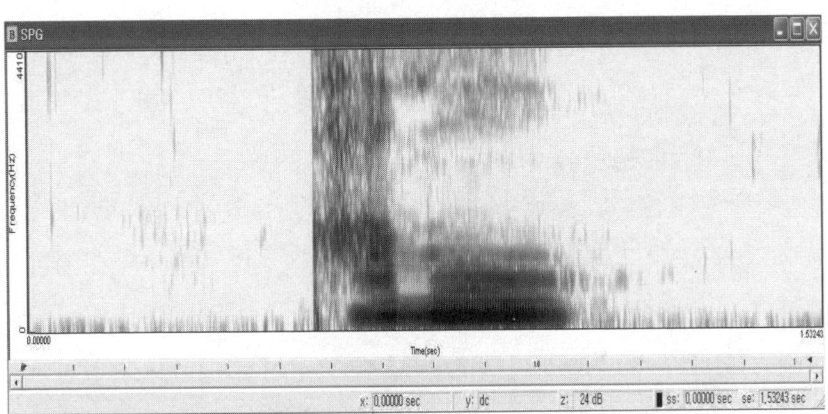

그림 4-4. '감호'의 스펙트로그램

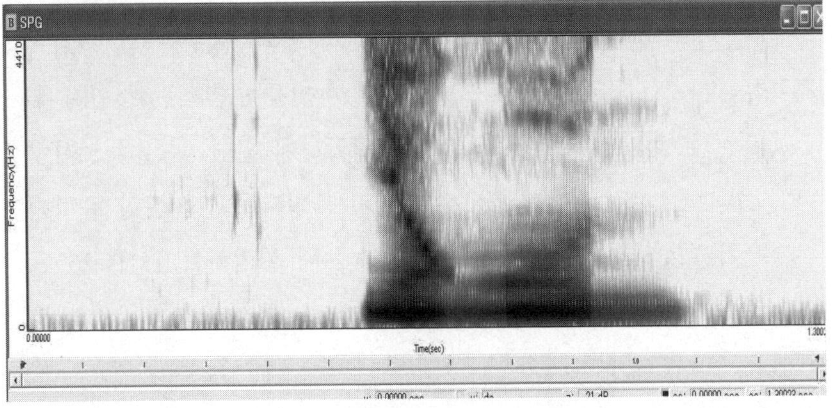

그림 4-5. '영혼'의 스펙트로그램

다. 신지영(2000)에 따르면, 모음보다 비음이 공명관의 길이가 길기 때문에 공명 주파수가 낮으며, 구강의 벽과 비강의 벽을 구성하는 조직의 차이와 공간의 차이가 에너지의 차이를 만드는데, 비강이 더 많은 음향 에너지를 흡수하므로 에너지가 약한 것이라고 설명하였다.

음절 말 'ㅁ, ㅇ'이 'ㅎ'과 연결되는 '감호'와 '영혼'의 경우를 보면, 'ㄴ'이 음절의 말음인 '신호'의 경우보다 후행 모음의 주파수대에 기식이 나타나는 것이 더 확실하게 관찰된다. 여기서도 음절 말 공명음들은 유성음으로 실현되는 것을 볼 수 있다.(앞의 〈그림 4-4〉, 〈그림 4-5〉 참조)

환경을 'a__an'으로 통일시킨 '편안한, 예감한, 이상한'의 비음 'ㄴ, ㅁ, ㅇ+ㅎ'의 연쇄에서도 뒤따라오는 '아' 모음의 주파수대에 기식의 소음이 나타나는 것이 관찰된다. 모음 사이 가운데 부분에 나타난 모음보다 흐린 부분이 이들 비음이 유성의 공명음으로 실현된 것이며, 이 구간에서 'ㅎ'의 기식성이 아울러 나타났다. 물론 후행 모음의 주파수대에 에너지가 집중되어 있다.

음절 말의 비음들은 유성음이며, 후행 모음의 주파수대에 기식이 나타난다는 사실로는 이들이 선행 음절의 말음에 얹히는 것인지 후행 음절의 초에 위치하는 것인지를 명확하게 판단 내리기가 어렵다. 그러므로 음절 구조 안에서의 위치를 검토하기에 가장 유리한 공명 자음은 'ㄹ'이다. 이 음소는 음절 초에 위치하는지 아니면 음절 말에 위치하는지에 따라 변이음의 교체가 확실히 나타나기 때문이다.

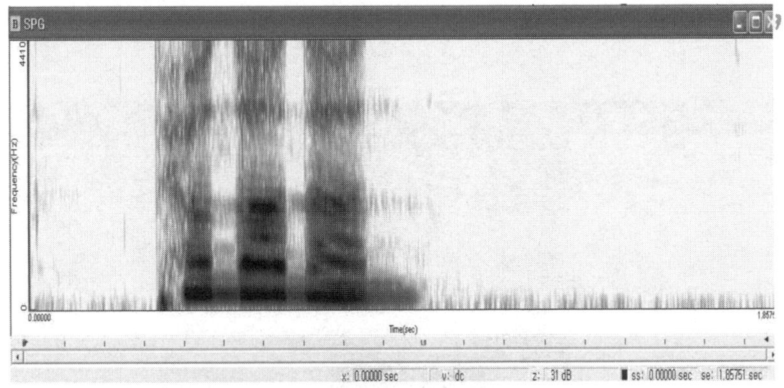

그림 4-6. '편안한'의 스펙트로그램

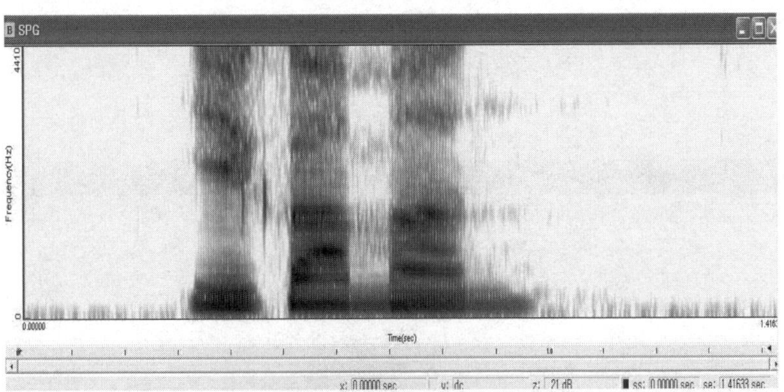

그림 4-7. '예감한'의 스펙트로그램

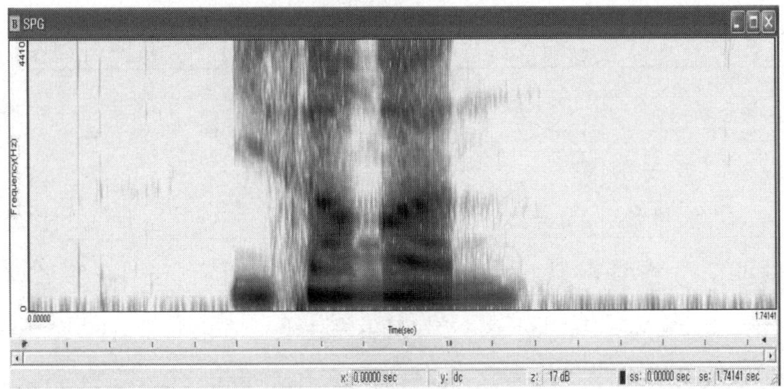

그림 4-8. '이상한'의 스펙트로그램

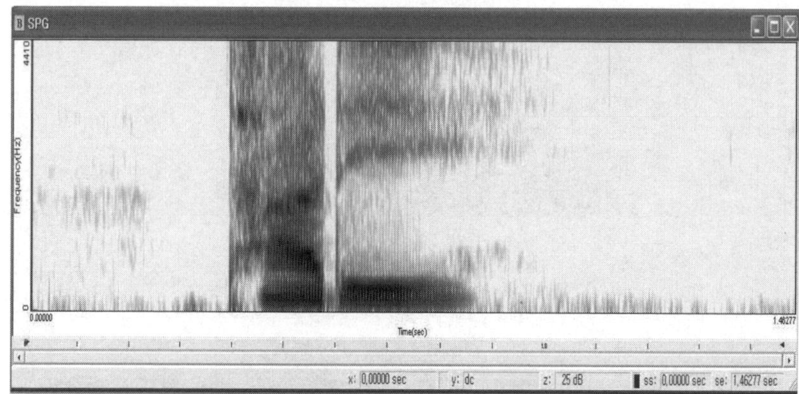

그림 4-9. '다리'의 스펙트로그램

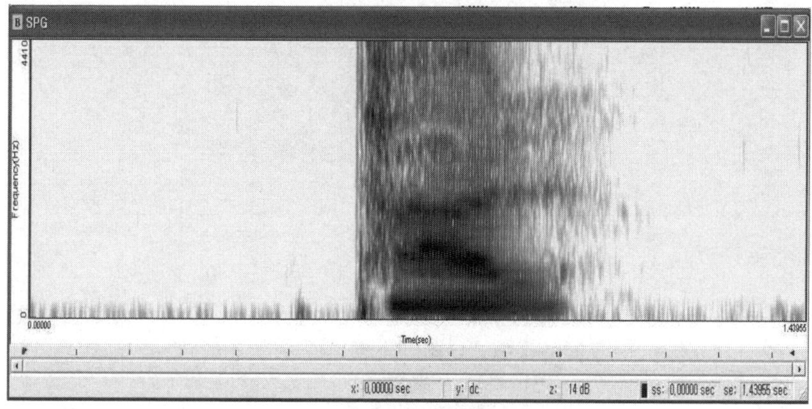

그림 4-10. '달'의 스펙트로그램

　　'ㄹ'은 모음과 모음 사이에 위치한 경우에는 탄설음 [ɾ]로, 음절 말에 위치한 경우에는 설측음 [l]로 실현된다. 이 두 변이음은 스펙트로그램에서도 확연한 차이를 보여주는데, '다리'에서 탄설음 [ɾ]로 실현된 초성의 'ㄹ'은 〈그림 4-9〉와 같이 포먼트 구조가 관찰되

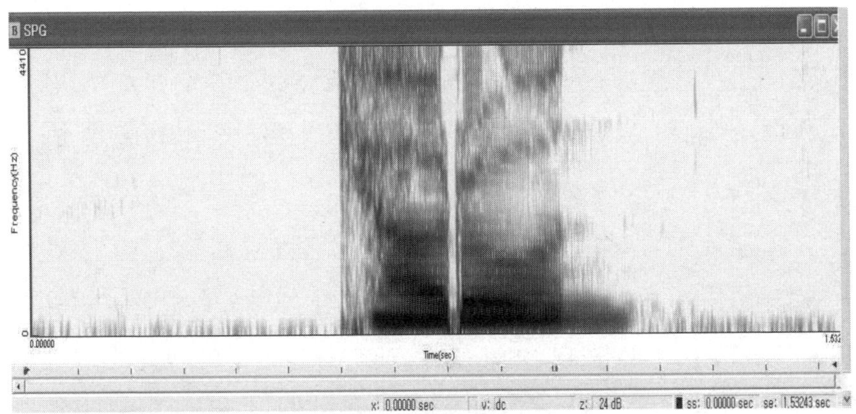

그림 4-11. '결혼'의 스펙트로그램

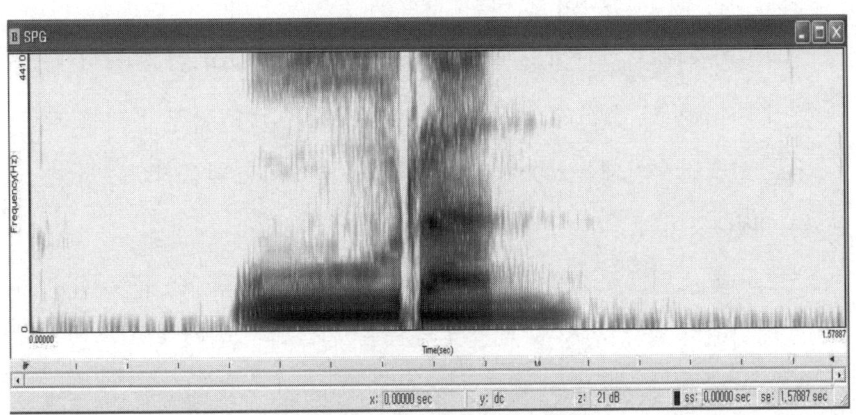

그림 4-12. '우울한'의 스펙트로그램

지 않는 음향 에너지가 아주 적은 흰 공간과 수직의 스파이크가 나타나며, '달'에서 설측음 [1]로 실현된 종성의 'ㄹ'은 〈그림 4-10〉과 같이 모음 뒤의 포먼트 구조를 보여준다. 설측음은 비음보다는 덜하지만 고주파수 대역의 음향 에너지가 낮게 나타난다.

이번에는 '르'과 'ㅎ'이 연쇄된 경우의 스펙트로그램을 살펴보기로 하자. '결혼'과 '우울한'의 스펙트로그램은 〈그림 4-11〉, 〈그림 4-12〉인데, 이 그림을 통해서 '르'이 탄설음으로 실현되었음을 알 수 있다.

〈그림 4-11〉, 〈그림 4-12〉에서 '다리'의 경우와 마찬가지로 포먼트 구조를 관찰할 수 없고, 짧은 흰 여백과 개방으로 인한 수직의 스파이크가 나타나는데, 이는 아주 잠깐 동안 구강의 폐쇄가 일어났음을 보여준다. 이를 통해 '르'과 'ㅎ'의 연쇄에서 '르'이 탄설음으로 실현되었음을 알 수 있다. 또 후행 모음의 앞 부분에 기식이 관찰되는데, 이는 'ㅎ'이 실현된 것으로 볼 수 있다.

이러한 탄설음으로의 실현은 'ㅎ'에 선행한 '르'이 앞 음절의 말음이 아니라 뒤 음절의 초성이라는 것을 의미한다. 이런 결과를 토대로 신지영·차재은(2000)은 'ㅎ'을 음운론적으로 활음이라는 결론을 내린 것이다.

그러나 스펙트로그램에 나타난 이러한 결과가 꼭 'ㅎ'을 활음으로 해석해야 할 당위성을 보장하는 것은 아니다. '르'이 탄설음으로 실현된 것은 음절 구조에서 초성에 위치한 것으로 해석할 수밖에 없는 움직일 수 없는 근거가 된다. 그렇다면 'ㅎ'의 자리는 어디인가? 3장에서 필자는 'ㅎ'을 활음으로 분류할 수는 없다고 하였다. 그 경우에 치러야 할 대가가 더 큰 것이다.

이제 'ㅎ'이 가지는 음성적 특징에서 그 해답을 찾으려 한다. 'ㅎ'은 구강 안에 조음 위치가 없으며, 조음 과정에서 성문이 크게 열리는 것을 특징으로 한다. 조음적으로 성문이 크게 열리는 것은 음향적으로는 '기식'으로 나타난다. 이런 특성을 바탕으로 필자는 이 음소에 후두 자질인 [성문 확장성] 자질을 부여하였다. 후두 마디만 가지고 후두 상위 마디는 가지지 않는 후두음은 인접한 자음에 후두 자질을 전파하고, 인접 자음에서 후두 상위 마디의 자질을 물려받게 된다. 공명자음 다음에 위치한 경우에도 마찬가지이다. 'ㅎ'은 'ㄴ, ㅁ, ㅇ, ㄹ' 등에 자신의 자질을 전파하지만, 이것은 음운론적인 차원의 것이 아니다. 체계 안에 유기음이 존재하는 경우에만 융합이나 축약이 일어나고, 그렇지 못한 경우에는 선행자음에 음성적으로 얹히게 된다. 그것이 [nʱ], [mʱ], [rʱ]이다. 스펙트로그램에서 공명음들이 유성으로 실현되는 구간 동안 기식성이 동반되는 것도 이러한 결론을 뒷받침한다.

4.2. 중화

음절 말의 'ㅎ'은 이어지는 초성이 'ㄱ, ㄷ, ㅂ, ㅈ'인 경우 유기음화의 과정을 겪고, 모음 사이에서는 탈락한다. 문제가 되는 것은 'ㅎ+ㅅ'의 연쇄와 'ㅎ+ㄴ'의 경우이다

(5) 좋 +습니다 → 조씀니다

　　좋 +소 → 조쏘

　　놓 +습니다 → 노씀니다

　　놓 +소 → 노쏘

(6) 놓 +는 → 논는
　　 쌓 +는 → 싼는

음절 말에 위치하는 'ㅎ'은 'ㅅ'과 만날 때는 앞의 (5)와 같은 과정을 겪게 된다. 이에 대해서는 다음과 같은 네 가지의 설명 방식이 있다.

① 중화와 경음화에 이은 폐쇄음 'ㄷ' 탈락이라는 계기적인 음운 현상

놓+습니다
　↓ 중화
녿습니다
　↓ 경음화
녿씁니다
　↓ 폐쇄음 탈락
노씁니다

② 마찰음화 1안

놓+습니다
　↓ 중화
녿습니다
　↓ 마찰음화
놋습니다
　↓
노씁니다

③ 마찰음화 2안

놓+습니다

↓ 중화

놏습니다

↓ 경음화

놏씁니다

↓ 마찰음화

놋씁니다

↓

노씁니다

④ 'ㅎ+ㅅ→ ㅆ'으로 직접 도출

표면에 실현되는 'ㅆ'을 축약에 따른 것으로 보고, 이 과정이 다른 자음들이 'ㅎ'과 만날 때 겪게 되는 유기음화와 다르지 않다고 본 ④의 경우를 빼고는 ①, ②, ③ 모두 'ㅎ'이 'ㄷ'으로의 중화 과정을 거친 것으로 파악한다. ②와 같이 경음화가 아니라 'ㄷ→ㅅ'이라는 마찰음화에 의해 표면의 'ㅆ'이 나타난 것으로 이해할 경우, 국어의 경음을 단일 음소가 아닌 중복자음으로 봐야 한다는 문제가 있다. ③에서 경음 'ㅆ'의 실현은 'ㄷ'에 의한 것이므로, 마찰음화에 의한 'ㅅ'은 음운론적 변별력을 갖지 못하고 마찰의 지속시간만을 연장하는 것이므로 탈락하는 것으로 본다. 반드시 탈락해야 하는 분절음을 구태여 마찰음화라는 과정까지 설정하여 도출하는 것은 비경제적이라 할 수 있다.

④와 같은 입장을 취하는 대표적인 논의로 이승재(1980)이 있는

데, 여기서는 용언 어간 말음 'ㅎ'은 장애음 앞에서는 유기음화를 실현하고, 마찰음 앞에서는 'ㅎ+ㅅ→ ㅆ'으로 변하며, 비음 앞에서는 'ㅎ+ㄴ→ㄴㄴ'으로 직접 변화하는 것으로 설명한다. 'ㅎ+ㅅ→ㅆ'은 마찰음의 유기음이 음운체계상 빈 칸이기 때문에 [+긴장성(tense)] 자질을 공유했다는 점에서 경음으로 실현되었을 뿐이라고 보아, 'ㅎ+ㅅ→ㅆ'은 원칙적으로 다른 장애음과 마찬가지로 유기음화를 겪은 것으로 본다는 것이다. 나머지 견해는 모두 'ㅎ→ㄷ'으로의 중화 과정을 인정하고 있다.

용언 어간 말음 'ㅎ'이 후행 음절의 초성으로 비음 'ㄴ'이 뒤따르는 (2)와 같은 경우 'ㅎㄴ'의 연쇄가 'ㄴㄴ'으로 변화하는 과정을 겪게 된다. 이러한 비음화에 대해서는 두 가지 설명이 가능하다. 하나는 음절 말의 'ㅎ'이 'ㄴ'에 의해 직접 동화한다고 보는 주장이고, 다른 하나는 음절 말의 'ㅎ'이 'ㄷ'을 거쳐 동화한 것으로 보는 주장이다.

'ㅎ+ㅅ, ㅎ+ㄴ'에서 'ㅎ→ㄷ'으로의 중화 과정을 부정하는 대표적 논의에는 이승재(1980)이 있다. 'ㅎ'에서 'ㄴ'을 직접 도출하는 것은 음운 체계 자체를 추상화시킬 위험이 있는데, 송철의(1990)에서는 'ㅎ'이 'ㄴ'에 의해 'ㄴ'으로 직접 동화되었다고 보면, 국어의 일반적인 동화 방향과는 달리 조음 위치와 조음 방법에서의 동화가 동시에 이루어졌다고 보아야 하는 무리가 따르고, [−저음조성(grave)] 자질을 가진 'ㄴ'이 [+저음조성] 자질을 가진 'ㅎ'을 동화시킨다고 볼 수밖에 없는 문제가 생긴다고 지적하였다.

'ㅎ→ㄷ'으로의 중화 과정을 설정하고 다시 이 'ㄷ'이 'ㄴ'에 의해 동화되는 것으로 보면 비음화의 기술은 다른 비음화와 동질적으로 설명할 수 있는 이점은 있지만, 'ㅎ→ㄷ' 과정의 물리적 실재를 증명해야 하는 부담이 생긴다.

(7)　놓+는

　　　↓ 중화

　　놓는

　　　↓ 비음화

　　논는

　위의 과정이 실재하는 것으로 인정을 받으려면 무엇보다 'ㅎ→ㄷ' 과정에 대한 설명이 타당해야 한다. 현대 국어에서는 'ㅎ'을 말음으로 가지는 체언이 없기 때문에 'ㅎ'이 휴지 앞에서 중화 과정을 거치는지 확인할 수 없고, 다른 비음인 'ㅁ'으로 시작하는 어미가 없으므로 다른 환경에서의 교체를 확인할 수도 없다. 다른 음절 말음의 중화와는 달리 'ㅎ'의 중화를 기술하는 것은 쉬운 문제가 아니다.

　'ㅎ'이 과연 'ㄷ'으로의 중화를 겪는가? 김주필(1990)은 용언 말 'ㅎ'은 그 다음에 오는 장애음과 축약되면서 유기음화를 일으키되, 해당 장애음에 대응되는 유기음이 없을 경우에는 'ㄷ'으로 중화를 겪는 것으로 보았다. 유기음으로 될 수 없는 자음이 오면 ㅎ 앞에 있는 모음을 조음하는 영역, 즉 치조에서 경구개의 위치에 걸치는 영역에서 폐쇄가 이루어질 것이고, 그 결과 나타나는 음은 국어에서 'ㄷ'이 되기 때문이라고 하였다. 김경아(1998)은 유기음과 마찰음이 자연 부류로 묶일 가능성을 모색하였다. 그럴 경우 'ㅎ＋ㅅ→ㅆ'을 유기음화와 똑같은 축약의 과정6)으로 이해할 수 있으며, 이 두 현상을 긴장음화라는 개념으로 포괄할 수 있기 때문이라는 것이 그 이유이다. 김경아의 논의를 요약하면 아래와 같다.

'ㅅ'은 유기음에 못지않은 유기성을 지니지만 어중의 유성 환경에서는 성문의 크기가 반 정도로 줄어드는데, 이는 폐쇄음이나 파찰음의 유기음, 경음에서는 볼 수 없는 현상이다. 'ㅆ'은 어두에서 성문의 크기가 'ㅅ'의 반 정도이고, 성대의 진동은 없지만 거의 완전히 내전된다. 물론 다른 경음보다 성문은 넓고 긴장도는 유사하며 어중의 유성 환경에서도 어두 위치의 성문 크기를 그대로 유지한다.

용언 어간 말음 'ㅎ'이 폐쇄음이나 파찰음을 만나 유기음화를 실현하는 것은 성문의 개방을 의미하는 반면, 마찰음 'ㅅ'을 만나 경음화를 실현하는 것은 오히려 성문의 축소를 의미한다. 용언 어간 말음 'ㅎ'이 폐쇄음과 파찰음의 평음을 만나 성문의 크기가 커져 유기음화를 실현하면, 무성(기식)의 지속시간이 길어져 성대는 긴장할 수밖에 없으므로 유기음은 긴장음이 된다. 따라서 용언 어간 말음 'ㅎ'이 'ㅅ'을 만나 유기음화가 아닌 경음화를 실현하는 것은 성문

---

6) 배주채(2003)에서는 'ㅎ'와 'ㅅ'이 축약되어 'ㅆ'이 될 수 있는가 하는 문제는 논란의 여지가 있다고 하며 'ㅎ'이 평음 'ㅂ, ㄷ, ㅈ, ㄱ'이 축약되면 유기음 'ㅍ, ㅌ, ㅊ, ㅋ'가 되는 것이 자연스럽지만 평마찰음 'ㅅ'은 체계 내에 대응하는 마찰음이 없으므로 'ㅎ'와 축약되어 과연 어떤 음으로 실현된다고 해야 하는지 말하기 어렵다고 하였다.

의 크기보다는 성대의 긴장성이란 특성에 따른 것이다. 'ㅅ'은 성문의 크기는 유기음과 비슷하지만, 성대의 긴장 정도는 평음 계열과 거의 같은 이중적인 후두의 모습을 가지고 있어서, 용언 어간 말음 'ㅎ'이 'ㅅ'을 만나면 마찰의 지속시간을 상대적으로 길게 함으로써 성대의 긴장을 수반하게 되는 것이다. 즉 'ㅆ'이 실현되는 것이므로, 성문의 크기는 유기음화에 의해 실현된 다른 유기음들보다 작더라도 긴장성을 공유하게 된다는 것이다.

그러나 유기음과 마찰음이 자연 부류로 묶일 가능성은 그리 커 보이지 않는다. 김경아(1998)은 유기음과 마찰음 모두 성문을 크게 개방하여 음향적으로 유사한 특성을 보인다고 하였으나, 이들의 특성은 같지 않다. 마찰음은 고주파수 대역에 잡음이 심하게 나타나는 데 비해, 유기음은 'ㅎ'과 유사하게 후행 모음의 주파수 대역에 잡음이 나타난다. 전자는 마찰 소음, 후자는 기 소음이다.

〈그림 4-13〉, 〈그림 4-14〉, 〈그림 4-15〉의 스펙트로그램이 이를 보여준다. '아사'의 'ㅅ'은 후행 모음의 포먼트 부근에 집중된 기식을 보이지 않으나, '아타'의 유기음 'ㅌ'은 흰 공백으로 나타나는 폐쇄 지속 시간 이후에 개방의 순간을 의미하는 수직의 스파이크가 관찰되고, 그 수직의 스파이크와 후행 모음의 시작 사이에 기식의 구간이 존재하게 된다. 후행 모음의 에너지 분포를 닮은 이러한 기식이 바로 기 소음이며, 이는 'ㅎ'의 경우에도 나타난다.

마찰 지속 시간의 연장이 성대의 긴장을 수반한다는 추측에는 일리가 있으나 성문의 열림도가 큰 'ㅎ'과 'ㅅ'이 만났을 때 이 넓은 성문의 크기를 유지하는 것이 아니라 성문의 내전을 동반하는 경음

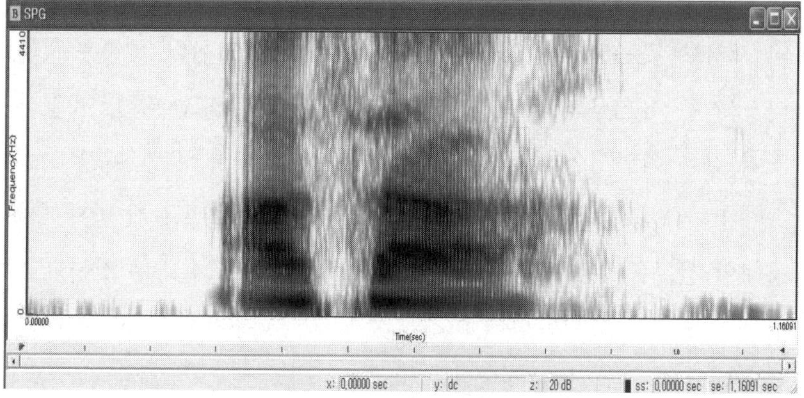

그림 4-13. '아사'의 스펙트로그램

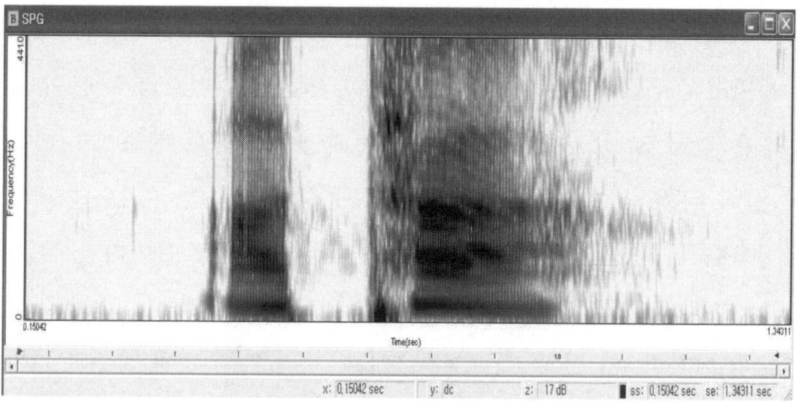

그림 4-14. '아타'의 스펙트로그램

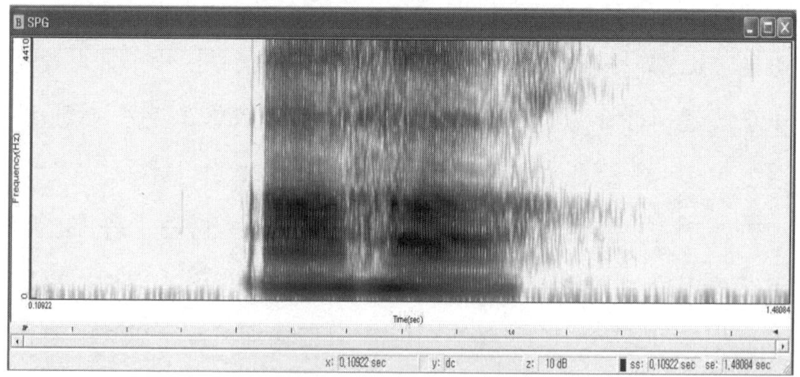

그림 4-15. '아하'의 스펙트로그램

'ㅆ'이 실현된다고 보기는 어렵다. 아마도 'ㅎ'이 어떤 과정을 거치지 않고 바로 'ㅅ'과 축약되는 것이라고 한다면 'ㅆ'이 아니라 'ㅅ'으로의 실현을 추측하는 것이 더 타당성이 있어 보인다.

이진호(2003)은 비어두에 놓인 'ㅎ' 가운데 후행 음절의 초성으로 넘어가거나 유기음화를 일으키지 못하는 것들은 음절 말에 놓이게 되는데, 이때 음절 말 'ㅎ'은 다음과 같은 두 가지 과정을 거치는 것으로 본다.

① 'ㅎ'의 변별적 자질 가운데 음절 말에서 허용되지 않는 자질값이 제거된다.
② 후행 자음의 조음 위치 자질값을 그대로 물려받는다.

그리고 음절 말 'ㅎ'의 실현 양상에 대한 새로운 설명 방식은 음절 말 'ㅎ'이 'ㄷ'으로 바뀌는 중간 단계가 존재할 수 있다는 점에서 음절 말 'ㅎ'이 'ㄷ'으로 평폐쇄음화된다는 주장과 비슷하지만, 그 변화 기제에 대해서는 차이가 난다며, 음절 말 'ㅎ'이 'ㄷ'으로 바뀌는 데 대한 기존의 접근법은 음절 말 평폐쇄음화가 적용되었기 때문이지만, 새로운 접근법은 후행 자음으로부터 조음 위치를 받았기 때문이라고 주장한다. 여기서 'ㅎ'의 변별적 자질로 본 것은 [+유기성]과 [+지속성]이다. 이 자질들은 음절 말에서 허용되지 않으므로 '−' 자질로 바뀌고, 조음 위치 자질은 후행 자음으로부터 물려받는다는 것이다.

이러한 접근 방식은 앞의 견해들보다 더 나은 설명력을 가진다고 볼 수 있다. 'ㅎ'이 구강 안에서 고유한 조음 위치를 가지지 않으므로 후행 자음으로부터 위치 자질을 물려받는다는 것은 설득력이 있기 때문이다. 여기서 사용한 [유기성] 자질은 그 정의가 불분명하므로 이 논의에서 설정한 후두 자질로 대치하는 것이 더 나을 것이다. 그리고 장애의 개방 때 성문의 크기를 기준으로 설정된 후두 자질은 개방 단계를 가지지 않는 음절 말에서 실현될 수 없기 때문에 'ㅎ'이 가진 자질값이 +에서 -로 바뀐다는 설명보다 후두 마디가 삭제되는 것으로 보는 편이 더 타당하다고 본다.

'ㅎ'은 후두음으로 후두 마디만 가지고 후두 상위 마디는 가지지 않는 부류이다. 후두 자질은 후두 상위 마디의 승인을 받지 않으면 실현될 수 없다. 즉, 구강에서 조음 과정을 관할하는 후두 상위 마디가 존재해야 실제 음성형으로 나타날 수 있다는 것이다. 구강에서 조음 없이 후두의 기류 조절만으로는 음성을 산출할 수 없기 때문이다. 체계 안에 'ㅅ'의 유기음이 존재하지 않으므로 'ㅎ'이 가진 [+성문 확장성] 자질은 다음 음절로 확산될 수 없어서 후두 상위 마디의 승인을 받을 수 없다. 이 경우의 'ㅎ'은 음절 말에 남아 있을 수밖에 없고, 음절 말에서는 이 자질이 실현되지 않는 것이다. 후두 마디의 연결선이 삭제되는 과정이 중화인데, 이 결과 후두 마디의 연결선은 삭제되고 후행하는 자음 'ㅅ'의 위치 자질을 물려받아 'ㄷ'으로 실현되는 것이다.

'놓+습니다'의 경우, 이러한 중화의 과정을 거쳐 '녿+습니다→녿씀니다→노씀니다'로 실현되는 것으로 본다.[7] 여기에는 각각 경음화, 동일 조음 위치 폐쇄음 탈락이 계기적으로 적용된다. 결과적으로 ①안과 같으나 'ㅎ→ㄷ'으로의 중화를 바로 상정하는 것보다 이 책의 접근 방식이 중화가 일어나는 원인에 대한 설명력은 더 크다고 하겠다.

4.3. 유기음화

유기음화란 'ㄱ, ㄷ, ㅈ, ㅂ' 등의 평장애음이 ㅎ의 앞뒤에서 같은 조음 위치의 유기음으로 바뀌는 현상을 말하는데, 장애음과 ㅎ의 순서에 따라 순행적 유기음화와 역행적 유기음화로 구분한다. 순행적 유기음화는 'ㅎ' 뒤에 평장애음이 연결될 때, 역행적 유기음화는 평장애음 뒤에 'ㅎ'이 연결될 때 일어난다.

4.3.1. 유기음화의 환경

국어의 유기음으로 존재하는 것은 'ㅍ, ㅌ, ㅊ, ㅋ'의 네 가지 음

---

7) [ㄷㅆ]은 가능한 발음인가에 대해 배주채(2003)에서는 불가능한 발음이라고 보고 있다. 'ㅆ' 앞에서 'ㄷ'이 발음되려면 혀끝과 윗니 사이에서 폐쇄가 일어나야 하는데 '낯설다, 햇살, 뱃속' 등의 발음에서는 그러한 폐쇄가 일어나지 않는다는 것이다. 만약 폐쇄가 일어난다면 뒤따르는 마찰음 'ㅆ'과의 연결이 'ㅉ'이라는 파찰음으로 실현되지 않을 이유가 없으며, 일상적인 발음에서는 '빗 사고'와 '빗 싸고'와 '비싸고'가 구별되지 않는다는 이유로 [ㄷㅆ]은 [ㅆ]과 다르지 않다는 주장이다.

소뿐이므로, 입력으로는 'ㅂ, ㄷ, ㅈ, ㄱ'와 'ㅎ'이, 출력으로는 'ㅍ, ㅌ, ㅊ, ㅋ'이 올 수 있다. 체계 안에 유기음이 존재하지 않는 'ㅅ'의 경우 유기음화가 실현될 수 없다.

ㅎ을 음절 말음으로 가지는 체언은 존재하지 않으므로 순행적 유기음화는 'ㅎ용언, ㄶ용언, ㅀ용언'에 'ㄱ어미, ㄷ어미, ㅈ어미'가 연결될 때 일어난다. 국어에 'ㅂ'으로 시작하는 어미가 존재하지 않으므로 'ㅎ'과 'ㅂ'의 연결에서 'ㅍ'이 발생하는 일은 없다.

표 4-1. 순행적 유기음화

	ㄱ	ㄷ	ㅈ
ㅎ	놓고 → [노코]	놓던 → [노턴]	놓지 → [노치]
ㄶ	않고 → [안코]	않던 → [안턴]	않지 → [안치]
ㅀ	앓고 → [알코]	앓던 → [알턴]	앓지 → [알치]

역행적 유기음화는 'ㄱ, ㅂ'으로 끝나는 한자와 'ㅎ'으로 시작하는 한자가 만날 때 한자어 내부에서, 장애음 체언에 조사 '하고, 한테'가 붙을 때, 어근에 접사 '하다'가 붙어 파생어가 형성될 때, 그 외 파생어와 합성어가 형성될 때, 단어의 범위를 넘어서 음운론적 단어를 이룰 때 일어난다. 'ㅎ'을 음절 두음으로 가진 어미가 존재하지 않으므로 용언의 활용에서는 역행적 유기음화가 일어나는 경우가 존재하지 않는다.

체언과 조사가 연결될 때의 경우를 먼저 살펴보자. 역행적 유기음화가 일어나기 전에 음절 말 중화와 자음군 단순화가 먼저 일어

표 4-2. 유기음화의 입력과 출력

입 력	출 력
ㄱ, ㄷ, ㅂ, (ㅈ)	ㅋ, ㅌ, ㅍ, (ㅊ)

나게 된다. 'ㅎ'을 초성으로 가진 조사는 '하고, 한테' 두 가지가 있으므로 장애음을 음절 말음으로 가지는 체언이 이들 조사와 결합할 때, 음절 말음이 'ㄱ, ㅂ'일 경우에는 유기음화가 일어나고, 그 밖의 장애음 'ㅅ, ㅈ, ㅊ, ㅋ, ㅌ, ㅍ, ㄲ'일 경우에는[8] 음절 말 중화가 일어나 'ㄱ, ㄷ, ㅂ'으로 바뀐 뒤에 유기음화가 일어나며, 음절 말에 자음군을 가진 어휘는 자음군 단순화의 결과 'ㄱ, ㅂ'이 도출된 뒤에 유기음화가 일어난다.[9]

(8) 유기음화

　　떡하고 → [떠카고]

　　밥하고 → [바파고]

　　가족한테 → [가조칸테]

　　간첩한테 → [간처판테]

(9) 음절 말 중화 뒤 유기음화

　　옷하고 → 옫하고 → [오타고]

---

8) 음절 말에 'ㄱ, ㅂ, ㅅ, ㅈ, ㅊ, ㅋ, ㅌ, ㅍ, ㄲ' 외의 자음을 가지는 체언 형태소는 국어에 존재하지 않는다.

9) '여덟하고 → [여덜하고]'는 자음군 단순화가 적용된 결과 입력부가 사라지므로 역행적 유기음화가 일어나지 않는다.

빛하고 → 빈하고 → [비타고]

꽃하고 → 꼳하고 → [꼬타고]

부엌하고 → 부억하고 → [부어카고]

팥하고 → 팓하고 → [파타고]

잎하고 → 입하고 → [이파고]

밖하고 → 박하고 → [바카고]

(10) 자음군 단순화 뒤 유기음화

닭한테 →닥한테 → [다칸테]

값하고 → 갑하고 → [가파고]

그 밖에 유기음화가 일어나는 형태·통사적인 환경을 어휘 구조에 따라 나누어 보면 다음과 같다.10)

(11) 유기음화의 환경

① 체언과 조사의 연결

② 파생어와 합성어

짝힘 → [짜킴]

겉흙 → 걷흑 → [거특]

가족호텔 → [가조코텔]

학습활동→ [학스팔똥]

---

10) 정수희(1998)에서는 유기음화의 형태·통사론적인 환경을 1) 동사 형용사 파생 접사 '하다', 2) 조사 '하고', 3) 부사 파생접사 '히', 4) 사·피동접사 '히', 5) ㄶ, ㅀ 자음군, 6) 용언 어간 말 ㅎ, 7) 2음절 한자어, 8) 복합어 및 다음절 어휘, 9) 구, 이렇게 아홉 가지로 분류한 바 있다.

첫해 → 첟해 → [처태]

맏형 → [마텽]

착하다 → [차카다]

똑똑하다 → [똑또카다]

답답하다 → [답다파다]

깨끗하다 → [깨끄타다]

생각하다[생가카다]

위협하다[위혀파다]

의젓하다[의저타다]

극히 → [그키]

가득히 → [가드키]

솔직히 → [솔찌키]

③ 음운론적 단어

잿빛 하늘 → 재삗하늘 → [재삐타늘]

집 한 채 → [지판체]

딱 하루만 → [따카루만]

비록 혼자 남았지만 → [비로콘자나맏찌만]

꽃 한 송이 → [코탄송이]

보랏빛 향기 → [보랃삐턍기]

옷 한 벌 → [오탄벌]

낮 한 때 → [나탄때],

밭 한 뙤기 → [바탄뙤기]

온갖 힘 → [온가팀]
이루어지도록 해야 한다[이루어지도로캐야한다]

값 흥정 → [가풍정]
흙 한 덩이 → [흐칸덩이]

④ 한자어
국화 → [구콰]
집행 → [지팽]
양극화 → [양그콰]
법학 → [버팍]
역할 → [여칼]

역행적 유기음화는 2음절 한자어 내부뿐 아니라 체언의 곡용, 파생어와 합성어의 형성 과정에서도 나타나며, 다음 절 어휘나 구를 포함하여 음운론적 단어의 내부에서도 일어난다.

체언과 조사의 연결에서 이미 지적하였듯이, 위의 경우에도 음절 말의 자음이 평폐쇄음 'ㄱ, ㅂ'일 경우에는 유기음화가 일어나고, 그 밖의 장애음 'ㅅ, ㅈ, ㅊ, ㅋ, ㅌ, ㅍ, ㄲ'일 경우에는 음절 말 중화가 일어나 'ㄱ, ㄷ, ㅂ'으로 바뀐 뒤에 유기음화가 일어나며, 음절 말에 자음군을 가진 어휘는 자음군 단순화의 결과 'ㄱ, ㅂ'이 도출된 뒤에 유기음화가 일어나는 것에는 변함이 없다.

'낫하고[나타고], 낮하고[나타고], 낯하고[나타고]'가 모두 'ㅌ'으로 실현되는 것은 역행적 유기음화보다 음절 말 자음의 중화보다 먼저 일어남을 보여주며, '값 흥정[가쁭정], 닭하고[다카고], 흙 한 덩이[흐칸덩이]' 등의 예는 자음군 단순화 뒤에 유기음화가 적용됨을 알려 준다.

그런데 다음과 같은 예는 이러한 규칙순에 의문을 제기한다.

> (12) 맞히다 → [마치다]
> 잊히다 → [이치다]
> 밝히다 → [발키다]
> 넓히다 → [널피다]
> 앉히다 → [안치다]

'맞히다', '잊히다'는 'ㄷ'으로의 중화 과정을 거치지 않고 바로 유기음화 되어 'ㅊ'으로 실현되며, '밝히다, 넓히다, 앉히다'는 자음군 단순화를 거치지 않고 바로 유기음화가 실현된다. 역행적 유기음화와 음절 말 중화, 자음군 단순화 사이의 규칙 순서가 바뀌면 잘못된 표면형이 나타나게 된다.

이 문제를 지적한 이문규(1999)는 이 문제를 규칙순 조정으로는 해결할 수 없고, '밝히다'류가 음절 말 중화나 자음군 단순화의 적용 대상에서 제외되는 이유를 'ㅎ'의 음성학적 특성에서 찾았다. 음절 말 중화의 환경은 '단어 말이나 다른 자음의 앞'으로 정리될 수 있고, 자음군 단순화의 대상은 이 음절 말 위치에 연속적으로 나타나는 두 자음이 되는데, 'ㅎ'은 [−자음성]을 가지고 있으므로 중화와 자음군 단순화의 환경 요소가 될 수 없다는 것이다.

어중의 ‘ㅎ’은 하나의 자음이 아닌 [+유기성]이라는 자질의 상태로 존재하다가 앞·뒤에 연결되는 분절음에 따라 유기음화를 야기하거나 탈락하는데, 역행적 유기음화는 ‘ㅎ’ 앞의 자음이 유기음의 짝을 가진 자음으로 유기성 자질을 받아들일 수 있기 때문에 일어나는 음운 과정이라는 것이다. ‘ㅎ’은 특정 위치에서 막힘을 동반하지 않고 내는 소리, 즉 [-자음성]의 소리이기 때문에 음절 말 중화나 자음군 단순화의 규칙 적용 환경이 되지 못한다는 것이다. ‘값흥정[가픙정]’의 경우는 ‘ㅎ’ 때문이 아니라 ‘ㅎ’ 앞에 놓인 단어 경계 ‘#’ 때문에 중화와 자음군 단순화가 적용되는 것으로 보았다.

그러나 ‘ㅎ’에 [-자음성] 자질을 부여하는 문제를 논외로 한다고 해도, 이러한 설명에는 무리가 있다. 이 설명대로라면 ‘맞히다[마치다]’에는 중화가 일어나지 않으므로 ‘ㅎ’의 [-자음성]이 작용했고, 단어 경계도 없는 것이 된다. 피동·사동 접사와 결합된 단어 내부에 단어 경계를 부여할 수 없다면, 동사·형용사 파생 접사 ‘하다’와 결합한 경우도 마찬가지로 단어 경계가 없는 것으로 보아야 할 것이다. 그러나 ‘의젓하다[의저타다], 깨끗하다[깨끄타다]’의 경우는 음절 말 중화가 일어난다. 이 경우 어떻게 설명이 가능할지 아무런 해답도 제시할 수 없다.11)

우리는 규칙순의 문제를 제기하는 단어들이 모두 사동·피동 접

---

11) ‘의젓하다, 깨끗하다’ 등은 어근 분리가 가능하므로 사피동 접사보다 강한 경계가 있다고 볼 수도 있다. 그러나 [-자음성] 자질이 이런 경계의 역할을 한다고 보는 것에는 무리가 따른다. 모음이나 활음도 [-자음성] 자질을 가지는데 이들과 ‘ㅎ’이 음운 과정에서 동질적인 모습을 보이지 않기 때문이다.

사 '−히'와 결합한 형태라는 데 주목하고자 한다. 사동·피동 파생은 공시적인 음운 과정에 의해 일어나는 것이 아니라 통시적인 산물이므로, 현대국어의 공시적인 음운 과정의 기술에서는 배제되어야 한다.

4.3.2. 유기음화 규칙

여기서는 규칙으로서 유기음화에 대해 논의하기로 한다. 순행적 유기음화와 역행적 유기음화를 같은 규칙으로 볼 수 있는지, 이 과정을 어떻게 이해하는 것이 합당한지, 유기음화를 유발하는 원인이 무엇인지를 살필 것이다.

(13) 순행적 유기음화

좋+고 → [조코~존코~족코]

좋+더라 → [조터라~존터라]

좋+지 → [조치~존치]

(14) 역행적 유기음화

밥하고 → [바파고]

짝힘 → [짜킴]

첫해 → 첟해 → [처태]

똑똑하다 → [똑또카다]

가득히 → [가드키]

집 한 채 → [지판채]

이루어지도록 해야 한다[이루어지도로캐야한다]
국화 → [구콰]
법학 → [버팍]

허웅(1985)에서는 역행적 유기음화에 대해 "거센소리의 짝이 있는 약한 소리는 /ㅎ/가 이어나면 거센소리로 줄어진다"고 규칙화하고, 순행적 유기음화는 '/ㅎ/ 끝소리 바꾸기 → 유기음화'로 설명하고 있다. '/놓고/ → 녹호 → [노코]'의 과정을 설정한 것이다. 이와 같은 '/ㅎ/ 끝소리 바꾸기' 규칙을 도입한 것은 유기음이 '파열-기'의 계기적 결합이라는 인식에 기인한다. 'ㄱ - ㅎ'의 배열에서 유기음화가 일어나는 것은 문제가 되지 않으나 'ㅎ - ㄱ'의 연결에서는 유기음을 생성하기 어렵다는 것이다. 무기음 /p/와 독립적 /h/가 인접했을 때 [pʰ] 소리가 나는 까닭은 성문이 크게 열리는 /h/를 예상해서 /p/의 폐쇄 기간 중 이미 성문이 열리는 동시 조음 현상으로 설명할 수 있다고 한 김(Kim:1970)이 김진우(1985)에서 'ㅎ' 뒤에 평음이 올 때 유기음이 나타나는 것을 전위 현상이라 할 수 있다고 본 것도 마찬가지 맥락에서 이해된다.

최태영(1983)은 C1C2의 연결에서 C1이 /h/이고 C2가 [−son]이면 C2를 유기음화시키고 /h/는 탈락하는 자음축약이라 하였으며, 다음과 같은 규칙을 세웠다.

$$h \quad [-son] \quad \rightarrow \quad 1 \quad 2$$
$$1 \quad 2 \quad\quad\quad \emptyset \quad [+asp]$$

순행적 유기음화를 전위로 파악하지는 않았지만, 이런 유형의 규칙화는 현상의 이해에 아무런 도움도 주지 못한다.

생성 음운론에서 유기음화는 환경으로서 'ㅎ'이 장애음의 앞뒤에 모두 올 수 있다는 사실에 근거하여 거울영상규칙으로 이해되었다.12) 이병건(1976)에서 "비연속 저해음, 즉, ㅂ, ㄷ, ㅈ, ㄱ은 경계 기호를 사이로 하고 ㅎ이 뒤따르거나 앞서면 기식화하고, 동시에 ㅎ은 탈락한다"고 한 것이 대표적이다.

이와 같은 유기음화 이해는, 김-르노(Kim-Renaud:1975)에 의해 순행적 유기음화와 역행적 유기음화의 구분이 이루어지고, 배주채(1989)에서는 외재적 규칙순의 문제를 해결하려고 하는 등, 기존 논의에서 더 나아간 모습을 보여주었다. 이 두 논의는 거울영상규칙으로 기술하는 방식에서 벗어나, 'ㅎ'이 선행하는 경우는 유기성의 순행동화로 기술하고, 'ㅎ'이 후행하는 경우는 축약으로 이해하였다.

'ㅎ'을 음절 말음으로 가지는 체언이 존재하지 않으므로 순행적 유기음화는 용언 어간 말 ㅎ의 교체에서만 나타난다. 이때의 유기음화를 축약으로 보는 경우와 동화로 보는 경우의 두 가지 입장이 공존해 왔다.13) 전통적인 견해에서는 어간 말 ㅎ이 다음의 평음과

---

12) h % $\begin{bmatrix} -son \\ -ten \end{bmatrix}$ → $\begin{bmatrix} +ten \\ +asp \end{bmatrix}$

13) 이문규(1999)에서는 유기음화를 동화로 보는데, 이때 'ㅎ'으로 하여금 유기음화의 동화주가 되게끔 하는 자질은 바로 [−자음성]이다. 입 안의 특정한 곳에서 뚜렷한 협착을 수반하지 않고 조음되기 때문에 인접 자음에 하나의 자질의 자격으로 첨가되거나 유성음 사이에서는 쉽게 약화, 탈락되는 것이다. 어중의 'ㅎ'은 하나의 자음이 아닌 [+유기성]이라는 자질의 상태로 존재하다가 앞뒤에 연결되는 분절음에 따라 유기음화를 야기하거나 탈락하는데, 역행적 유기음화는 'ㅎ'

하나의 음소로 실현되므로 축약으로 본 것이다. 이런 입장에 반대하여 순행적 유기음화를 유기성의 동화로 보는 경우 다음과 같은 과정을 겪는다고 상정한다.

(15) 놓 +고
  ↓ 유기성 동화
놓코
  ↓ ㅎ→ㄷ 중화
녿코
  ↓ 위치동화
녹코
  ↓ 중복자음14) 탈락
노코

김-르노(Kim-Rrenaud:1975)에서는 'ㅎ'이 장애음 앞에 오는 경우와 장애음 뒤에 오는 경우로 나누어, 전자는 순행적 유기음화(progressive aspiration)로서 'ㅎ'에 장애음이 동화되는 규칙으로, 후자는 역행적 유기음화(regressive aspiration)로서 장애음과 'ㅎ'이 하나의 분절음(segment)으로 실현되는 축약 규칙으로 기술하고 있다.

앞의 자음이 유기음의 짝을 가진 자음으로서 유기성 자질을 받아들일 수 있기 때문에 일어나는 음운 과정인 것으로 파악한다.

14) 이 경우에 '중복자음'이라는 용어를 쓰면 경음이나 유기음이 기저에서 두 개의 시간 단위, 또는 두 개의 C를 갖는다고 보는 입장에서 쓰는 중복자음(geminate consonant)과 혼동이 생긴다. 동일 조음 위치의 폐쇄음의 연속을 의미하는 경우에는 다른 용어를 사용할 필요가 있다.

(16) 순행적 유기음화

$$\begin{bmatrix} -son \\ -cont \end{bmatrix} \rightarrow [+asp] \,/\, [+asp] \text{—}$$

(17) 역행적 유기음화

$$[-voice] \quad [h] \rightarrow \begin{bmatrix} 1 \\ +asp \end{bmatrix} \begin{bmatrix} 2 \\ \emptyset \end{bmatrix}$$
$$\quad\quad 1 \quad\quad\quad 2$$

배주채(1989)는 이 규칙을 일부 수정하여 역행적 유기음화는 'ㅎ 축약 규칙'으로, 순행적 유기음화는 '후음동화' 규칙의 하위 규칙으로 설정하였다. 이와 같이 규칙을 두 방향으로 구분한 가장 결정적인 이유는 '/논코/'라는 음운 표시의 존재 때문이었다. 도출 과정에서 '/논코/'의 실현은 유기음화를 축약 현상으로 이해하는 한 결코 얻을 수 없는 변이형이라고 보았기 때문이다. 이 경우 유기성 동화가 중화에 앞서 적용되어야 하는 외재적 규칙순의 문제가 생긴다. 이를 피하기 위해 일반적인 자음중화[배주채(1989)의 용어로는 평폐쇄음화]와는 적용 환경이 다른 '후음의 평폐쇄음화', 즉 'ㅎ→ㄷ' 규칙을 제안하고 있다. 이 규칙을 'ㄱ, ㄷ, ㅂ, ㅈ, ㅎ'이 아닌 자음 앞에서만 적용되도록 형식화함으로써 규칙순에 관계없이 올바른 표면형이 도출되도록 한 것이다.

'논코'라는 형태는 김-르노(Kim-Renaud:1975)와 배주채(1989)에서 유기음화를 유기성의 순행동화로 해석하게 된 결정적 자료이다. 즉, '놓+고'는 'ㅎ'의 유기성이 'ㄱ'을 동화시켜서 '놓코'가 되고, 'ㅎ→ㄷ'의 과정을 거쳐 '논코'가, 여기에서 수의적 위치동화를 겪어 '녹코'가, 여기에서 중복자음 감축을 겪어 '노코'가 나온다. 김-르노

236_

(Kim-Renaud:1975)는 '놓코'에서 'ㅎ'을 탈락시켜 '노코'를 바로 끌어
내거나, 'ㅎ→ㄷ'을 거쳐 '녿코'를 끌어내고 있다.[15] 그러나 그러나
김주필(1990)에서 지적된 것처럼 '녿코'와 같이 'ㅎ'이 후설자음 앞에
서 'ㄷ'으로 남아 있는 발음은 자연스러운 발음이라고 하기 어렵다.

김주필(1990)에서는 '녿코'와 '녹코'는 유기음의 폐쇄 지속 시간이
길기 때문에 그 긴 폐쇄 지속 시간을 선행 음절 말음을 동반함으로
써 드러내는 것으로 보았다. 그 논의를 요약하면 다음과 같다.

'노코~녹코, 노터라~녿터라, 노치~녿치'와 같은 자유변이를 주장한
것은 배주채(1989)와 유재원(1989)에서부터이다. 형태소 경계에서나 형
태소 내부에서나 관계없이 모음 사이에 오는 경음 'ㄲ, ㄸ, ㅃ, ㅉ'과 'ㄱ
ㄲ, ㄷㄸ, ㅂㅃ, ㄷㅉ' 그리고 유기음 'ㅋ,ㅌ,ㅍ,ㅊ'와 중복자음 'ㄱㅋ,
ㄷㅌ, ㅂㅍ, ㄷㅊ'이 각각 음운론적으로 등가임이 논의되었던 것이다.

(1) 놓-+-고 : [노코], 놓-+-지 : [노치], 놓-+-다 : [노타]
(1') 놓-+-고 : [녹코], 놓-+-지 : [녿치], 놓-+-다 : [녿타]

용언 말 ㅎ은 그 다음에 오는 장애음과 유기음화를 일으킨다는 전통
적인 기술에서는 (1)의 예가 중시되었고, 용언 말 ㅎ이 장애음 앞에서

---

15) 김-르노(Kim-Renaud:1975)는 이를 도출하기 위해 'ㅎ' 뒤에 오는 장애음의 유기
음화와 'ㅎ'의 내파화 규칙, 그리고 위치동화 규칙을 적용한다. 이 과정에 적용되
는 유기음화 규칙은 'ㅎ'과 뒤에 오는 장애음이 축약되는 현상이 아니라 뒤에 오
는 장애음이 'ㅎ'에 동화되는 현상이다. 그리고 'ㅎ'의 미파화 규칙이 적용되기
위해서는 유기성 동화 규칙이 항상 'ㅎ'의 미파화 규칙보다 먼저 적용되어야 하
므로 외재적인 규칙순이 필요하게 된다.

[tˉ]로 중화된다는 기술에서는 (1')의 예가 중시되었다.

   (2) 높이[노피], 솥에[소테], 꽃이[꼬치], 부엌에[부어케]

   (2') 높이[놉피], 솥에[솓테], 꽃이[꼳치], 부엌에[부억케]

   (3) 고프다[고프다], 바탕[바탕], 미치다[미치다], 지키다[지키다]

   (3') 고프다[곱프다], 바탕[받탕], 미치다[믿치다], 지키다[직키다]

   (1')와 유사한 예들이 용언 말 ㅎ과 관계없는 (2'), (3')에도 나타난다. (2)와 (3)의 예들은 하나의 유기음을 하나의 분절음으로, (2'), (3')의 예들은 두 개의 분절음에 해당하는 것으로 받아들였다. 따라서 이 예는 음운론적으로 하나인 분절음을 나타내는 방식에 차이를 보인다는 점에서, 그리고 앞 음절의 받침으로 인식한 것은 뒤 음절에 있는 유기음과 같은 위치에서 조음되는 평음으로 인식한다는 점에서 (1), (1')의 경우와 평행적인 모습을 보이고 있다.

   (1'), (2'), (3')에 보이는 현상들은 유기음이 폐쇄되고 지속되는 시간이 그만큼 길기 때문에 일어나는 것으로 본다. 이와 같은 현상을 경음의 경우에도 찾아볼 수 있다.

   (4) 코끼리[코끼리], 이끼[이끼], 소쩍새[소쩍쌔], 오뚜기[오뚜기]]

   (4') 코끼리[콕끼리], 이끼[익끼], 소쩍새[솓쩍쌔], 오뚜기[옫뚜기]

   (5) 깎아[까까], 섞어[서꺼], 밖에[바께], 우리끼리[우리끼리]

   (5') 깎아[각까], 섞어[석꺼], 밖에[박께], 우리끼리[우럭끼리]

   형태소 내부에 경음이 있는 (4)의 경우나, 형태소 경계에 경음이 있는 (5)의 경우나, 모두 유기음의 경우와 마찬가지로 수의적인 음성 교체가 일어난다.[16) 이 예도 경음의 폐쇄 지속 시간이 평음보다 길기 때문에 일어나는 현상으로 생각한다. 이러한 예를 통하여 유기음과 경음이 폐쇄 지속 시간에서 같이 행동하고 있으며, 이와 같은 현상을 평음의 경우에는 찾아볼 수 없다는 점에서 유기음과 경음이 폐쇄된 다음에 지속되는 시간의 길이에 따라 평음과 차이 나는 것이 반영된 것이라고 추정할 수 있다.

유기음이나 경음 앞에 같은 조음 위치의 평음이 첨가되는 것은 이들의 음성적 특징, 즉, 폐쇄 지속 시간이 길다는 사실을 반영하는 것이며, 이를 통해 '녹코'의 실현을 설명할 수가 있다.

그렇다면 '놀코'를 어떻게 해결할 것인가. 첫 번째 방법은 이 교체형들이 '노코'와는 다른 기제에 의해 실현된다고 보는 것인데, 김경아(2000)이 이런 입장을 보인다. 형태 음운 과정과 음운 과정을 인정하고, 이 두 과정이 일치하지 않을 수 있다는 전제에서 출발하는 김경아(2000)에서는 음운 과정에는 축약 과정인 유기음화만 존재한다고 본다.

'/노코/'가 음운 표시이며, '/놀코/'와 '/녹코/'는 용언 어간에 대한 형태음운론적 인식을 반영하는 분석적 측면에서 만들어질 수 있는 음운적 변이형이 되어 형태 음운 과정에만 설정되는 것으로 처리하였다. 따라서 어간 말음으로 분석되는 'ㄷ'이나 'ㄱ'은 'ㅎ'이 타당한 음성적 과정을 거쳐 직접 실현된 것이라기보다는, 어간 말음에 대

---

16) 이러한 두 유형은 연속적인 소리의 흐름을 가시적인 분절 단위로 쪼개는 음운론의 기본 입장 때문에 서로 다른 음소 연쇄인 것처럼 다루어진 것으로 본다.

한 형태론적인 인식에 근거하였다고 보는 것이다. '/노코/~/녹코/~/ 놀코/'에 대한 해석은 '/놀코/'에서 '/녹코/'를 거쳐 '/노코/'가 실현되 는 것이라는 기존의 논의와 달리, '/노코/'에서 '/녹코/'를 이끌어내는 것이기 때문에 발화 산출의 측면에서는 '중복자음 탈락'이라는 음운 현상이 아닌 '폐쇄음 첨가'라는 음운 현상이 적용되는 것으로 이해 하였다.

역행적 유기음화와 달리 순행적 유기음화를 유기성 동화로 볼 경 우, 'ㅎ'과 똑같이 유기성 자질을 가진 유기음들이 유기음화의 동화 주가 되지 못하는 사실을 설명해야 하고, 축약으로 볼 경우는 같은 음소 'ㄱ—ㅎ'의 연결인 '각하'와 '좋고'가 배열 순서에 따라 서로 다 른 음운 과정을 겪는 사실을 적절히 설명할 수 있어야 할 것이다.

최근까지도 두 가지 유기음화를 다른 기제에 의한 것으로 보는 논의들이 이어지고 있다. 송하균(1995)는 그 동안 중화의 과정을 거 친 것으로 알려져 온 국어의 'ㅎ'은 동화 과정에서 중화를 경험하지 않는 것으로 보며, 순행적 유기음화와 역행적 유기음화는 그 방식 이 서로 다르다고 하였다. '/ㅎ/+/p, t, k/'의 경우는 'ㅎ'의 성문 확장 성 자질이 이웃하는 음에 확산되는 것이고, '/p, t, k/+/ㅎ/'의 경우 는 인접 자음이 'ㅎ'을 위치 동화시킨 것으로 본다고 하여, 역행적 유기음화에 대한 색다른 접근을 시도하였다.

이문규(1999)는 유기음화 현상이 'ㅎ'의 [−자음성]이 동기가 되 어 일어나는 현상인데, 역행적 유기음화는 선행 평저해음과 'ㅎ'을 연속적으로 발음하는 과정, 즉 '평저해음+유기 자질'의 동시 조음 적 현상이라고 할 수 있는 반면, 순행적 유기음화는 후행 평저해음이 'ㅎ'의 유기 자질에 순행 동화된 다음, 'ㅎ'이 탈락하는 과정으로 이루어진다고 보아 김-르노(Kim-Renaud:1975), 배주채(1989)의 견해와 크게 다르지 않다. 다만 역행적 유기음화의 경우 축약과 차이가 있는 것은 'ㅎ'이 하나의 자질로 변해 선행 자음에 첨가되기 때문에 두 모음 사이에 하나의 자음만 존재하는 결과를 초래하고, 결국 음절 경계가 이동한다는 점에 있다고 했는데, 유기음화의 동기가 [-자음성] 자질이라는 사실을 납득하기가 어렵다. 이 자질이 무엇을 의미하는지 정확히 설명하고 있지는 않지만, [-자음성]이 유기음화의 동인이 된다면 다른 [-자음성] 자질을 가진 음소, 즉 모음과 활음 부류는 왜 유기음화를 유발하지 못하는지, 그리고 어떤 자질의 부재가 음운 과정을 유발하는 동인이 될 수 있는지, 'ㅎ'이 왜 자질로 변하는지에 대한 해답을 내놓아야 할 것이다.

순행적 유기음화와 역행적 유기음화를 개별적인 현상으로 기술하는 것은 적절하지 않은 태도이다. 두 가지 모두 동일한 음성적 동기를 가진 과정으로 이해하는 것이 타당하다 할 것이다.

일단 이 논의는 '놀코'가 자연스러운 발화형이 아니라고 본다. 음성적으로 보았을 때 어간 말음으로 실현되는 'ㄷ'이나 'ㄱ'은 오히려 축약 과정을 거친 뒤 유기음들의 폐쇄 지속 시간이 반영된 것이라고 할 수 있을 것이다. 유기음화의 결과로 도출되는 기본적인 형태는 '노코'이다. 그렇다면 '놀코'가 제기하는 문제에서 벗어나서 답을 구할 수 있을 것이다. 유기음화는 그 환경에 'ㅎ'이 있다는 점을 빼놓고는 이야기할 수 없는 과정이다. 즉, 'ㅎ'이 가지는 어떤 특성이 유기음화의 동인이 된다고 보아야 한다는 말이다.

이 책에서 'ㅎ'은 후두 자질이 명세된 후두 마디만 가지고 후두 상위 마디는 가지지 않는 후두음 부류로 설정되었다. 명세된 자질은 [성문 확장성]이다. 후두 상위 마디를 가지지 않은 'ㅎ'이 음성으로 실현되려면, 그 자신의 후두 마디를 확산시켜 인접음으로부터 후두 상위 마디를 받아야 한다. 그 과정이 바로 유기음화이며, 이 유기음화는 인접음의 후두 마디가 명세되지 않은 경우, 즉 평음일 경우에만 실현된다.

김(Kim:1990)은 유기음을 중복자음으로 보고, '자음+ㅎ'의 연결에서 나타나는 유기음화는 후두 마디만 가진 'ㅎ'의 뿌리마디가 인접 자음으로 확산되는 것과 인접 자음의 후두상위 마디가 'ㅎ'으로 확산되는 두 개의 과정이 함께 일어나는 것으로 보았는데, 필자의 논의와 유사하나 유기음이 과연 중복자음인가 하는 문제가 제기될 수 있다.

한(Han:1996)에서는 기저의 유기음은 축약(융합, merger)이나 어떤 음운론적 변화도 겪지 않는 것으로 보았다. 경음이 기저에서는 중복자음이지만 어두의 경음은 국어의 음절 구조가 음절 초에 두 개의 C를 허용하지 않으므로 삭제되어 하나의 시간 단위로 나타난다고 본 데에는, 이를 뒷받침할 만한 음성학적 근거가 있다. 즉, 모음 사이의 경음의 지속 시간은 어두 경음의 거의 두 배에 이른다는 것이다. 그런데 유기음의 경우는 두 위치에서 폐쇄 지속 시간이 거의 변함이 없이 일정하다. 그러므로 어두의 유기음에만 두 개의 시간 단위를 허용하는 조건을 다느니, 어두의 유기음은 단일음(singleton)이라고 하는 편이 낫다는 견해를 밝히고 있다.

이 책은 경음과 유기음 둘 다 중복자음으로 보지 않는다. 두 개의 C에 후두 자질과 위치 자질이 동시에 확산되는 것으로 보는 김(Kim:1990)의 논의보다 두 마디가 융합하는 것으로 보는 것이 더 설득력이 있다.

김(Kim:1987)에서 상정하는 유기음화의 과정은 다음과 같은데, 규칙의 절차가 훨씬 복잡하거니와 뿌리 마디를 합류시키기 위해 위치 마디를 병합하는 절차는 불필요하다.

```
C   C        C   C        C   C        C   C        C   C
|   |        |   |        |   |         \ /          ⧸ /
R   R        R   R        R   R          R            R
| / \   ⇒   |  / \   ⇒   | ∙∙ /|  ⇒    / \    ⇒     / \
L L SL      L  L  SL     L SL L       L   SL       L    SL
|           |∙∙∙∙            \  /       |           |
[+SG]       [+SG]           [+SG]       [+SG]       [+SG]
```

이 책의 유기음화 과정을 그림으로 표현하면 다음과 같다.

```
C     C          C   C            C
|     |          ǂ   |            |
R     R          R   R            R
|   / \    ⇒    \  / \    ⇒     / \
L   L  SL        L   SL         L   SL
|∙∙∙∙            |              |
[+SG]           [+SG]          [+SG]
```

이상과 같이 순행적 유기음화와 역행적 유기음화는 모두 'ㅎ'이 가진 [+성문 확장성] 자질을 이웃 마디로 확산시키는 과정으로 이해할 수 있다. 이웃의 빈 후두 마디로 'ㅎ'의 [+성문 확장성] 자질을 확산시키고 난 뒤 뿌리 마디의 연결선은 삭제된다. 이는 후두음 부류가 가진 특성에서 기인하는 것으로, 이들 부류의 후두 자질은 인접한 분절음의 후두 상위 마디의 승인을 받아야 실현될 수 있다. 이를 위해 'ㅎ'과 인접 분절음이 하나의 분절음으로 축약이 일어나는 것이다.

5장 [성대 경직성] 자질과 음운 현상

5.1. 미파화와 후두 자질

5.1.1. 중 화

중화라는 용어는 일반적으로 음운 체계에서 변별력을 가지고 있던 음운이 특정 위치에서 그 대립관계를 상실하는 경우를 일컫는다. 국어의 경우 장애음들이 음절 말 위치나 자음 앞에서 변별력을 상실하게 되는데, 이러한 현상을 지칭하는 데 중화라는 개념을 사용하여 왔다.

이승재(1990)에 따르면 '중화'라는 용어는 프라그 학파의 음운 대립 이론에서 나온 개념으로, 특정 위치에서 음운론적 대립을 상실한 경우에 중화가 일어난다고 한다. 흔히 독일어의 '/t/'와 '/d/'가 어말 위치에서 'T'로 중화되는 예를 든다. 국어의 기술에서도 이를 본받아 '낫, 낮, 낯, 낟, 낱' 등이 '낟'으로 중화한다고 하는 경우가 많다. 그러나 프라그 학파의 중화는 양면, 유무, 비례 대립을 두루 갖추어 상관을 이룰 때에만 적용되는 개념이며, 이를 엄격하게 적용하면 '낟'과 '낱'은 '[낟]'으로 중화한다고 할 수 있으나, '낫'과 '낱'이

'[낟]'으로 중화된다고 할 수는 없는데, 'ㅅ'과 'ㅌ'이 위의 세 가지 대립을 모두 만족시키는 것이 아니기 때문이다. 프라그 학파의 중화는 조음 위치가 같으면서 조음 방식에서 차이가 나는 두 음운이 유무 대립의 관계에 있을 때만 사용되는 개념으로, 우리가 흔히 중화라는 이름으로 사용하고 있는 개념은 이보다 매우 폭이 넓다. 따라서 중화라는 용어보다 음절 말 위치에서 '내파', '미파', '불파' 등의 용어를 사용하는 것이 국어의 현실에 적합하다고 본다.

그러면 여기서 음절 말 자음의 중화로 불려온 현상을 관찰해 보기로 한다.

표 5-1. 음절 말 중화 현상

입 력	출 력	환 경
(ㅃ), ㅍ	ㅂ	음절 경계 앞 (C, #)
(ㄸ), ㅌ ㅅ, ㅆ ㅈ, (ㅉ), ㅊ	ㄷ	
ㄲ, ㅋ	ㄱ	
ㅎ	ㄷ	'ㅅ', 'ㄴ' 앞

국어의 자음 19개 가운데에서 공명자음인 'ㄴ, ㄹ, ㅁ, ㅇ'은 음절의 종성 자리에 다 나타날 수 있는 것과는 달리 장애음 가운데 종성으로 나타날 수 있는 것은 'ㅂ, ㄷ, ㄱ'의 세 자음뿐이다. 즉, 출력부에는 폐쇄음의 평음 계열만 올 수 있다.

입력이 될 수 있는 자음은 장애음이다. 이 가운데 'ㅃ, ㄸ, ㅉ'이 빠진 것은 이들이 종성에 오는 형태소가 없기 때문이므로 우연한 빈 칸이라고 할 수 있다.

이 현상은 경음과 유기음이 같은 계열의 평음으로 실현되는('ㄲ, ㅋ→ㄱ', 'ㅍ→ㅂ', 'ㅌ→ㄷ') 것과 마찰음과 파찰음이 같은 조음 위치의 폐쇄음으로 실현되는('ㅅ, ㅆ→ㄷ', 'ㅈ, ㅊ→ㄷ') 것의 두 가지 과정을 포함한다. 'ㅎ'의 경우는 여러 가지 문제를 포함하고 있으므로 일단 여기서는 빼고, 항을 달리하여 기술하기로 한다.

평음의 폐쇄음만이 중화의 결과 음절 말에 나타나는데, 이 경우에 중화란 용어를 쓰는 것은 적절하지 않다며 배주채(1992)에서는 이를 '평폐쇄음화'라는 음운 과정으로 이름 붙였다. 국어학에서 지금까지 이른바 음절 말 자음의 중화라고 불러왔던 음운 현상은, 중화의 개념을 분명히 규정하고 그 용어를 엄격히 사용할 때 중화라고 하기 어렵다고 보고, 음절 말이라는 환경에서 일어나는 이 현상을 평범한 형태음운론적 교체 현상의 한 가지로 간주하여 평폐쇄음화라고 한 것이다.[1] 휴지나 자음 앞에서 유기음이나 경음이 평음이

---

1) 배주채(1992)의 평폐쇄음화를 간단히 설명하면 이렇다. 모든 장애음이 입력이 된다. 그 가운데 모든 긴장음은 같은 조음 위치의 평음으로 바뀐다. 또 마찰음 'ㅅ'과 파찰음 'ㅈ, ㅉ, ㅊ'은 같은 조음 위치의 폐쇄음인 'ㄷ'으로 바뀌고 마찰음 'ㅎ'도 'ㄷ'으로 바뀐다. 평폐쇄음화가 일어나는 환경은 '휴지나 자음 앞'이 아니고 잠재적인 음절경계 앞이 된다. 잠재적 음절경계는 잠재 휴지에 놓이거나 단일자음 앞에 놓이게 되는데, '맛없다'에서 '맛'이 '맏'으로 바뀌는 것은 '맛' 뒤에 잠재 휴지가 있어서 그곳에 잠재적 음절 경계가 놓여 평폐쇄음화가 일어날 환경이 되기 때문으로 본다.

되는 것과 [+설정성(coronal)] 자질을 가진 장애음이 'ㄷ'으로 되는 것을 포괄하여 중화라고 부르는 것은 잘못이고, 음성과 음운 사이에 일(一) 대 다(多) 대응이 성립하는 것을 중화라고 한다면, 우리가 지금까지 중화라고 불러왔던 이 현상은 음운과 형태 음운 사이에 일 대 다 대응이 성립하므로 중화라는 용어는 적절하지 않다는 것이다.

마찰음 'ㅅ, ㅆ'은 같은 조음 위치의 평폐쇄음 'ㄷ'으로 바뀐다고 기술할 수 있으나, 파찰음 'ㅈ, ㅉ, ㅊ'의 경우에는 조음 위치도 구개에서 치조로 바뀌고 평폐쇄음화도 일어나 'ㄷ'이 된다고 해야 하므로, 조음 위치의 변동이라는 특수성이 생겨 부자연스럽다는 지적(송철의:1990, 30)에 대해, 배주채(1992)에서는 'ㅈ' 등 파찰음의 조음 위치가 음성적으로 구개인 것은 사실이지만, 음운론적으로도 꼭 치조가 아닌 구개라고 할 이유는 없다면서, 'ㄷ'이 음성학적으로는 치음이지만 음운론적으로는 'ㅅ'과 함께 치조음으로 묶일 수 있는 것은 치조에서 발음되는 폐쇄음이 달리 존재하지 않기 때문이며, 마찬가지로 치조에서 파찰음을 발음한다고 해도 그것은 구개 파찰음과 다르지 않을 것이므로, 'ㄷ, ㅅ, ㅈ'의 조음위치는 치조와 구개를 포괄한 '전설'이라고 보았다. 'ㄷ, ㅅ, ㅈ'이 변별되는 것은 조음 방식 탓이지 조음 위치 탓이 아니라는 것이다.

또, 이 규칙의 입력에 'ㄱ, ㄷ, ㅂ'도 포함시키는데, 그것은 //ㄱ//이 /ㄱ/으로 실현되는 것도 //ㄲ, ㅋ//이 /ㄱ/으로 실현되는 것과 같은 동기에 따른 것, 즉 음절 구조 제약에 따른 것이기 때문이며, [+긴장성]인 연구개음(ㄲ, ㅋ)만 [−긴장성]인 연구개음으로 실현된다는 기술보다 연구개음은 [긴장성] 자질에 관계없이 [−긴장성]으로 실현된다고 하는 것이 일반성을 잘 드러내주기 때문이라는 것이다. 이때 '//ㄱ//→/ㄱ/'에는 규칙이 공허하게 적용된 것으로 본다. 이 규칙의 출력인 'ㅂ, ㄷ, ㄱ'의 음성 실체는 미파음(unreleased)이다.[2]

배주채(1989)에서는 미파 폐쇄음이 평음으로 분석되는 것이 타당하다는 논의를 폈는데, 음운의 심리적 실재성과 교체의 체계적 기술을 고려하였을 때 평음으로의 분석이 가장 합리적이라는 것이다. 그러나 이럴 경우에는 경음화 현상을 동화로 기술할 수 없다는 흠이 있다는 지적도 아울러 하고 있다. 즉, 미파화의 부수 효과로 이해되어 온 경음화 현상을 어떻게 설명할 것인가 하는 문제가 남는다는 것이다.

이 경우 경음화를 '[+장애성] → [+긴장성] / [+장애성]___' 또는 '[−공명성] → [+긴장성] / [−공명성]___' 정도의 규칙으로 기술하는 것 이상의 설명력을 기대할 수가 없다.[3]

---

2) 음절 말의 중화음은 미파음(김진우:1971, 김완진-도수희:1985), 불파음(김무림:1992), 내파음(최임식:1989), 막소리, 속터침소리(조선문화어문법), 무파음(이호영:1996), 닫힘소리(김차균:1998) 등으로 불려왔다. 이들 용어는 미파음이 구강에서의 완전한 폐쇄를 조음 방법으로 한다는 점에서는 폐쇄음의 일종이지만 모음 사이의 파열음에 실현되는 '폐쇄-지속-개방'의 세 단계 가운데 파열(개방) 단계가 실현되지 않은 소리라 하여 붙여진 이름들이다. 'unreleased'는 '폐쇄-지속-개방'의 세 국면을 갖게 되는 폐쇄음이 개방(파열)의 측면을 결여하고, 폐쇄의 국면만으로 끝나는 경우를 의미한다. 이에 대해 '내파'란 용어를 쓰면 'implosive'와 혼동을 가져올 수 있고, 파열의 국면이 없다는 점을 잘 드러내 주지 못하므로 불파(不破) 혹은 미파(未破)란 용어를 쓰는 것이 더 적절하다. 이 책에서는 '미파'라는 용어로 이 현상을 지칭하기로 한다.

3) 장애음 뒤 경음화 현상이 음운론적 단어 안에서 예외 없이 나타나는 현상인

(1) 웃어른[우더른], 옷안[오단], 겉옷[거돋]

젖어미[저더미], 앞이마[아비마~암니마]

맛없다[마덥따], 끝없다[끄덥따], 옻오르다[오도르다]

위의 예에서 보는 것과 같이 어휘 형태소 앞에서의 중화는 미파음에 대한 음운론적 분석이 평음일 수밖에 없음을 보여준다. 그러나, 중화의 규칙화에는 중화의 결과 나타난 분절음의 음성적 실현이 미파음이라는 것을 반영하지 못한다. 단지 음절 말의 자음은 같은 조음 위치의 평음으로 실현된다는 사실을 보여줄 뿐이다.

음절 말에서 일어나는 이러한 현상을 중화라고 하든 배주채(1989, 1992)의 지적대로 평폐쇄음화라고 하든,4) 이 현상을 바라보는 이 책의 관심 부분은 크게 두 가지이다. 중화와 미파화를 같은 것으로 보아야 하는지, 음절 말 위치의 미파음을 어떻게 파악해야 하는지의 문제가 그것이다.

국어의 장애음들이 음절 말에서 필수적으로 실현해야 하는 음성 규칙인 '미파화'와 대립을 이루던 음운이 특정 위치에서 대립 관계를 잃게 되는 것을 의미하는 '중화'는 그 개념상 같을 수 없다는 것이 전자의 문제이고, 후자의 문제는 경음화 현상의 이해와 밀접하

것을 고려하여 곽동기(1992)에서는 종래의 규칙에 적용 영역만을 추가한 아래와 같은 규칙으로 이 현상을 기술하였다.

$[-son] \rightarrow [+tense] \ / \ (...[-son]\_\_\_...)w$

4) 프라그 학파에서 말하는 엄밀한 의미에서의 중화 개념에 위배될지라도 이 현상의 본질을 구명하는 것이 이 논의의 목표가 아니므로 일단 중화라는 용어를 그대로 사용하기로 한다.

게 관련되어 있다. 음절 말 중화의 결과 나타난 미파음을 평음으로 분석하고 나면, 이 뒤에 오는 장애음에 일어나는 경음화 현상의 음성적 동기를 찾을 수 없다는 것이 문제로 지적될 수 있다.

5.1.2. 중화와 미파화의 구분

첫 번째 문제와 관련하여 미파화 규칙과 중화 규칙을 따로 설정한 논의들을 살펴보자. 박창원(1987)은 중화와 미파화를 구분하는데,[5] 그 규칙은 다음과 같다.

① 유기음이나 긴장음이 음절 말 위치에 배정되면, 그것의 유기성이나 긴장성은 변별력을 발휘하지 못하고 평음으로 중화하게 된다.
② 중화에 이어 다음 음절의 초성이 마찰성을 가지지 못할 때 미파화하게 된다.

중화 규칙

$$C \rightarrow \begin{bmatrix} -aspirated \\ -tense \end{bmatrix} / -\$$$

미파화 규칙

$$C \rightarrow \begin{bmatrix} -release \\ -strident \end{bmatrix} / \_\ \$ \begin{bmatrix} +cons \\ -release \\ -strident \end{bmatrix}$$

---

5) 박창원(1987)에서는 '내파화'라는 용어를 사용하였지만, 이 책에서는 '미파화'라는 용어로 통일하여 사용하기로 한다.

③ 음절 말 위치가 단어 말 위치와 겹칠 때 중화 및 미파화 현상이
겹치게 된다.

중화 및 미파화 규칙

$$C \rightarrow \begin{bmatrix} - aspirated \\ - tense \\ - release \\ - strident \end{bmatrix} / \_\_ \#$$

음절 말 위치에서는 중화와 미파화가 구분되어 일어나고, 단어
말 위치에서는 두 현상이 동시에 일어난다는 인식은, 이들을 구분
하지 않는 인식보다 몇 가지 점에서 유용하다고 보는데, 첫째, 중화
와 미파화란 서로 다른 개념의 혼동을 피할 수 있다. 대립 관계를
이루던(또는 변별적 기능을 수행하던) 어떤 자질이 특정한 위치에서
표면상으로 드러나지 않아 대립 관계를 소멸하는 것과 본질적으로
미파음이 아닌 것이(그것이 폐쇄음이든 마찰음이든 파찰음이든) 미파음
으로 조음되는 것과는 다른 현상이기 때문이고, 둘째, (단어 구조에
관련된 현상이기는 하지만) 형태소의 종류에 따라 미파화하는 과정을
달리 기술해야 하는 '옷안→[오단], 옷이→[오시], 웃어→[우서]'와
같은 경우 훨씬 합리적인 설명이 가능하며, 셋째, '웃소, 쫓지' 등의
예의 설명에서 미파화와 중화를 구분하지 않으면 '웃소→욷소→웃
소, 쫓지→쫀지→쫓지'라는 불합리한 과정(미파화 및 중화에 이은 동
화)으로 설명해야 하지만, 구분할 경우 '웃소→웃소, 쫓지→쫓지'로
바로 도출되기 때문이라는 것이다.

여기서 설정하고 있는 중화 규칙은, 경음과 유기음이 같은 계열
의 평음으로 실현되는 것('ㄲ, ㅋ→ㄱ', 'ㅍ→ㅂ', 'ㅌ→ㄷ')을 의미하

며, ②의 미파화 규칙이 의미하는 바가 정확하게 무엇인지 분명히 파악할 수 없으나,6) 규칙의 구조 기술을 보았을 때 마찰음과 파찰음이 같은 조음 위치의 폐쇄음으로 실현되는('ㅅ, ㅆ→ㄷ', 'ㅈ, ㅊ→ㄷ') 것과, 그 폐쇄음들이 'unrelease' 되는 것을 함께 의미한다고 여겨진다. 미파화의 결과로 나타난 음들의 자질 명세에 [−개방성(release)]과 [−소음성(strident)]을 사용하는데, [−개방성] 자질이 파열, 즉 개방의 단계를 가지지 않는다는 것을 의미한다면, [−소음성]은 마찰음과 파찰음을 배제하기 위해 사용된 것으로 보인다. 이러한 두 규칙은 상당히 모순적인데, "대립 관계를 이루던 어떤 자질이 특정한 위치에서 표면상으로 드러나지 않아 대립 관계를 소멸하는 것과 본질적으로 미파음이 아닌 것이 미파음으로 조음되는 것과는 다른 현상이기 때문"에 중화와 미파화 규칙을 구분한다던 진술과 배치되기 때문이다. 중화의 개념대로라면 'ㅅ, ㅆ, ㅈ, ㅊ'이 음절 말에서 대립 관계를 상실하고 'ㄷ'으로 실현되는 것도 마땅히 중화 규칙 안에 포괄되어야 할 것이다.

김정우(1994)에서는 음절 경계라는 환경에서 폐쇄음의 미파화가 실현되며, 폐쇄-지속-파열의 세 단계로 조음되는 폐쇄음에서 해당

---

6) 미파화 규칙의 적용 환경 속에 언급된 [−개방성]의 역할이 무엇인지 의문이다. 규칙의 설명에는 '마찰성을 가지지 못할 때'라고 되어 있는데 이는 [−소음성] 자질로 충분하다. [−개방성]이 개방의 단계를 상실하는 것을 의미한다면 음절의 초성에 위치한 분절음이 이 자질을 가질 수는 없는 것이다. 마찰성을 가지지 못할 때 미파화한다고 한 것은 저자가 '웃+소, 쫓+지' 등의 예와 같이 후행 음절의 초성이 [+소음성]일 경우에는 미파화 과정을 겪지 않고 바로 동화된다고 보기 때문이다 .

자음의 폐쇄가 이루어지고 난 뒤에 공기의 통로가 차단되어 완전한 파열이 불가능해지면, 평음과 경음, 유기음을 분리시켜 주는 인자가 기능을 하지 못하게 되므로 해당 조음 위치의 미파음으로 실현되는 것이고, 마찰음과 파찰음은 위와 같은 폐쇄 상태에서 조음 방법에서의 마찰성을 유지할 수 없으므로 같은 위치에서 산출되는 폐쇄음의 미파음으로 실현되는 것이라고 본다. 즉, 후속 환경의 폐쇄성이 미파화를 유발한다는 것이다. 이와 같은 음절 말 자음의 미파화를 의무적인 음성 규칙으로 설정하고, 이 음성 규칙을 바탕으로 음절 말 자음의 중화 규칙을 제시하고 있다. 즉, 미파화라는 음성 규칙의 결과 국어의 경음과 유기음 및 마찰음과 파찰음은 음절 말에서 그 대립을 잃고 평음으로 중화된다는 것이다. 여기서 음절 말 미파화 규칙은 다음과 같이 형식화된다.

(2) 음절 말 자음의 미파화 규칙
$$C \rightarrow [-release] \ / \ \underline{\hspace{2em}} \ \{\#, \ C\}$$

[−개방성(release)] 자질에 대해 이 자질은 해당 자음에서 [경음성(glottalized)], [유기성(aspirated)], [지속성(continuant)] 자질을 실현시킬 수 없게 하므로, 자음이 장애음인 경우에는 [−지속성, −유기성, −경음성]으로 표시할 수도 있다고 하였다. 또, 음의 성질상 구강 통로의 완전한 폐쇄가 불가능한 유음을 제외한 유성 자음까지도 부분적인 미파화가 가능하다고 하였다.

조음 과정에서 파열을 시키지 않는 것은 국어의 독특한 발음 방식이지만, 그러한 발음 방식을 초래한 원인은 국어의 음성학적 기제 안에서 설명이 가능하며, 음절 말 자음의 미파화 규칙은 어떠한 예외도 없이 적용되는 의무적인 음성 규칙이라고 보고 있다. 이 음성 규칙을 바탕으로 제시한 음절 말 자음의 중화 규칙은 다음과 같다.

(3) 음절 말 자음의 중화 규칙

a. $[+obst] \rightarrow \begin{bmatrix} -strd \\ -cont \\ -tnse \end{bmatrix} / \underline{\quad} \{\#, \mathrm{C}\}$

b.
$$\begin{array}{ccc} \sigma & & \sigma \\ \backslash & & \backslash \\ \mathrm{C} & \rightarrow & \mathrm{C} \\ | & & | \\ [+obst] & & [-strd, \ -tnse, \ -cont] \end{array}$$

(a)는 단선적 모형에서처럼 자질을 사용하여 규칙화한 것이고, (b)는 복선 음운론을 수용하고, (a)의 규칙 적용 환경에 나타난 이질성을 극복하기 위해 자음 중화 규칙의 결정인자를 음절 경계로 파악한 입장을 적극 수용하여 표시된 규칙이다. 이는 기저 음절에 적용되는 규칙으로 설정되었다.

미파화가 중화를 동기화 한다는 것은 충분히 납득할 수 있는 설명이지만, 실제로 규칙을 적용하는 경우에는 문제가 있다. 김경아(2000)의 지적대로 경음화 현상은 그 음성적 동기가 음절 말 미파화에 따른 것인데, 이럴 경우 음성 규칙이 음운 규칙인 경음화를 선행

해야 하는 규칙순을 인정해야만 하는 것이다.

//숲 + 도//
  ↓   중화
/슙 도/
  ↓   경음화
/슙 또/
  ↓   미파화
[sup˺t'o]

생성 음운론 식의 도출 과정에 따라 나타내면 위와 같이 표시될 것인데(김경아:2000, 204), 경음화의 동기가 되는 미파화는 도출 과정의 맨 뒤에 적용되어 기묘한 모습을 하게 된다.

김경아(1998)은 미파화와 중화라는 개념은 같은 현상에 대한 다른 차원의 두 개념일 뿐으로 인식한다. 미파화는 발화 산출의 측면에 존재하는 음성 과정이고, 중화는 발화 인식의 측면에 존재하는 음운 과정이며, 미파화는 물리적인 실재로서 국어의 음절 말 자음들의 음성적 특징을 규정짓게 되고, 중화는 심리적 실재로서 국어 장애음들의 음운론적 대립을 전제로 하는 체계적 특징을 규정짓게 된다는 것이다. 음운 현상들의 기술에 음성 표시, 음운 표시, 형태 음운 표시의 세 개 표시 층위를 인정하는 김경아(2000)에서는 미파화와 중화를 음운 과정과 형태 음운 과정이 일치하지 않는 음운 현상의 하나로 파악했다. 즉, 미파화는 음운 과정에만 설정될 수 있는 과정이라 보고, 형태 음운 과정에서는 이를 중화라는 이름으로 설정한 것이다. 발화 산출의 측면과 발화 인식의 측면이 일치하지 않을 수도 있다는 입장을 지탱하고 있는 이 논의에서는, 음운 과정과 형태 음운 과정이 일치하지 않는다는 것을 음성형을 산출하는 과정과 형태론적인 인식의 과정이 일치하지 않는다는 의미로, 다시 말해, 자신의 발화형에 대해 갖고 있는 인식과 그 발화형의 물리적 실재가 불일치하는 경우로 해석했다. 발화와 이에 대한 인식이 분리될 수 있는 과정인지에 대한 언급은 이 책이 범위를 넘어선다.

다만, 중화와 미파화를 같이 취급할 수 없다는 사실만 받아들이기로 한다. 중화는 철저히 음운론적인 개념으로 보려는 것이다. 배주채(1989)의 평폐쇄음화가 음절 말 자음이 보여주는 음운론인 것이다. 경음과 유기음이 같은 계열의 평음으로 실현되는 것('ㄲ, ㅋ→ㄱ', 'ㅍ→ㅂ', 'ㅌ→ㄷ')과, 마찰음과 파찰음이 같은 조음 위치의 폐쇄음으로 실현('ㅅ, ㅆ→ㄷ', 'ㅈ, ㅊ→ㄷ')되는 두 가지 과정이 음절 말 자음의 중화 과정이라 본다. 배주채(1992)에서는 입력형에 평음 'ㅂ, ㄷ, ㄱ'도 포함시켜 이 경우 규칙의 공허한 적용으로 처리하는데, 이 책의 입장은 이와 다르다. 이들은 중화 과정을 거치는 것이 아니다. 이들에 적용되는 것은 미파화일 뿐이다. 미파화는 국어의 어떤 자음이든 음절 말 위치에 오면 자동적으로 실현되며, 특히 장애음은 개방 단계를 상실하는 것이어서 파찰음과 마찰음은 물론 유기음과 경음의 변별력도 상실하게 된다. 조음 음성학적으로 이야기하면 폐쇄음의 파열 과정이 음절 말 위치에서 사라져 미파음으로 실현되는 것이다.

국어 장애음에 후두 자질을 적극 설정하는 이 책의 논의에 따르면, 비록 한 폐쇄음이 [성문 확장성(spread glottis)]이나 [성문 협착성

(constricted glottis)]과 같은 후두 자질을 가지고 있다고 하더라도, 이 자질들은 폐쇄가 개방될 때의 성문의 크기를 의미하는 것이므로 폐쇄음의 파열 단계가 없으면 그 후두 자질은 표면에서 음성 표현으로 실현될 수가 없는 것으로 설명할 수 있다. 그래서 국어의 폐쇄음 가운데 유기음과 경음이 표면 표시의 음절 말음으로 실현될 수 없다.

중화를 순수 음운부의 규칙7)으로 본 엄태수(1994)는 중화는 단순히 음성학적으로도 해결할 수 없는 것이라 했는데, 왜 종성에 경음 자질이나 유기음 자질이 올 수 없는지 음성학적 지식으로는 알 수 없기 때문이라는 것이다. 그러므로 중화는 국어의 음절 구조와 관련된 것이며, 국어 종성에는 일곱 개의 분절음만 올 수 있다는 제약에 따른 현상으로 보아야 한다고 했다.

또, 중화의 규칙화에는 음절 말음은 개방(release)되지 않고 구강의 조음 기관이 닫힌 채로 끝난다는 불파열의 원칙(미파 원칙, 내파 원칙)이 언급되지 않아, 말음 중화 현상과 불파열의 상호 관계가 언급되지 않았다는 점이 문제라는 이석재(2002)의 주장도 살펴볼 필요가 있다.

국어의 장애음뿐 아니라 비음이나 유음 같은 공명음도 말음 위치에서 구강의 폐쇄(설측음의 경우 중앙 폐쇄)를 개방시켜서는 안 되므

---

7) 중화에는 예외가 없고 형태·통사 범주의 제약을 가지지 않기 때문이다. 종성에 폐쇄음이 올 때 다음에 자음이 오면 예외 없이 일어난다. 기존의 논의에서는 # 경계와 C라는 자질 앞에서 일어나는 것으로 생각했으나 이들은 자연부류를 이룰 수 없음이 지적되어 왔다. 이는 복합이라는 형태론적 범주를 고려하지 않는다면 음절이라는 개념을 가지고 통일될 수 있다고 보았다.

로, 엄격히 말해 불파열 원칙(내파 원칙, 미파 원칙)이라는 용어로 총체적인 말음 중화 현상(폐쇄음의 기음이나 경음이 평음으로 중화되는 현상뿐만이 아니라 마찰음이나 파찰음이 평폐쇄음으로 중화되는 현상까지도 포함)을 기술하는 것은 문제가 있다는 것이다. 왜냐하면 불파열이라고 부를 때 암시적으로 내포하는 의미는 폐쇄 단계가 있다는 것인데, 마찰음의 경우 폐쇄 단계가 없다는 것이다.

또, [−개방성]을 사용한 정(Chung:1986)[8]의 경우, 이 자질의 정의나 음성학적 동기 부여가 불분명하고, 후두 자질인 [성문 확장성]이나 [성문 협착성]이 왜 후두와는 직접 관련이 없는 구강의 불파열과 관련을 맺는지에 대한 설명이 불충분하다고 지적한다.

그러나 종성에 경음 자질이나 유기음 자질이 올 수 없는 데에는, 다르게 표현해서 후두 자질인 [성문 확장성]이나 [성문 협착성]이 실현되지 않는 데에는, 명백한 음성학적인 이유가 있다. 음절 말의 위치에서 후두 자질은 실현될 수 없는 것이며, 그것은 후두 자질이 가지고 있는 생리적 특징에서 그 이유를 찾을 수 있다. 후두 자질은 폐쇄음의 개방 순간에 실현되는 것이기 때문이다. 그러므로 파열의 단계를 실현하지 않는 음절 말 환경에서는 후두 자질이 나타날 수 없다.

또, 중화와 미파화를 구분하는 이 책에서는 미파화가 일어나는

---

8) [−rel] ↪ ⎧ − continuant
           − delayed release
           − spread glottis
           − constricted glottis

동기를 불파열의 원칙에서 찾는 것이 타당하다고 본다. 마찰음과 파찰음은 해당 조음 위치의 폐쇄음으로 중화가 일어나고, 이 중화된 폐쇄음이 불파열의 원칙, 즉 미파화의 적용을 받아 개방 단계를 상실하는 것이다.

여기서 또 하나 언급하고 넘어가야 할 부분은, 장애음뿐만 아니라 공명음도 음절 말에서 미파화 과정을 겪는다는 점이다. 음절 말 장애음과 음절 말 공명음은 둘 다 미파음이라는 점에서 같다. 음절 말 장애음이 구강 안에서 파열의 단계가 실현되지 않은 소리라면, 음절 말의 공명음도 장애음의 경우와 같다. 그러나 이 두 소리는 서로 구별되는데, 음절 말 장애음이 무성음이라면 음절 말 공명음은 지속의 단계 내내 성대의 울림이 계속된다는 차이가 있다. 이 때문에 후두는 긴장된 상태가 아니며, 성문으로 기류가 계속 흐르므로 성문 위의 기압이 성문 아래의 기압보다 높지 않다. 성문 위와 조음 위치 사이에 압력이 쌓이지 않은 것은 비음의 경우 비강의 통로가 열려 있기 때문이고, 설측음의 경우 혀 옆으로 기류가 바깥으로 계속 나가는 소리여서 구강 내 기압이 상승하지 않기 때문이다.

손(Sohn:1987)에서는 미명세(underspecification) 이론을 바탕으로 하여 중화 현상을 다음과 같은 방식으로 설명한다. 중화란 음절 말 자음이 가지고 있던 후두 층렬의 자질과 조음 방법 층렬의 자질, 그리고 [−전방성(anterior)] 자질을 가질 때는 조음 위치 층렬의 자질들이 끊어지는 현상이다. 여기서 후두 층렬이 끊어지면 폐쇄음의 경음과 유기음이 평음으로 중화되고, 조음 방법과 조음 위치 층렬이 끊어지면 마찰음과 파찰음이 무표음으로 중화된다. 그리고 모든 층렬의 연결선이 끊어지고 나면 잉여 규칙이 자질을 부여하며 무표음 /t/로 실현된다. 이 규칙을 단어의 내부 구조에 대해 언급하지 않으므로 후어휘부 규칙으로 볼 수 있다고 하였다.

음절 말에서 일어나는 중화 현상을 전제로 하여, 그에 대한 기술을 하고 있지 이 현상이 일어나는 원인에 대한 설명은 없다. 후두 층렬의 연결선이 끊어지는 것은 음절 말 자음은 파열의 단계를 가지지 못하므로 후두 자질을 실현시키지 못하는 것으로 설명할 수 있다. 중화 과정에서 조음 위치 자질은 중요하지 않으며, 조음 방법상의 차이가 실현되지 못하는 이유에 대한 설명은 좀 더 논의가 필요하다.

음절 말에서 실현될 수 없는 자질은 조음 방법상의 자질이 아니라 음향 자질 [+잡음성(noise)]이라는 주장을 펼친 이석재(1999)의 견해가 흥미롭다.9)

'음절 말음은 [+잡음성]으로 끝나지 않는다'는 제약이 존재한다며, [+잡음성]이어서 끝소리로 실현될 수 없는 소리로 '마찰음, 파찰음, 된소리, 거센소리'를 들고 있다. 된소리나 거센소리로 끝나면 음향적으로 [잡음성]으로 끝난 것이라 보았다. "말음 위치에서는 두음 위치에서와는 달리, 폐쇄음 가운데 유기음과 경음, 그리고 모든

---

9) 플레밍(Flemming:1995)은 조음적 표상(representation) 외에 음향 및 청각적 표상이 인간 언어의 음운 표상으로 존재할 가능성을 타진하면서 기존에 조음적인 측면에서 보았을 때 공통적인 면을 묶기 어려운 각 소리의 집합들이 음향 자질을 사용함으로써 하나로 묶일 가능성을 보여주었다. 조음 자질이 아닌 음향 자질간의 동화, 이화, 단순화, 증강 등 많은 언어에서 발견되는, 그러나 조음 자질로는 파악하기 힘든 소리 변화의 양상을 설명하고 있다.

마찰음과 파찰음이 올 수 없고, 폐쇄음은 미파열(nonrelease)로 끝난 다"는 국어의 두음—말음 비대칭 현상은 이른바 말음 중화 현상 또는 저해음 중화 현상이라고 불리는 음운 현상의 결과로서, 발음 시 음절 말음에 올 수 있는 소리들이 현저히 제약됨으로써 나타나는 결과이다. 이 현상을 소리 자질로 표현하자면 후두 상위 마디 (supralaryngeal)의 [지속성(continuant)] 자질과 후두(laryngeal) 마디의 [성문 확장성(spread glottis)] 및 [성문 협착성(constricted glottis)] 자질이 말음 위치에 올 수 없다는 주장이 되는데, 여기서 [지속성] 자질은 마찰음이나 파찰음이 올 수 없다는 것을 나타내기 위해서, 그리고 [성문 확장성]과 [성문 협착성] 자질은 폐쇄음의 유기음과 경음이 올 수 없다는 사실을 나타내기 위해서 설정되었다고 볼 수 있다. 여기에서는 말음 위치에서 마찰음과 파찰음이 나오지 못하는 현상과 폐쇄음의 경음과 유기음이 나오지 못하는 현상, 그리고 모든 폐쇄음이 미파열로 끝나는 현상이 두 개 이상의 소리 자질이 관여하는 별개의 현상이냐 하는 점에 의문을 표시하며, 말음 위치에서 마찰음, 파찰음, 폐쇄음의 파열과 경음, 유기음이 허용되지 않는 것은, 그것이 규칙이든 제약이든 하나의 기제에 의해 파악되어야 하며, 관여된 소리 자질이 음향 자질인 [잡음성(noise)]임을 제안하였다. 여기서 [잡음성]은 불규칙 파형 에너지(aperiodic waveform energy)로 정의되는데, 조음적으로 마찰이 일어나는 부분(마찰음이든 파찰음이든)에 음향적으로 잡음성이 나타나고, 폐쇄음이 파열되는 순간 음향적으로 잡음성이 나타난다고 한다.[10] 이 잡음성의 강도, 주파수, 지속 시간에 따라 소리가 구분된다. 여기서 강조하는 바는, 한 음절의

특정 위치에서 잡음성 자체의 존재 여부가 국어의 두음–말음 비대
칭 현상을 설명하는 데 중요하다는 점이다. 잡음성의 주파수대와
지속 시간, 강도에서는 각각 차이를 보이지만 공통적으로 잡음성을
갖는 소리로서 잡음성으로만 구성되어 있거나(마찰음), 잡음성으로
끝난다(파찰음, 경음, 유기음, 파열되는 폐쇄음)며, 중요한 점은 이렇게
잡음성을 갖는 소리들이 공통적으로 음절 말음에 올 수 없다는 사
실이라고 하였다. 이로써 국어에서 저해음의 말음 중화 현상을 지
배하는 제약은, 잡음성으로 음절이 끝나는 것을 금지시키는 것으로
볼 수 있다고 주장했다.[11]

10) 음향적으로 무성음에는 비주기파음인 소음(noise)이 나타난다. 따라서 소음은
   유성음인 모음과 공명음에는 나타나지 않는다. 소음은 마찰 소음(fill), 파열 소
   음(burst spike), 기 소음(aspiration)으로 나눌 수 있다. 마찰 소음은 [s]에 나타나
   는 것처럼 약 4000Hz 이상의 고주파수대에 나타나는 비주기파이고, 파열 소음
   은 묶음 구간 직후에 순간적인 수직의 세로줄로 나타난다. 기 소음은 [h]에서처
   럼 뒤따르는 모음의 포먼트 대에 나타나는 무성의 비주기파와 [kʰ]에서와 같이
   파열 소음 직후에 뒤따르는 모음의 포먼트 대에 나타나는 무성의 비주기파로
   실현된다.
11) 경음에 [잡음성] 자질이 있다고 본 이석재(1999)와 달리 양순임(2000)에서는
   경음에는 이 자질을 인정하기 어렵다고 보았다. 어두 파열음 중에서 경음이 가
   장 소음의 길이가 짧으며 [소음성]에 있어서 음절 말 미파음과 가장 가까운 소
   리는 경음이라는 것이다. '무성 자음에 실현되는 비주기파의 길이'를 [소음성]
   이라 정의하고, 그 상대적 값을 부여하면 '마찰음(ㅆ>ㅅ) > ㅎ > 파찰음(ㅊ>
   ㅈ>ㅉ) > 파열음(유기음>평음>경음)'의 순인 것으로 파악했는데 여기엔 문제
   가 있다. 이 순서를 보면 소음성이 가장 강한 소리는 'ㅆ'이 되는데 이것은 경
   음에는 [소음성]을 인정하기 어렵다는 자신의 주장과 모순되는 결과이다.

5.1.3. 음절 말 미파음의 후두 자질

여기서 관심을 가지고 논의할 부분은 음절 말에서 실현되는 미파음에 어떤 자질을 부여할 것인가이다. 음절 말의 미파화된 자음이 경음화 현상의 음성적 동기를 제공하므로, 이 현상을 효과적으로 설명할 수 있어야 한다.

먼저 미파화를 정의한 논의들을 살펴보자. 김-르노(Kim-Renaud: 1975)는 'unreleasing'을 '음성 산출 기관 외부로 나가는 공기 흐름의 완전한 닫힘'으로 정의하고, 파열음뿐 아니라 파찰음과 마찰음도 'unrelease' 될 수 있다고 보았다. 공명자음은 음절 말 위치에서는 'unrelease' 될 수 없고, 오직 무성자음만 음절 말 위치에서 'unrelease' 된다고 결론지었다.

여기서는 음운론적 자질로 [+/− 개방성(released)]을 제안하였는데, 국어의 중화된 폐쇄음은 구강과 비강이 모두 닫혀 있으므로 공기의 배출 통로가 막히게 되며, 폐쇄가 일어나는 동안에는 조음 작용이 중단되고 곧이어 묵음의 기간이 뒤따른다. 이러한 미파화의 부수 효과 때문에 뒤따르는 장애음이 경음화되는 것으로 설명한다.12) 음절 말 미파음에 [+/− 개방성]을 부여하는 것으로는 관찰과 기술의 측면에서는 인정을 받을 수 있을지라도, 경음화 현상이 일어나는 원인에 대한 설명은 제공할 수 없다는 한계가 있다. 또한 미

---

12) Post-Unreleased Fortition. A non−sonorant released segment becomes Tense when preceded by an unreleased segment.

파화를 '음성 산출 기관의 외부로 나가는 공기 흐름의 완전한 닫힘'으로 정의함으로써 음절 말의 공명음에 일어나는 미파화를 포착하지 못하였다.

반면 '개방(release)'과 '미개방(non-release)'의 차이를 구강 폐쇄 뒤 구강 파열의 존재 여부로 보는 시각도 있으니, 헨더슨-렙(Henderson & Repp:1982)가 바로 그런 경우이다. 김-르노(Kim-Renaud:1975)의 정의보다 아우르는 폭은 넓어졌으나, 여전히 구강 파열의 부재가 왜 경음화를 유발하는지에 대한 설명은 하지 못한다. 조음적인 기준으로 미파화를 정의한 앞의 두 경우와 다른 관점에서 바라본 스테리에이드(Steriade:1993)은 폐쇄음의 '개방'을 '가청적인 개방(audible release)'으로 정의하였다. 파열(burst)이 동반되거나 협착에 의한 기음(frication)을 동반하고 해제될 때, 이 개방은 가청적이 된다는 것이다. 그러나 파열(burst)이 꼭 가청적인 것만은 아니라는 점에서 정의로서의 한계가 있다.

[개방성] 자질을 사용하지 않고 음절 말 미파음을 파악한 논의로 백(Baek:1991)을 들 수 있다. 여기서는 '미파 폐쇄음(unreleased stops)'의 음성적 특성을 '무성, 무기, 후두화음(glottalized)'으로 파악하였다. 미파 뒤의 묵음 구간(silent interval)은 조음 작용의 휴지(articulatory pause)를 의미하며, 이때 일어나는 성문의 폐쇄가 성문 폐쇄음을 산출하게 되는 것이다. 성문 폐쇄음을 동반한 조음 작용의 휴지를 국어의 경음화 기술의 결정적 개념으로 본 것이다.

국어의 자동적 경음화를 기술하는 태도를 크게 음절 말 미파음이 가진 경음적 요소가 후행 요소의 경음화를 유발한다는 입장과 미파화라는 기제가 경음화 현상에 어떤 식으로든 영향을 미친다는 입장으로 나눌 수 있다. 세부적인 내용은 다음 절에서 논하기로 하고, 일단 음절 말 미파음이 가진 어떤 특성이 경음화를 유발한다고 본 연구를 살펴보자.

김차균(1971)에 따르면, 지금까지 국어학계에서는 닫침소리('미파음')를 평음으로 인정해 왔는데,[13] 평음과 경음을 판별하는 기준은

---

13) 허웅(1985)에서는 음절 말 미파음을 '닫음소리'라 하고 다음과 같이 설명했다.

[p˺] 입, 잎, 앞, 앞뜰, 밥그릇, 곱창

[t˺] 옷, 곳, 꽃집, 밑바닥

[k˺] 박, 호박벌, 석탄, 속담

이 자음들이 나타나는 자리는 모두 같아서 말끝이나 비음 외의 다른 자음 앞에서 나타나고 그 밖의 자리인 말 첫머리나 모음 앞에서는 나타나지 않는다. 더 간단히 말하면 음절의 종성으로만 나타나고 초성으로는 나타나지 않는다.

종성에 나타날 수 없는 소리들은 '/p/, /p'/, /pʰ/, /t/, /t'/, /tʰ/, /ʧ/, /ʧ'/, /ʧʰ/, /s/, /s'/, /h/, /k/, /k'/, /kʰ/'로 소위 장애음 전부이다. 그러므로 장애음들은 모두 음절 끝자리에 있어서는 그 변별적 기능을 잃는 것이다. 위의 장애음들은 음절의 첫소리에서만 서로 변별적으로 기능할 수 있지 음절 끝소리로 쓰이는 일은 없다. 그 반면 닫음소리 [p˺, t˺, k˺]는 첫소리로 나타나는 일은 없고 끝소리로만 쓰이게 된다. 따라서 이 두 가지 소리들은 그 배치가 서로 배타적이다. 그러므로 프라그 학파의 학설을 좇는다면 닫음소리들은 터뜨림소리들의 원음소의 실현으로 볼 수 있다. 곧 /p/, /p'/, /pʰ/ 세 음소에 공통된 변별적 소리 바탕의 모두를 이 세 음소의 원음소로 보고 중화 위치에 나타나는 [p˺]를 이 원음소의 실현으로 볼 수 있는 것이다.

[p˺]는 배치상의 배타성으로 보나 그 음성적 유사성으로 보나 /p/에 속할 가능성도 있고 /p'/나 /pʰ/에 속할 가능성도 있다.

우리의 생각으로는 [p˺]는 약한 소리이다. 그 다음에 오는 /p/, /t/, /k/가 된소리가 되는 경향이 있음을 보면 [p˺]도 켕김으로 보아질지 모르나 '밥그릇'에서 /k/의 켕김은 [p˺]에서 시작되는 것은 아니다. [p˺]에서는 후두 켕김을 느낄 수 없고 특히 '입, 잎'에서의 닫음소리는 전혀 켕김을 수반하는 것 같지는 않다. 따라서 음성적 성격으로 보아서 [p˺]는 [p]에 가깝다. 또 심리적 방면으로 보면 우리들은

하나, 조음자가 조음점에 붙어 있는 동안의 길이, 둘, 조음자가 조음점에 붙어 있는 동안의 근육의 긴장도, 셋, 자음이 [−공명성]일 때는 후두의 긴장도, 이 세 가지로 볼 수 있다고 하였다. '작다'의 'ㄱ'은 '가다, 아기'의 'ㄱ'보다 후설이 연구개에 붙어 있는 시간이 길고, '먹다, 딸기'에서 종성으로 쓰인 'ㄱ, ㄹ'은 혀와 입천장의 근육의 긴장이 '가루'의 'ㄱ, ㄹ'보다는 현저히 강하며, '어깨, 빨래'의 'ㄲ, ㄹㄹ'보다는 조금 약하지만 거의 같은 정도라고 보아, 음절 말 미파음은 경음과 평음 중간 정도의 긴장도를 가지고 있지만, 경음 쪽에 가깝다는 주장을 펼쳤다.[14]

어두 위치 또는 비음이나 설측음 뒤에 나타나는 경음은 미파음 또는 모음 사이에 나타나는 경음보다 후두의 긴장이 더 강하고, 모음 사이나 미파음 뒤의 위치에서는 후두의 긴장이 있기는 하되 그렇게 분명하지는 않으므로, 다른 자음 앞에 오는 미파음은 반경음, 즉 후두 반긴장음이라 하였다. 음성학적으로 경음이든 반경음이든 음운으로는 경음에 속한다고 하여, 음절 말 미파음을 경음으로 분류하였다.

미파음은 반드시 후두의 긴장을 수반하기 때문에 그 뒤에 오는 'ㄱ, ㄷ, ㅂ, ㅈ' 따위는 후두 긴장음으로 동화된다며, 다음과 같은 규칙으로 나타냈다.

[p⌐]를 /p/로 생각함이 보통이다.

14) 정확한 실험을 한 것은 아니나 자신의 주관적인 인상은 아니라며 대학생 60명에게 질문을 통해 같은 결론을 얻었다고 했으나 객관적 자료를 제시하지 못했다는 반론을 피하기 어려워 보인다.

$$\begin{bmatrix} +\text{자음성} \\ -\text{울림성} \\ -\text{후두성} \end{bmatrix} \rightarrow [+\text{후두성}] \,/\, [+\text{후두성}]\_$$

종래의 학설에서는 미파음 뒤의 [−울림성] 자음이 왜 경음화하는지 설명할 수 없었다며, 이 현상을 후두성의 동화 현상으로 파악했다.

김차균(1982)에서는 '닫침소리'에 대해 다음 쪽의 〈표 5-2〉와 같이 언급하여[15] 김차균(1981)의 논의를 발전시켰는데, 이 두 논의는 약간의 차이를 보인다.

표 5-2. 김차균(1982)의 닫침소리

음 소	닫 침 소 리
/ p pʰ p' /	[p˼]
/ t tʰ t' /	[t˼]
/ s s' /	[t˼]
/ c cʰ c' /	(c˼ →) [t˼]
/ k kʰ k' /	[k˼]
/ r /	[l](=[r˼])
/ m /	[m˼]
/ n /	[n˼]
/ ŋ /	[ŋ˼]
/ h /	(ʔ˼ →) Ø (어말에서) (ʔ˼ →) [t˼] (자음 앞에서)

(1) 장애성(obstruent) 자음의 닫침소리(=미파음)는 물리적으로는 경음 (후두 긴장음)이지만, 심리적으로는 평음이다. 따라서 이 소리들은 뒤따르는 모음에 연음될 때는 평음으로 작용한다.

(2) 유기음과 /h/를 뺀 모든 장애음은 미파음 뒤에서는 경음으로 중화 한다.

(3) 모음에 닿아 있지 않은 닫침소리는 탈락된다.

(4) ① /h/(ㅎ)는 뒤따르는 자음이 /p/(ㅂ), /t/(ㄷ), /c/(ㅈ), /k/(ㄱ) 가운 데 하나일 때는 자리를 바꾼다.

② /h/(ㅎ)는 /p. t. c. k/ 이외의 자음 앞에서는 닫침소리 [ʔ]로 되 고, 이것이 [t˺]로 강도가 강화되지만, 모음 또는 휴지(#) 앞에 서는 탈락된다.

(5) /p, t, c, k/(ㅂ, ㄷ, ㅈ, ㄱ)는 뒤따르는 /h/와 축약되어 [pʰ, tʰ, cʰ, kʰ](ㅍ, ㅌ, ㅊ, ㅋ)로 변한다.

(6) 닫침소리는 열림소리에 조음 위치가 잘 동화되지만, 거꾸로 동화 는 잘 일어나지 않는다.

김차균(1981)에서는 반경음이 음운적으로는 '경음'이라고 분명히 밝혔으나, 김차균(1982)에서는 물리적으로는 경음이나 심리적으로

---

15) 김차균(1974, 1976)에서는 "음절 말(또는 그 밖의 어떤 위치)에서 개방을 갖지 않은 소리를 닫침소리(폐음)이라 부르고 개방을 갖는 소리를 열림소리(개음)이라 부른다"고 하여 미파음을 '닫침소리'라고 했으며, 김차균(1998)에서는 용어를 '닫 힘소리'로 바꾸었는데, "능동부의 중앙선 위의 한 부분이 고정부의 중앙선 위의 한 부분에 닫힌 채로 끝나는 닿소리"로 닫힘소리로 정의하고, 모든 닿소리는 '닿 소리 또는 쉼' 앞에서 닫힘소리로 되고, 닫힘소리가 장애음일 때는 반경음의 자 질을 가진다고 하였다.

는 평음이라 하여 한 발 물러난 듯한 느낌을 준다.[16)]

또, 김차균(1981)에서는 음절 말 자음이 미파화하는 이유에 대해서도 다음과 같이 언급하였는데, 음성학적으로 타당성 있는 설명을 하고 있다.

국어의 '프, ㅂ, ㅃ' 즉 /p^h, p, p'/는 폐쇄와 지속의 단계에서는 구별되지 않고 개방의 단계에 가서 기(aspiration)의 세기나 후두의 긴장의 특징이 나타난다. 이리하여 '풀, 불, 뿔'의 '프, ㅂ, ㅃ'은 구별되지만 '입, 잎'에서 'ㅂ'과 '프'은 구별되지 않는다. 그것은 자음의 뒷부분인 개방의 단계가 실현되지 않아서 자음의 변별적인 기능이 이루어지지 않기 때문이다.

'ㄷ, ㅌ, ㄸ'과 'ㅈ, ㅊ, ㅉ'의 구별은 개방의 단계에서 가능하다. 빠른 개방(abrupt release)이면 'ㄷ, ㅌ, ㄸ'이 되고, 느린 개방(delayed release)이면 'ㅈ, ㅊ, ㅉ'이 된다. 이들의 구별도 개방의 단계에서 이루어짐은 'ㅂ, 프, ㅃ'의 경우와 마찬가지이다. 이 여섯 개의 소리가 구분되는 위치는 C1이며, 이들이 C2 위치에 오면 개방이 이루어지지 않기 때문에 모두 내파음 [t⌐]으로 중화된다.

---

16) 중화 위치에 나타나는 분절음은 같은 서열의 음소들 가운데서 가장 단순한 소리(평음)으로 인식되는 경향이 있다.

어말 또는 음절 말의 내파음 [p⌐], [t⌐], [k⌐]은 심리적으로 가장 단순한 소리들(즉 무표음 계열) /ㅂ/, /ㄷ/, /ㄱ/으로 인식되지만 객관적 음성학적 현실로는 무기 경음(된소리) [p], [t], [k]에 가장 가까운 소리들이다.

울림도 1°의 닫힘소리들은 모두 음성학적으로 경음성 자질을 가지고 있으므로 이들 뒤에 오는 /ㄷ/, /ㅈ/, /ㅂ/, /ㄱ/, /ㅅ/은 된소리(경음)로 변한다.

미파음 뒤에서 유기음 /sh/(ㅅ)과 경음 /s/(ㅆ)은 경음 [s]로 중화된다.

C2의 위치는 대부분의 언어에서 /m, n, r, l/ 따위의 자음들은 개방 (release 또는 opening)이 실현되지 않는다. 많은 언어에서 C2의 위치에서 파열음의 개방은 임의적이다. 자음의 개방을 줄이는 것은 노력 절약이라고도 볼 수 있다. C2의 위치에서는 조음 방법뿐 아니라 조음 위치도 중화된다. 국어에서는 C1의 위치에서 'ㄷ, ㅌ, ㄸ'은 치조에서, 'ㅈ, ㅊ, ㅉ'은 치조경구개의 위치에서 발음되지만, C2의 위치에서는 조음 방법이 모두 내파음 [t̚]로 같을 뿐만 아니라 조음 위치도 모두 치조로 중화된다.

마찰음, 모음과 활음을 제외한 대부분의 자음은 모음과 모음 사이에서는 폐쇄-지속-개방의 세 단계로 발음된다. 그러나 음절 말 위치에서는 거의 대부분의 개별 언어에서 비음([m, n, ŋ])이나 설측음([l])은 비강이나 혀 옆은 열려 있으나, 구강 안의 조음자와 조음점은 닫혀 있으며 개방의 단계를 갖지 않는다.

김차균(1998)은 음절 끝의 공명음도 닫힘소리가 된다고 보고, 닫힘소리 규칙을 다음과 같이 표시하였다.

$$C \rightarrow C^{\daleth}/\underline{\quad} \ \{C, \ \#\}$$

그리고 C˙이 [+장애성]일 때는 [반경음]의 자질을 가진다고 한다. 이렇게 보면 C˙을 뒤따르는 평음의 경음화는 [경음성] 자질 닮음이 되어 음운 변동을 설명하기 쉽다는 것이다. 그러나 이 논의가 타당성을 인정받기 위해서는 닫힘소리, 즉 음절 말 미파음이 [반경음]의 자질을 갖고 있는지에 대한 음성학적 연구가 뒷받침되어야 할 것이다.

경음화가 일어나는 원인을 설명하기 위해서는 과연 장애음이나 휴지 앞에서는 항상 파열 단계가 실현되지 않는지, 음절 말 미파음에 긴장성이 실현되는지에 대한 음성적 고찰이 필요하다.

미파화가 경음화 현상을 유발하는 결정적인 음성적 기제로 미파화 과정에서 일어나는 성문의 폐쇄를 들고 있는 김정우(1994)를 비롯한 일련의 논의에서는, 성문 폐쇄음을 국어의 음운으로 설정하거나 [성문 협착성] 자질을 도입하는 입장을 취하는데, 이러한 논의가 정당한지를 검토해 보려는 것이다.

또, 김차균(1974, 1981, 1982, 1998) 등 일련의 논의가 주장하는 바대로, 음절 말 미파음이 긴장성을 가지는지에 대한 확인도 이루어져야 할 것이다.

음절 말 미파음의 조음 과정을 관찰한 시도는 많이 알려져 있지 않다.[17] 그 가운데에서 박혜숙(1982)는 후두 내시경을 이용하여 음절 말 미파음에서 성대의 내전·외전이 어떻게 나타나는지 관찰하고, 근전도를 통해 평음, 경음, 유기음의 세 종류 파열음 구별에서

[17) 사와시마 외(M. Sawashima, H. S. Park, K. Honda, H. Hirose:1980)에서도 같은 실험을 행했는데 그 결과는 다음과 같이 요약할 수 있다.

　1. 한국어 음절 말 폐쇄음의 기본적인 후두 자질은 구강 폐쇄와 동시에 시작되는 작은 성문 열림도로 특징지어진다.

　2. 음절 말 폐쇄음에 같은 조음 위치의 음절 두음이 뒤따를 경우 성문 열림도가 관계되는 한 음절 말 폐쇄음의 후두 자질은 뒤따르는 자음의 것과 닮아간다.

　3. 세 가지로 변별되는 음절 초 폐쇄음의 기본적 후두 자질은 음절 말에도 적용되는 것으로 나타났다. 그 폐쇄음은 다음에 모음이 뒤따를 때나 다른 어떤 언어적 조건 아래에서 원래의 특성이 회복된다.

음절 초와 음절 말에서 갑상피열근의 활동이 어떻게 나타나는지 관찰한 실험적 연구이다.

후두 내시경을 피실험자의 비강으로 투입해 발음할 때 후두의 모양을 초당 50개로 녹음하고, 동시에 16밀리(mm) 영화로 촬영하는 방식으로 실험이 진행되었다.

음절 말 미파음 [k˺]의 경우(실험 단어:객) 조음 폐쇄 시점부터 2코마 뒤(0.04초)에 성문이 열리기 시작한다. 이 곡선에서 보듯이, 성문은 조금씩 열린 채 2, 3코마 사이에 그 상태를 지속하고 있다.

조음 위치가 서로 다른 자음끼리의 연속에서 음절 말 미파음의 시간에 따른 성문 열림폭 곡선을 보면, 어느 예에서도 성문은 조음 폐쇄부터 4, 5코마의 기간 동안 조금 열려 있다. 성문은 모든 실험 예에서 폐쇄 시점으로부터 1, 2코마 뒤(0.02~0.04초)에 열리기 시작하였다.

위와 같은 실험 결과는 국어의 음절 말 미파음의 후두 조절에서는 평음, 경음, 유기음의 구별과 후속하는 자음의 조음 위치에 관계없이, 모두 조음 폐쇄 시점 전후에 성문이 조금 열리는 것을 나타낸다. 이런 관찰 결과를 토대로 박혜숙(1982)에서는 다음과 같은 결론을 내렸다.[18]

(1) 한국어의 음절 말 미파음의 후두 조절의 기본 특징은 조음 폐쇄와 거의 동시에 시작되는 성문이 크게 열리는 것에 불과하다.

(2) 음절 말 미파음에 동일한 조음 위치의 음절 초 파열음 또는 음절

---

18) 용어와 표현은 국어에 맞도록 필자가 자연스럽게 수정하였다.

초 마찰음이 후속하는 자음 연속에서는 성문의 개대(開大) 폐쇄에 관한 후두 조절은 후속 자음의 그것과 비슷하게 된다.

(3) 음절 말 미파음에 다른 조음 위치의 음절 초 파열음 또는 마찰음이 후속하는 자음 연속일 경우에서도 성문의 개대폐쇄(開大閉鎖)에 관한 후두 조절은 후속하는 자음의 그것과 비슷하게 된다.

즉, 음절 말 미파음이 문말에서 발음된 경우의 후두 조절은 조음 폐쇄와 거의 동시에 성문이 근소하게 열리는 것으로 특징지을 수 있다는 사실을 확인하였다. 조음 폐쇄가 형성되면 바로 피열 연골(披裂軟骨)의 근소한 외전이 있고, 그것이 단시간 지속되는 것이 국어의 음절 말 미파음의 후두 조절의 기본형이라 생각된다는 결론을 내린다. 이와 같은 관찰 결과는 음절 말 미파음이 성문 폐쇄를 동반하지 않는다는 결정적 근거가 될 수 있다.

음절 말 미파음과 관련하여 김-종맨(Kim, H. & Jongman, A.:1996)에서도 흥미로운 사실을 보고하였다. 어말 폐쇄음(word-final stops)의 83퍼센트에서 짧은 파열(brief release burst)이 뒤따르는 것이 관찰되었다는 것이다. 이는 음절 말 위치의 중화음은 미파 폐쇄음(unreleased stops)이라는 전통적인 견해와 배치되는 것이라 눈길을 끈다.

어간 말 위치의 치경 폐쇄음 '/t, th, s/'와 연구개 폐쇄음 'k'와의 연결에서 첫 번째 자음인 치경음에서 파열이 관찰되었는데, 이것은 청각적으로는 탐지하기 어려우나 음향적 분석에서는 분명히 드러난다. 헨더슨-렙(Henderson & Repp:1982)에 따르면 영어의 자음군에서 첫 번째 폐쇄음이 치경음이고 두 번째가 연구개음일 때, 85퍼센트에서 선행 자음인 치경음의 파열이 관찰된다고 한다.

이들은 'release'와 'nonrelease'는 흔히 말하듯이 구강의 폐쇄와 파열보다 기류 조절의 기제(airstream mechanism)와 관련이 있을 것이라는 결론을 내린다. 그래서 'release'를 다음 분절음의 조음 시작 전이나 도중 폐의 외파적(날숨, egressive) 기류 흐름이 뒤따르며 구강의 폐쇄가 제거되는 것으로 파악하고, 미파 폐쇄음들은 구강 파열의 부재나 내파적(들숨, ingressive) 기류 흐름을 동반한 낮은 진폭의 파열로 인식된다고 하였다.

박혜숙(1982)의 근전도에 따른 검사 결과, 어두 파열음의 세 가지 유형은 자음의 조음 폐쇄 시점 부근에서도 후속 모음의 개시 시점 부근에서도 명백한 차이가 나타났다. 즉, 자음의 조음 폐쇄 시점 부근에서 유기음은 갑상피열근의 근활동이 가장 강하게 억제되고, 경음은 가장 약한 억제가 있고, 평음은 이것들의 중간 정도의 억제가 인정되어, '경음 < 평음 < 유기음'의 순서로 갑상피열근의 억제 정도가 다른 것이 인정된다. 이 결과는 후두 내시경으로 관찰된 파열음 세 종류 유형의 각 성문 열림도와 대응하는 것이다.

음절 말 미파음에 평음 또는 경음이 후속하는 자음 연속에서는 갑상피열근의 근활동은 어두의 경음과 비슷한 시간 패턴을 보인다. 즉, 음절 말 미파음의 개시 시점에서 이미 경음과 유사한 갑상피열근의 근활동이 나타난다.

이상의 결과를 토대로 이 책은 음절 말 미파음에 [성대 경직성 (stiff vocal cords)] 자질을 부여하려 한다. 이를 통해 폐쇄음 뒤의 경음화 현상을 후두 자질의 동화 과정으로 볼 수 있는 길이 열린다.

경음과 유기음에 [성대 경직성] 자질을 부여하는 이유 가운데 하나는 다음 모음의 기본 주파수 상승을 가져오기 때문이다. 성대근의 활동 억제가 복귀되는 데에 평음이 가장 약하고 느리며, 이것이 낮은 F0로 나타난다. 반면에 경음과 유기음은 성대근 활동 억제의 해제가 빠르고 강하기 때문에, 다음 모음의 F0이 높아진다. 유기음의 경우 공기역학적 기제가 인접 모음의 기본 주파수 상승을 돕기도 한다. 경음과 유기음을 구분하기 위해서는 다른 차원의 용어가 필요한데, 그것이 성문의 넓이이며 VOT는 성문 열림도의 부산물이다. 이 책에서는 이를 후두 자질 [성문 협착성(constricted glottis)]과 [성문 확장성(spread glottis)]으로 설정한 바 있다.

앞에서 음절 말 미파음은 구강 폐쇄의 순간이나 약간 뒤에 작은 성문 열림도를 보인다는 사실을 확인하였다. 즉, 성문의 폐쇄가 일어나지 않는 것이다. 이를 뒷받침하는 또 다른 근거가 있는데, 사와시마 외(Sawashima et.al.:1979)의 실험 결과를 보면 '[kə]'와 '[kət]'을 비교한 결과, 음절 말 미파음의 경우 성대근의 활동이 모음의 피크 다음, 즉 자음의 폐쇄 앞에서 갑자기 급하강 하는 결과를 보이며, '음절 말 폐쇄음+평음'의 연쇄에서 성문의 열림 정도는 음절 초 경음의 경우와 거의 같으나, 전자가 구강의 폐쇄 지속 시간이 더 길다.

또, 히로세 외(Hirose et.al.:1981)의 EMG 실험 결과를 보면 성대근의 활동 억제의 정도와 시점, 그리고 성대근의 활동이 다시 시작되는 정도와 시점도 '음절 말 폐쇄음+평음' 연쇄의 경우나 음절 초 경음의 경우와 비슷한 것으로 나타난다.

음절 말 폐쇄음+평음의 연쇄와 음절 초 경음의 경우, 전자가 더 긴 폐쇄 지속 시간을 가진다는 점을 제외하면 음성적으로 서로 유사하고, VOT에서 유의미한 차이도 보이지 않으므로, 두 분절음의 연쇄는 경음의 경우와 같은 후두 자질을 가져야 할 것이다.

장애음이나 휴지 앞의 음절 말 자음은 조음 위치와 성문 사이의 기압이 높다는 점에서도 긴장성을 띤 소리라 할 만하다. 두 자음이 연속되는 동안 능동부가 파열 없이 폐쇄를 지속한다면, 그 동안은 공깃길이 완전히 막힌 상태이다. 성문은 약간 열려 있어서 기류는 폐에서 성문을 거쳐 올라오지만, 구강과 비강의 통로가 막혀 있어 기류가 나가지 못하고 입 안에 갇혀 있게 된다. 닫힌 공간에 공기를 계속 주입하는 것과 같다. 이렇게 되면 입 안의 기압은 올라갈 수밖에 없다.

롬바르디(Lombardi:1991)에 따르면, 후두 마디는 오직 음절 초 위치에서만 허가되며, 음절 말음 위치에서 후두 마디는 뿌리 마디로부터 삭제된다. 그래서 경음과 유기음이 가진 [성문 협착성] 자질과 [성문 확장성] 자질은 음절 말에서 실현될 수 없다. 그렇다면 후두 자질의 일종인 [성대 경직성]이 음절 말 미파음의 자질로 부여되어도 괜찮을 것인가 하는 의문이 제기될 수 있다.

두 연속된 분절음의 결합에서 성도에서 폐쇄가 연장되어 일어나는 동안 후두의 조음 형상을 바꾸지 않으려는 경향이 있다. 즉, 연속하는 두 분절음은 같은 후두 형상을 가지려 한다는 것이다. 후두의 긴장을 기준으로 설정된 자질인 [성대 경직성]과 [성대 이완성]은 폐쇄음의 개방 단계가 실현되지 않는 미파와 관련된 자질이 아니므로 음절 말 폐쇄음도 이 자질을 가질 수 있다.

음절 말 중화음은 평음이 아니라 경음이며, 폐쇄음 뒤 경음화 현상은 일종의 동화 현상, 즉 [성문 협착성] 자질의 동화라고 본 견해와 필자의 논의에는 상당한 차이가 있다. 백(Baek:1991)은 중화된 폐쇄음은 성문이 완전히 폐쇄되고 후두음화된다고 주장하였지만, 이를 뒷받침할 만한 음성학적 근거가 없다. 앞에서 언급한 실험 결과에 따르면, 중화된 폐쇄음의 성대는 완전히 닫히지 않으며, 성대의 폐쇄는 중화된 선행 자음의 구강 폐쇄 시점에 일어나는 것이 아니라, 경음화된 후속 자음의 개방 조금 전에 일어난다. 또 후두 자질 [성문 협착성]은 폐쇄음의 개방과 직접 관련되는 자질이어서 미파된 음절 말음의 자질로 보기에는 무리가 있다.

반면에 중화된 폐쇄음이 [성대 경직성] 자질을 가진다고 하면, 이 자질이 조음의 폐쇄가 지속되는 동안에 연속한 두 폐쇄음에 공유된다고 설명할 수 있고, 중화 폐쇄음 뒤에 마찰음이 오는 경우에 일어나는 경음화도 충분히 설명할 수 있다.

그러므로 폐쇄음 뒤 경음화 현상의 규칙화에서 음절 말 폐쇄음이 가진 [성대 경직성] 자질을 다음 음절의 두음에 전파하며, 도출 과정에 [성문 협착성] 자질을 부여하는 과정을 포함해야 한다.[19]

---

19) 안현기(2000, 90~91)의 폐쇄음 뒤 경음화 규칙은 다음과 같다. 이것이 우리의 논의가 다른 것은 평음의 후두 자질을 [성대 이완성(slack)]으로 본다는 것이다. 이 경우 음절 초 평음이 가진 [slack] 자질의 연결선을 끊고 음절 말 자음의 [성대 경직성(stiff)] 자질을 확산하는데, 이 과정이 별로 자연스럽지 않다. 후두 마디가 명세되지 않아서 음절 말 자음의 후두 자질이 확산되는 것으로 보는 것이 더 설명력이 있다고 하겠다.

5.2. 자동적 경음화

국어에는 다양한 유형의 경음화 현상이 있다. 이들은 비음운론적 정보의 개입 여부와 같은 음운 환경에서 발생하는 예외의 존재 여부에 따라서 자동적 경음화 현상과 비자동적 경음화 현상으로 크게 나누어진다. 아무런 비음운론적인 정보도 개입되지 않고 음운론적인 환경만 만족되면 예외 없이 경음화가 일어나는 경우는 자동적 경음화이고, 같은 음운론적 조건 아래에서도 경음화가 일어나지 않는 예외적 존재가 있거나 경음화가 일어나는 정확한 음운론적 환경을 예측할 수 없는 경우는 비자동적 경음화 현상이라고 할 수 있다. 비자동적인 경음화 현상은 사이시옷과 관련된 복합어 내부, 비음으로 끝나는 어간 말음을 가진 어미의 활용, 그리고 미래를 표시하는 관형형 어미가 체언과 통합할 때 관찰된다.

자동적인 경음화는 선행어의 말음이 장애음으로 끝날 때 후행하는 평음이 무조건 경음화하는 현상이다. 이 현상은 규칙적이며 예

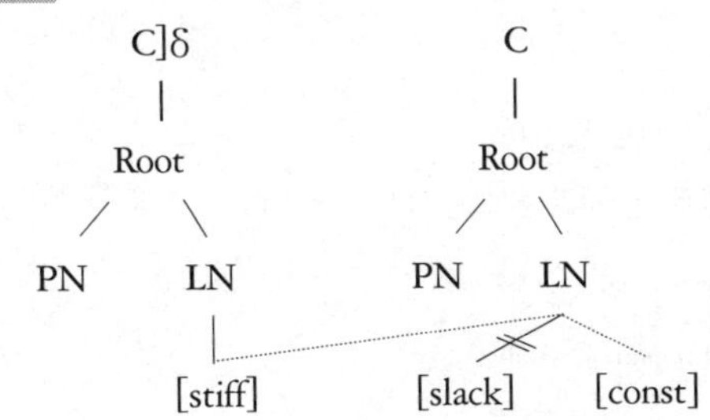

외가 없다. 장애음은 음절 말에서 중화와 미파화 과정을 거쳐 'ㄱ, ㄷ, ㅂ'의 미파음으로 실현되며, 이 뒤에 오는 평음이 무조건 경음화하는 현상에 대한 규칙화는 전통적인 생성 음운론 연구에서 초점이 된 주제였다. 김진우(1967, 9)의 규칙화[20]를 시작으로 많은 시도들이 있었으며 김-르노(Kim-Renaud:1975), 이용재(1978)도 생성 음운론에 의하여 국어 경음화를 연구하였다.[21] 그 가운데 대표적인 논의인 김-르노(Kim-Renaud:1975)에서는 음절 말 미파화의 측면 효과로 경음화 현상이 나타나는 것으로 보고, 다음과 같은 규칙화를 시도하였다.

A. 장애음 미파(Obstruent Unreleasing)

$$\begin{bmatrix} +cons \\ -son \end{bmatrix} \rightarrow [-\text{release}] \,/\, \underline{\quad} \left\{ \begin{array}{c} \$ \\ [-release] \end{array} \right\}$$

B. 측면 효과(Side Effect)

a.

$$[-\text{release}] \rightarrow \begin{bmatrix} -asp \\ -tense \\ -del.release \\ -cont \end{bmatrix}$$

---

20) $[-son] \rightarrow [+tense] \,/\, [-son] \,\underline{\quad}$

21) 이용재(1978)의 경음화 규칙을 보면 다음과 같다.

C

$$\begin{bmatrix} +obst \\ +lenis \end{bmatrix} \rightarrow [+tense] \,/\, [+obst]$$

b.

$$\begin{bmatrix} +\,cor \\ -\,rel \end{bmatrix} \rightarrow [+\text{ant}]$$

C. 미파 후 경음화(Post — Unreleased Fortition)

$$\begin{bmatrix} +\,rel \\ -\,son \end{bmatrix} \rightarrow [+\text{tense}] \; / \; [-\text{rel}] \; \underline{\quad}$$

그러나 생성 음운론에 입각한 이러한 경음화의 규칙화는 원인이 되는 자질과 결과가 되는 자질 사이의 인과적 관계가 불투명하다는 한계를 가진다. 이러한 한계는 자립분절 음운론의 도움으로 어느 정도 해소된다. 경음화를 자질의 확산으로 봄으로써 설명력을 높일 수 있었기 때문이다.

미명세 이론 등 복선 음운론 이후의 이론을 수용한 연구들은 경음화의 원인보다는 표시(representation)에 초점을 두고 있다. 특히 자질 계층 이론은 후두 마디의 독자성을 인정함으로써 경음과 유기음의 내부 구조를 밝히고, 경음화를 비롯한 여러 음운 현상의 설명에 기여한 바가 크다.

국어 자음의 표기에 미명세 이론을 도입한 연구에서는 경음을 [+성문 협착성], 유기음을 [+성문 확장성]으로 표기하고, 평음 계열은 잠재 표기한다. 대표적으로 김기호(1997)에서 제안한 자음 표기를 보면 다음과 같으며, 후두 상위 마디를 이루는 세부적인 자질이나 마디 설정에는 논자마다 차이가 있으나, 경음, 유기음이 가지는 후두 마디의 자질 표시에 대해서는 대체로 동의하고 있다.

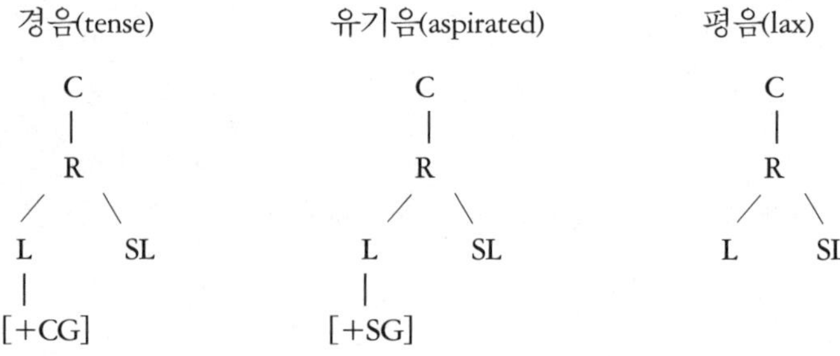

　이러한 자질 표시에 동의하더라도 경음화 현상을 바라보는 시각에는 차이가 있다. 첫째, 하나의 시간 단위인 x-slot의 삽입이나 CV 층위에서의 C 삽입으로 설명하기도 하고, 둘째, [+성문 협착성] 자질 또는 성문폐쇄음의 삽입과 확산으로 설명하기도 하는데, 두 가지 경우 모두 경음화의 결과로 나타난 음에 [+성문 협착성] 자질을 표시해야 하므로, 경음화를 시간 단위의 삽입으로 보는 경우라도 삽입 이후 [+성문 협착성] 자질을 도입하는 절차를 받아들이기는 한다. 특히, 국어의 경음을 겹자음(중복자음)으로 보는 견해에서는 겹자음 강화(GR)에 의해 [성문 협착성] 자질을 획득하는 것으로 본다. 후자의 경우는 연속하는 장애음 사이에 [+성문 협착성] 자질 또는 성문 폐쇄음을 바로 삽입하는 것으로 경음화 현상의 규칙화를 시도한다.

　세부적인 절차와 표시를 논외로 한다면, 경음화를 파악하는 시각은 크게 두 가지로 나눌 수 있다. 그것이 무엇이든 음절 말의 미파음이 가지고 있는 자질이 경음화를 유발한다고 보는 것과, 자음이 연속되는 조음 방식에서 이러한 현상이 유발된다고 보는 것이 그것이다. 미파음을 경음으로 파악한 김차균 등의 논의는 전자의 입장을 취하는 것이고, 미파화에 이은 경음화의 실현에서 가장 중요한 역할을 하는 음성적 기제를 성문의 폐쇄로 본 김정우(1994)나 폐쇄음의 연속으로 인한 폐쇄 지속 시간의 연장이 후두 근육의 긴장을 동반하기 때문으로 본 김경아(1996)의 논의는 후자의 입장을 취한다.[22)]

5.2.1. 경음화와 [성문 협착성] 자질

국어의 음운 표시에 미명세(잠재 표기) 이론을 도입하여 다음 〈표 5-1〉과 같이 표기한 손(Sohn:1987)은, 경음을 [+성문 협착성], 유기음을 [+성문 확장성]로 표시하고 평음은 미명세한다.[23)]

미파된 장애음의 긴장도는 음운론적 긴장과 맞먹는다고 설명할 수 있다 하고, 장애음의 경음화 현상을 [+성문 협착성] 삽입으로 설명하였다. 이 [+성문 협착성]은 뒤따르는 x 마디에 그 자질을 확산시켜 경음화를 유발하게 된다.

---

22) 김영송(1981)의 "'벽돌'의 'ㄷ'이 연음으로 나올 수도 있는데 된소리로 되는 까닭은 연음 'ㄷ'에 '되기' 바탕이 더해지기 때문인데, 이 바탕은 선행 닿소리 'ㄱ'에서 나는 것이 아니고 'ㄱ–ㄷ'의 조음 방식에서 생기는 것이다. 즉 'ㄱ'은 여기서 내파하므로 막음 단계에서 터뜨림을 거치지 않고 'ㄷ'의 조음으로 옮아간다. 'ㄱ'의 막음에서 'ㄷ'의 터뜨림에 이르는 동안 조음점은 막음을 지속하고 있다. 그러므로 지님의 시간이 길어지고 지님을 유지하려는 노력으로 조음부의 근육이 긴장되고 기실의 기압이 높아진다. 이것이 '되기' 바탕의 효과를 가져온다"는 언급도 후자의 입장을 보여준다.

23) 미명세(underspecification) 이론에서는 기저 형태에 존재하지 않는 음운 자질은 표시하지 않을 것을 요구한다.

표 5-3. 국어 자음의 미명세 표기

	p	p'	pʰ	t	t'	tʰ	s	s'	c	c'	cʰ	k	k'	kʰ	m	n	ŋ	l	r	h
지속성 (continuant)							+	+												+
전방성 (anterior)									−	−	−	−	−	−			−			
설정성 (coronal)	−	−	−									−	−	−	−		−			
공명성 (sonorant)																		+	+	
비음성 (nasal)															+	+	+			
설측성 (lateral)																		+		
성문 확장성 (spread gl.)			+			+					+			+						+
성문 협착성 (constric. gl.)		+			+			+		+			+							

```
(1)    Ø  →  x  /   x ___ x
              |       |     |
           [+CG]  [−son] [−son]


           x              x
           |              |
         [+CG]         [−son]
```

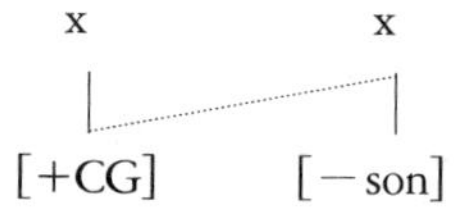

[+성문 협착성]의 확산은 후속 자음의 경음화로 나타나는데, 국어에서는 같은 음절에 두 장애음이 연속될 수 없으므로 삽입된 x 마디는 음절 구조에 편입되지 못하고 삭제된다. 여기서는 [+성문 협착성] 자질을 인후가 압축되어 그곳의 공기압이 증가되는 것을

가리키는 것으로 보아, 성문 폐쇄음과 같은 가치를 지니는 것으로 해석하여 사용하였다.24)

경음화(tensification) 현상은 형태소 내부에서 예외 없이 일어나며, 기저의 평장애음은 다른 장애음 뒤에서 경음화된다. 이러한 경음화 현상이 일어나는 이유로 미파화를 드는데, 국어의 장애음은 음절 말 위치에서 미파(unrelease)되며, 이 때문에 후속음이 장애음일 때 조음 위치에서의 폐쇄가 뒤따르는 조음에까지 연장된다. 그러므로 두 자음의 지속 시간 동안 인두의 공기압이 상승한다. 음절 말 장애음의 미파 때문에 인두의 공기압 증가는 인두의 공기가 압축됨으로써 일어나는 성문 폐쇄(후두 폐쇄; glottal closure)와 같은 효과를 유발하므로, 미파된 장애음 뒤의 경음화 현상은 후두의 협착과 음운론적으로 등가라고 설명할 수 있다는 것이다.

손(Sohn:1987)에서는 ① 일반적인 경음화 현상, ② 동사 어간 말 비음 뒤의 경음화 현상, ③ 관형형 어미 '-ㄹ' 뒤의 경음화 현상,25) ④ 사잇소리의 네 가지 경음화 현상을 모두 [+성문 협착성]의 확산이라는 동일한 기제로 설명하고자 하였다. 일반적인 경음화 과정은 앞에서 보였고, 나머지 세 가지 경음화 현상을 위해서는 다음과 같은 규칙을 설정하였다.

---

24) 이는 후두화음은 후두 폐쇄가 유지되는 동안 인두에서 압축된 공기가 방출되는 것으로 특징지어진다(Ladefoged:1982)는 음성학적 설명을 바탕으로 한 것인데, 국어의 경음은 후두화음(성문화음)이 아니다.

25) 관형형 어미 '을'의 기저형을 'ㄹ' 뒤에 부동 자질 [+성문 협착성]을 가진 것으로 설정했다.

(2) Ø → x / x] stem ___
         | |
      [+CG] [+nas]

(3) 관형형 어미 첨가

         N
         |
      x   x
      | |
      ɨ   l [+CG]

(4) 관형격 형태소

         x
         |
      [+CG]

이와 비슷한 논의로 김(Kim, C.-B.:1974)가 있는데, 여기서는 성문 폐쇄음 [ʔ]이 삽입되고, 이것이 [t]로 대치되는 것으로 설명하였다. 이에 대해 정(Chung:1980), 이(Lee, Y.-T.:1982)는 성문 폐쇄음이 국어의 음소 목록에 존재하지 않는다는 이유로 반대하였는데, 손(Sohn, H.-S.:1987)은 이에 대해 미명세 이론에서는 자질과 같이 작은 단위도 형태소로 인식될 수 있으므로, 자질 [+성문 협착성]는 성문 폐쇄음 [ʔ]과 같은 문제를 불러일으키지 않는다고 주장한다. 자질 미명세에서 [+성문 협착성] 자질은 뒤따르는 장애음에 후두 자질을 배당하는 기능을 수행하는데, 이것은 국어 기저 음소 목록의 구조 보존 제약을 위반하지 않는다. 왜냐하면 [+CG]는 잠재표기된 체계에서 /t'/의 표기이기 때문이라는 것이다.

경음화 과정에서 성문 폐쇄음이 개입된다는 주장을 펼치는 김정우(1994)의 논의를 정리하면 다음과 같다.

음절 말 자음의 미파화는 후속 환경의 폐쇄성 때문에 조음 작용이 중간에 중단되는 현상이다. 그렇기 때문에, 구강 안의 압축 공기가 외부로 배출되는 길이 막혀버린다. 따라서 구강 내부의 압력이 필요 이상으로 증가하는 것을 막기 위하여 미파화와 동시에 성문이 순간적으로 폐쇄(glottal stop)를 일으키고, 이 성문의 폐쇄는 인두강(pharyngeal cavity) 안의 공기를 압축하게 되는데, 이 밀착된 압축 기류가 후속음을 경음화시키는 것이다. 즉, 두 장애음이 연속 발음될 때, 폐쇄되었던 성문이 후속음의 파열과 동시에 파열을 일으키면서 경음화 현상이 일어나게 된다는 것이다. 두 장애음의 연속에서 일어나는 자동적인 경음화 현상은 성문 폐쇄음의 발생에 따른 것이며, 경음화 현상은 모두 이 성문 폐쇄음이 결정인자로 작용한다는 것이다.

성문의 폐쇄를 유발한 직접적인 원인은 선행 음절 말음의 폐쇄이며, 경음화 현상의 음성적 기제를 합리적으로 설명해 줄 수 있는 규칙에 이를 반영하기 위해서 성문 폐쇄음을 국어의 자음 체계에 설정하였다. 즉, 두 장애음의 연속에서 일어나는 자동적인 경음화 현상은 성문 폐쇄음의 발생에 따른 것으로 본다. 다시 말하면, 선행 장애음의 미파화와 동시에 일어나는 성문 폐쇄 때문에 증가된 인두강 내부의 압력이 후속 저해음의 파열과 동시에 분출되므로 후속 장애음이 경음화 된다는 것이다. 이를 요약하여 정리하면 다음과 같다.

첫째, 경음화 현상이 발생하는 환경은 음성적으로 미파된 장애음 다음이다.

둘째, 경음화 현상을 능동적으로 주도하는 결정인자는 성문 폐쇄로 인하여 발생되는 성문 폐쇄음이다.

셋째, 경음화 현상의 직접적인 원인은 성문 파열과 후속 장애음의 동시 파열에 의한 압력 증가이다.

성문 폐쇄음을 [+저음성(low), −지속성(continuant)]으로 자질 표시하였다. 그리고 성문 폐쇄음은 국어에서 독자적인 음운으로 설정되었으므로 자격상 CV-층렬 연결선을 가지고 후속 음절과의 연결에서 먼저 σ-층렬에 연결된다. 즉, 분절음 층렬의 성문 폐쇄음이 후속 음절의 CV-층렬에 먼저 연결되는 일은 없다. 경음화의 과정을 보면, 먼저 미파된 장애음 다음에 성문 폐쇄음이 삽입되어 후속 음절의 초성에 연결되는데, 그렇게 되면 후속 음절의 초성에 자음군이 형성되므로 초성에 자음군이 올 수 없다는 국어의 음절 구조 제약에 따라 성문 폐쇄음을 거느리고 있던 CV-층렬과 상위 층렬의 연결선이 끊어지고, 그에 따라 성문 폐쇄음이 후속 음절의 CV-층렬에서 연결선 C에 연결된 다음, 융합으로 경음화가 일어나는 것으로 설명하였다.

오정란(1990)은 국어의 후두음 층렬에 자립 분절소로 'h, ʔ'을 설정하고, 이 기음소와 경음소가 각각 유기음화와 경음화를 유발하는 것으로 설명하는 방식을 취한다. 여기서 보여주는 경음화 과정은 다음과 같다.

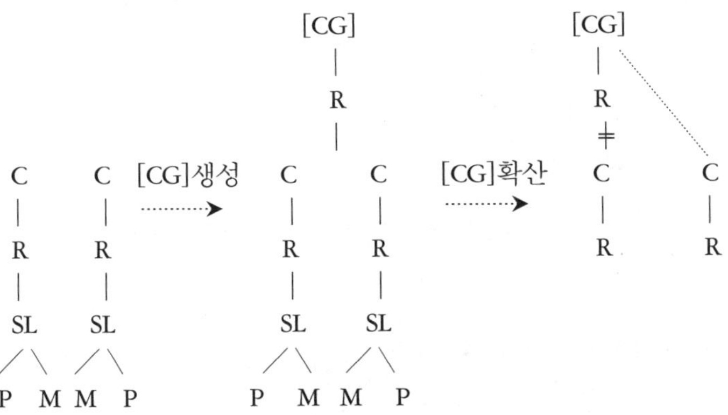

장애음의 연속에서 선행음의 미파가 경음소 [성문 협착성]을 산출하는데, 이는 자립 분절소로서 후행음으로 확산된다는 것이다. 이러한 분석 법에는 몇 가지 문제가 있다. 첫째, [성문 협착성]은 도출 과정에서 도입되는 것일 뿐 미파음 자체의 자질을 규정하지 못하였다. 둘째, 선행 음절 말음에 [성문 협착성]이 생성된 결과 나타난 미파음의 표시가 경음의 기저 표시와 같아졌다. 경음과 미파음은 같은 실체가 아니므로 미파음의 표시와 경음의 표시가 같을 수는 없다. 셋째, [성문 협착성]은 확산되고 난 후 마지막 단계에서 연결선이 삭제된다고 하였는데, 확산 뒤에도 여전히 남아 있어야 한다.

경음화를 설명하면서 자질 [+성문 협착성]을 삽입하든, 성문 폐쇄음을 삽입하든 자립 분절소 [성문 협착성]을 도입하든, 위의 세 논의는 [성문 협착성] 자질의 확산이 경음화의 기제라고 본다는 점에서는 공통적이다.

그러나, 앞에서 살폈듯이 음절 말 미파 폐쇄음에는 성문 폐쇄가 동반되지 않는다. 그러므로 [성문 협착성] 자질로 경음화를 설명하는 논의에는 타당성이 결여되어 있다. 이런 입장은 기본적으로 경음이 가진 후두 자질을 [+성문 협착성]으로 파악하기 때문인데, 이는 개방 시점의 성문의 크기와 후두의 긴장도라는 두 가지 기준에서 설정된 후두 자질을 인정하는 필자의 논의와 차이가 있다.

5.2.2. 중복자음 가설의 검토

국어의 경음 또는 유기음을 중복자음(geminate consonant)으로 보는 견해는 유재원(1989), 김선희(1992), 한(Han, 1996), 최종원·전종호(1998) 등에서 제시된 바 있으며, 전(Jun:1994), 이경희(1997)에서는 경음 또는 유기음이 중복자음으로 하나의 모라를 갖는 것으로 보아 음성상징어의 부분 중첩 현상을 설명하였다.

유재원(1989)는 현재 국어 음운론의 분석은 음성적 실현이 똑같아 토박이들이 귀로 들어서는 구분할 수 없는 소리를,26) 한 쪽은 하나의 음소로 다른 쪽은 두 음소의 겹침으로 보는 모순을 범하고 있다고 비판한다. 즉, 음성학적으로는 같은 소리를 표기법의 차이에 따라 별개의 음소로 분석하고 있다며, '이끼-익기', '아끼-악기'의 경우처럼 모음 사이의 경음은 같은 평음의 연속과 음성적 실현이 같으며, 이와 같은 예에 주목하여 경음을 중복자음으로 분석한다.

그러나 '익기'는 '익도록'의 경우와 마찬가지로 장애음이 연속할

---

26) 이끼 조끼 어깨 소뿔 아빠 아씨 쥐똥 도리깨 아저씨 아가씨 아주까리 기쁨
바퀴 서캐 사탕 베틀 아픔 시치미 일으키다 가리키다 가르치다

때 선행 음절 말음이 미파화되어 후행 음절의 초성이 된소리로 조음되는 같은 과정을 거쳐서 표면의 경음이 실현된 것인데, '익도록'의 경우는 중복자음이라 할 수 없으므로 '익기'의 경음화와 '익도록'의 경음화를 같은 기제로 설명할 길이 막힌다.

A. $\emptyset \rightarrow x / x \underline{\quad} x$

$$[+obst] \quad [+obst]$$

B-a)

$$[-son] \qquad \text{(Root Node)}$$

$$\text{(Laryngeal Node)}$$

$$[+CG]$$

b) 중복 자음(Geminates)

$$\text{(Root Node)}$$

$$[-son]$$

A는 김선희(1992)에서, B는 조-인케라스(Cho & Inkelas:1994)에서 제시된 규칙이다. 김선희(1992)는 미파화를 두 저해음 사이에 빈 시간 단위를 삽입하는 것으로 나타냈으며, 이 빈 시간 단위는 다시 오른쪽 저해음의 파급에 따라 채워지는 것으로 본다. 조-인케라스(Cho & Inkelas:1994)는 B-b)처럼 하나의 분절음이 두 모라를 갖는 것

이 중복자음이며, 경음화 현상의 두 장애음이 만날 때 두 번째 자음에 [+성문 협착성]이 생긴다고 기술하고 있다. 이럴 경우 음절 말 미파화와 경음화를 유관한 현상으로 파악할 수 없게 된다.

오(Oh, M.-R.:2000)도 마찬가지로 '악기'와 '아끼-'는 표면 음성은 같으며, 표면의 경음은 기저에서는 평음의 중복자음으로 파악하였다. 이때 경음이 가지는 [+성문 협착성] 자질은 중복자음 강화(GR: geminate reinforcement)라는 음성 규칙에 따른 도출 과정에서 배당되는 것이다.

음절 두음은 모든 자질을 허가할 수 있으나 음절 말음은 오직 평자음만 허가하고, 반대로 양음절적 자음은 오직 후두 자질이 명세된 자음만 허가한다고 본다. 양음절성을 가진 유기음과 경음은 강자음으로 중복음화 되고, 여기에 '강세구(AP) 안의 C1C2 연쇄에서 명세된 후두 자질은 C2에서 C1으로 전파된다'는 '후두 자질 동화'가 일어나[27] 표면의 경음이 실현되는 것으로 본다. 이 논리대로 '묻다' 의 경음이 도출되는 과정을 보면 아래와 같다.

```
      σ      σ        σ     σ         σ      σ
    / | \   / \     / | \  / \      / | \   / \
    C V C  C V      C V C C V       C V C  C V
    | | |  | |      | | | | |       | | \ / |
    m u t  t a  →  m u t t' a   →  m u   t' a
```

27) Laryngeal feature assimilation : The specified laryngeal feature is spread from C2 to C1 in C1C2 within an Accentual Phrase.

한(Han:1992)도 경음을 중복자음으로 본다. 경음이 원래 두 개의 시간 단위(timing slot)를 차지하는 것이기 때문에 같은 두 평음이 만나면 아래와 같은 과정을 거쳐 경음이 된다. 중복자음 강화를 통해 [성문 협착성] 자질을 획득하고, 국어의 음절 구조가 음절 초와 음절 말에 여러 개의 자음이 오는 것을 제약하므로, 어두의 경음은 고립 요소 삭제 규약에 의해 하나의 시간 단위를 잃게 되는 것이다. 반면에 모음 사이의 경음은 두 개의 시간 단위를 유지한 중복자음으로, 하나는 앞 음절의 말음에 다른 하나는 후속 음절의 두음에 연결된다.

$$
\begin{array}{ccccccc}
 & & & & & \sigma & \\
 & & & & & | & \\
C & C & \rightarrow & C\ C & \rightarrow & C & C \\
\backslash & / & & \backslash\ / & & & | \\
[-\text{son}] & & & [+\text{CG}] & & [+\text{CG}] & \\
\text{기저 표시} & & & \text{GR} & & \text{SE[28)]} &
\end{array}
$$

중복자음 강화(Geminate Reinforcement)

$$
\begin{array}{ccc}
C & & C \\
\backslash & & / \\
[-\text{son}] & \rightarrow & [\text{constricted glottis}]
\end{array}
$$

---

28) Stray Erasure (고립 요소 삭제). Erase segments and skeleton slots unless attached to higher levels of structure.(Steriade:1982, 82)

시간 단위를 이용한 이러한 분석은 "두 개의 자음 연속과 모음 사이의 경음은 폐쇄 지속 시간이 같다"는 음성적 사실을 음운론적으로 이용한 것이다. 그런데 앞에서 언급한 것처럼, 같지 않은 평음이 만나서 이루어지는 경음화에 대해서는 이러한 설명을 할 수 없으므로 따로 규칙이 필요하다. 두 과정은 같은 기제에 의해 일어나는 것이므로 이런 설명 방식은 바람직하지 않다.

한(Han, J.-I.:1996)은 두 자음의 연쇄(음절 말 중화음+평음)로 인하여 늘어난 폐쇄 지속 시간은 통계적으로 어중 경음의 경우와 같다고 하면서, 즉 모음 사이의 경음과 도출 과정을 거친 경음(중화음+평음)은 같은 음운론적 방식으로 처리되어야 한다고 하였는데, 이것은 기저 표시의 동일성과 음운 과정의 동일성을 가져야 한다는 것이다.

이상으로 경음이 중복자음임을 주장하는 주요한 몇 가지 논의를 살펴보았다. 이들이 중복자음 가설을 지지하는 이유는, ① 경음과 유기음이 평음보다 현저히 긴 폐쇄 지속 시간을 보인다는 점, ② 경음과 유기음이 음절 말음으로 나타나지 않는다는 점, ③ 공명음 사이에서 유성음화 규칙의 적용을 받지 않는다는 점, ④ 합성어 형성 과정, 부분 중첩, 강세 등 여러 음운 현상의 설명에 효율적이라는 점 등이었다.

경음과 유기음의 폐쇄 지속 시간이 평음의 폐쇄 지속 시간보다 현저히 길다는 것은 여러 음성 실험에서 보고된 것으로,[29] 이 두 파

---

29) 마틴(Martin:1951), 김(Kim:1965), 김(Kim:1986) 등

열음이 중복자음이라는 주장을 뒷받침하는 근거가 된다. 그러나 폐쇄 지속 시간의 차이가 반드시 음운론적 차이를 전제하지는 않기 때문에 경음과 기음이 중복자음이라는 가설을 증명하는 직접적인 증거가 될 수 없다.

한(Han:1996)은 음운론적 시간 단위의 수와 폐쇄 지속 시간이 체계적인 대응 관계를 이룬다고 가정한다. 평음과 경음은 기저형에서 약 1 대 2의 길이차를 보이고, 중복자음 강화에 의해 경음에 부여된 잉여 자질 [성문 협착성]은 두 자음의 변별적 자질인 길이의 차를 더욱 강화하는 역할을 하는 것으로 본다. 그러나 도출 과정에서 어떤 자질도 부가되지 않고 시간 단위의 차이만 보이는 경우(/m/ 대 /mm/)와, 도출 과정에서 잉여 자질이 삽입된 경우(/p/ 대 /p'/)가 비슷한 길이의 비를 보인다.

경음과 유기음의 선행 모음이 평음의 선행 모음에 견주어 두드러지게 짧다는 연구 결과를[30] 토대로, 경음과 유기음이 모음 사이에서 양음절화되어 선행 음절을 폐음절로 만들고, 이때 폐음절 모음의 단축화가 적용되어 선행 모음이 짧아진 결과로 해석할 수 있다는 가설을 세우고, 이를 검증한 최종원·전종호(1998)의 논의를 살펴보자.

경음과 유기음이 짧은 선행 모음을 갖는다는 점을 폐음절 모음의 단축화로 해석하기 위해서는, 무엇보다도 먼저 국어에서 폐음절 모음의 단축화가 독립적으로 발생되는 현상인지를 증명할 필요가 있

---

30) Shin(1996), Oh & Johnson(1997) 등

는데, 실험 결과를 보면 중복자음 /㎜/의 길이는 단일자음 /m/의 길이의 두 배를 넘고, 그 선행 모음의 길이는 /m/의 선행모음 길이의 55퍼센트에 지나지 않는 것으로 나타났다. 이는 국어에 폐음절 모음의 단축화가 독립적으로 작용한다는 것을 보여주며, 모음 사이의 경음과 유기음이 중복자음 /㎜/과 같이 짧은 선행 모음을 갖는 것도 폐음절 모음의 단축화로 분석될 수 있다는 점을 시사하는 것으로 보았다.

그러나 이러한 폐음절 모음의 단축화 현상이 경음과 유기음이 중복자음이라는 결정적 단서가 될 수는 없다. 경음이나 유기음이 평음과 다른 음성적 특성을 가지므로, 선행 모음의 길이 차는 이들 자음의 음성적 특징에서 기인할 가능성이 있다. 영어의 경우, 자음의 유무성 여부에 따라 그 선행 모음의 길이가 다르게 나타나는 것을 볼 수 있다. 즉, 자음의 유무성에 따라 폐쇄 지속 시간과 선행 모음의 길이가 역관계를 보이는 것이다. 국어의 경우도 경음과 유기음이 두 개의 시간 단위를 갖는 중복자음이기 때문에 나타나는 결과가 아니라, 두 파열음이 갖는 음성적 특성에 의한 결과로 볼 수도 있다.

이 책에서는 이러한 중복자음 가설이 다음과 같은 몇 가지 한계를 가진다고 보아 이를 받아들이지 않는다. 첫째, 이러한 분석은 장애음 뒤 경음화 현상이 음성적으로 자연스럽고 생산적인 과정인 이유를 설명하지 못한다. 중복자음에 새로운 자질 [성문 협착성]을 배당하는 아무런 음성적 동기도 제공하지 못한다.

둘째, 모음 사이의 경음을 중복자음으로 취급하는 것에 대해서는 의문을 가진다. 이 가설이 모음 사이의 경음이 모음 사이의 평음보다 길다고 하는 음성적 사실에 기반을 두고 있다고 하더라도, 이것이 모음 사이의 경음이 중복자음이라는 결론을 반드시 필요로 하는 것은 아니다.

셋째, 중복자음 가설은 같은 자음의 연속에서 일어나는 경음화 현상에 대한 설명은 가능하나, 서로 다른 자음의 연속에서 일어나는 경음화 현상을 설명하기 어렵다. 무엇보다 중화된 폐쇄음과 마찰음의 연속에서는 늘어난 폐쇄 지속 시간이라는 개념이 성립하지 않으므로, [성문 협착성] 자질을 유발할 수 없음에도 경음화가 실현된다.

5.2.3. 경음화 현상의 기술과 규칙

자동적 경음화 현상은 형태소 내부, 어간과 어미의 연결, 체언과 조사의 결합, 파생, 복합 등 범주를 가리지 않고 장애음과 평장애음이 만나기만 하면 예외 없이 일어나는 규칙적 현상이다. 이 규칙의 전반적인 기술을 위하여 용언의 활용과 체언의 곡용을 대상으로 하여 선행 환경과 후행 환경을 자세히 관찰하면 다음 쪽의 〈표 5-4〉와 같다.

여기서 '×'로 표시된 것은 해당 형태소가 존재하지 않음을 의미한다. 용언의 경우 'ㅋ, ㄸ, ㅉ, ㅃ'을 제외한 나머지 음소가 음절 말 종성 자리에 올 수 있으며, 체언의 경우 'ㄷ, ㄸ, ㅆ, ㅉ, ㅃ'을 음절 말음으로 갖는 형태소가 어휘 목록에 없다.

표 5-4. 형태소의 어간 말 자음

	용언 어간	체 언
ㄱ	먹-, 죽-	국, 죽
ㄲ	묶-, 엮-	밖
ㅋ	×	부엌, 동녘
ㄷ	묻-, 굳-	×
ㄸ	×	×
ㅌ	맡-, 붙-	밑, 솥, 밭
ㅅ	벗-, 잇-	옷, 빗, 낫
ㅆ	있-	×
ㅈ	젖-, 잊-	빚, 낮
ㅉ	×	×
ㅊ	쫓-	빛, 낯, 꽃
ㅂ	곱-, 입-	밥, 집
ㅃ	×	×
ㅍ	갚-, 싶-	옆, 짚

경음화 규칙의 입력이 될 수 있는 음소는 평음인 'ㄱ, ㄷ, ㅅ, ㅈ, ㅂ' 이 다섯 가지뿐이다. 용언의 경우, 어미의 초성으로 실현되는 음소는 'ㄱ, ㄷ, ㅅ, ㅈ' 네 개이고, 조사의 경우는 'ㄱ, ㄷ, ㅅ, ㅈ,

표 5-5. 자음 어미와 조사

	용언 어미	조 사
ㄱ	-고	-과
ㄲ	×	-까지
ㅋ	×	-커녕
ㄷ	-다	-도
ㄸ	×	×
ㅌ	×	×
ㅅ	-소, -습-	-서껀
ㅆ	×	×
ㅈ	-자, -지	-조차
ㅉ	×	×
ㅊ	×	-처럼
ㅂ	×	-보다, -부터
ㅃ	×	뿐
ㅍ	×	×

ㅂ'으로 시작되는 형태가 모두 존재한다. 비교하기에 좋도록 경음
'ㄲ, ㅃ', 그리고 유기음 'ㅋ, ㅊ'으로 시작하는 조사도 목록에 함께
넣었다.

1) 평음과 평음의 연결

① 동일한 평음의 연속

	용 언	체 언
ㄱ	먹고[먹꼬~머꼬] 막고[막꼬~마꼬]	국과[국꽈~구꽈] 떡과[떡꽈~떠꽈]
ㄷ	묻다[묻따~무따] 굳다[굳따~구따]	
ㅅ	웃소[욷쏘~우쏘] 벗습니다[벋씁니다~버씁니다]	옷서껀[옫써껀~오써껀] 빗서껀[빋써껀~비써껀]
ㅈ	젖지[젇찌~저찌] 잊자[읻짜~이짜]	빛조차[빋쪼차~비쪼차] 낮조차[낟쪼차~나쪼차]
ㅂ		밥보다[밥뽀다~바뽀다] 집보다[집뽀다~지뽀다]

② 동일하지 않은 평음의 연속

㉠ 용언의 경우

	ㄱ	ㄷ	ㅅ	ㅈ
ㄱ		먹다[먹따] 죽다[죽따]	먹소[먹쏘] 먹습니다[먹씁니다]	먹지[먹찌] 죽지[죽찌]
ㄷ	묻고[묻꼬~묵꼬~무꼬] 굳고[굳꼬~국꼬~구꼬]		묻소[묻쏘~무쏘] 굳소[굳쏘~구쏘]	묻지[묻찌~무찌] 굳지[굳찌~구찌]
ㅅ	웃고[욷꼬~욱꼬~우꼬] 벗고[벋꼬~벅꼬~버꼬]	웃다[욷따~우따] 벗다[벋따~버따]		웃지[욷찌~우찌] 벗지[벋찌~버찌]
ㅈ	젖고[젇꼬~적꼬~저꼬] 잊고[읻꼬~익꼬~이꼬]	젖다[젇따~저따] 잊다[읻따~이따]	젖소[젇쏘~저쏘] 잊소[읻쏘~이쏘]	
ㅂ	곱고[곱꼬] 입고[입꼬]	곱다[곱따] 입다[입따]	곱소[곱쏘] 입습니다[입씁니다]	곱지[곱찌] 입지[입찌]

ⓛ 체언의 경우

	ㄱ	ㄷ	ㅅ	ㅈ	ㅂ
ㄱ		국도[국또] 죽도[죽또]	국서껀[국써껀] 죽서껀[죽써껀]	국조차[국쪼차] 죽조차[죽쪼차]	국보다[국뽀다] 죽부터[죽뿌터]
ㅅ	옷과[옫꽈~옥꽈~오꽈] 낫과[낟꽈~낙꽈~나꽈]	옷도[옫또] 낫도[낟또]		옷조차[옫쪼차] 낫조차[낟쪼차]	옷보다[옫뽀다] 낫보다[낟뽀다]
ㅈ	낮과[낟꽈~낙꽈~나꽈] 빚과[빋꽈~빅꽈~비꽈]	낮도[낟또] 빚도[빋또]	낮서껀[낟써껀] 빚서껀[빋써껀]		낮보다[낟뽀다] 빚보다[빋뽀다]
ㅂ	집과[집꽈] 밥과[밥꽈]	집도[집또] 밥도[밥또]	집서껀[집써껀] 밥서껀[밥써껀]	집조차[집쪼차] 밥조차[밥쪼차]	

2) 평음과 경음의 연결

	ㄲ	ㅃ
ㄱ	국까지[국까지~구까지]	국뿐[국뿐]
ㅅ	옷까지[옫까지~옥까지~오까지]	옷뿐[옫뿐]
ㅈ	빚까지[빋까지~빅까지~비까지]	빚뿐[빋뿐]
ㅂ	밥까지[밥까지]	집뿐[집뿐]

3) 평음과 유기음의 연결

	ㅋ	ㅊ
ㄱ	국커녕[국커녕~구커녕]	죽처럼[죽처럼]
ㅅ	옷커녕[옫커녕~옥커녕~오커녕]	이웃처럼[이욷처럼]
ㅈ	빚커녕[빋커녕~빅커녕~비커녕]	낮처럼[낟처럼]
ㅂ	밥커녕[밥커녕]	집처럼[집처럼]

4) 경음과 평음의 연결

	ㄱ	ㄷ	ㅅ	ㅈ
ㄲ	묶고[묵꼬~무꼬]	묶다[묵따]	묶소[묵쏘]	묶지[묵찌]
ㅆ	있고[읻꼬~익꼬~이꼬]	있다[읻따~이따]	있소[읻쏘~이쏘]	있지[읻찌]

5) 경음과 경음의 연결

	ㄲ
ㄲ	밖까지[박까지~바까지]

6) 경음과 유기음의 연결

	ㅋ	ㅊ
ㄲ	밖커녕[박커녕~바커녕]	밖처럼[박처럼]

7) 유기음과 평음의 연결

		ㄱ	ㄷ	ㅅ
ㅋ	용언			
	체언	부엌과[부억꽈~부어꽈]	부엌도[부억또]	부엌서껀[부억써껀]
ㅌ	용언	맡고[맏꼬~막꼬~마꼬]	맡다[맏따~마따]	맡습니다[맏씀니다~마씀니다]
	체언	솥과[솓꽈~속꽈~소꽈]	솥도[솓또~소또]	솥서껀[솓써껀~소써껀]
ㅊ	용언	쫓고[쫃꼬~쪽꼬~쪼꼬]	쫓다[쫃따~쪼따]	쫓습니다[쫃씀니다~쪼씀니다]
	체언	꽃과[꼳꽈~꼭꽈~꼬꽈]	꽃도[꼳또~꼬또]	꽃서껀[꼳써껀~꼬써껀]
ㅍ	용언	갚고[갑꼬]	갚다[갑따]	갚습니다[갑씀니다]
	체언	옆과[엽꽈]	옆도[엽또]	옆서껀[엽써껀]

		ㅈ	ㅂ	
ㅋ	용언		부엌부터[부억뿌터]	
	체언	부엌조차[부억쪼차]		
ㅌ	용언	맡지[맏찌]		
	체언	솥조차[솓쪼차]	솥부터[솓뿌터]	
ㅊ	용언	쫓지[쫃찌]		
	체언	꽃조차[꼳쪼차]	꽃보다[꼳뽀다]	
ㅍ	용언	갚지[갑찌]		
	체언	옆조차[엽쪼차]	옆보다[엽뽀다]	

8) 유기음과 경음의 연결

	ㄲ	ㅃ
ㅋ	부엌까지[부억까지~부어까지]	부엌뿐[부억뿐]
ㅌ	밭까지[받까지~박까지~바까지]	밭뿐[받뿐]
ㅊ	꽃까지[꼳까지]	꽃뿐[꼳뿐]
ㅍ	옆까지[엽까지]	옆뿐[엽뿐]

9) 유기음과 유기음의 연결

	ㅋ	ㅊ
ㅋ	부엌커녕[부억커녕~부어커녕]	부엌처럼[부억처럼]
ㅌ	밭커녕[받커녕~박커녕~바커녕]	밭처럼[받처럼]
ㅊ	꽃커녕[꼳커녕]	꽃처럼[꼳처럼]
ㅍ	짚커녕[집커녕]	짚처럼[집처럼]

C1과 C2의 연결은 C1이 평음, 경음, 유기음일 때와 C2가 평음, 경음, 유기음일 때의 경우의 수 아홉 가지가 모두 존재한다. C1과 C2가 모두 평음일 때는 같은 자음 연속일 때와 다른 자음 연속일 때의 경우로 나누어서 보기로 한다.

C1이 평음이 아닌 경음이나 유기음일 때(4~9번)는 중화가 일어나서 동일 조음 위치의 평음으로 실현된다. 중화가 일어난 뒤에 C2가 평음일 때(4번, 7번) 경음화 현상이 일어난다.

C2가 평음일 때는 C1이 평음이든(1번) 경음이든(4번) 유기음이든(7번) 관계없이 경음화 현상이 일어난다. C1이 평음일 경우 'ㅅ, ㅈ'은 중화에 이은 미파화 뒤에 경음화가 일어나고 'ㄱ, ㄷ, ㅂ'은 미파화에 이어 경음화가 일어난다. C1이 경음이나 유기음인 경우에는 평음으로의 중화가 일어난 뒤 미파화에 의해 경음화가 실현된다.

C2가 경음일 때는 표면에서 경음 그대로 실현된다. 이때 C1이 중화의 입력이 되는 자음(ㅅ, ㅈ, ㅊ, 경음, 유기음)이면 중화가 실현된다. 이 경우 C2가 가진 경음의 자질이 그대로 표면에서 실현되는 것이지 어떤 과정을 거친 것이 아니다.

C2가 유기음일 때로 이 자질이 그대로 표면에 실현된다. 이 경우도 C2가 경음인 경우와 마찬가지로 C1이 중화의 입력이 되는 자음일 때 중화가 일어난다.

김선희(1993)에서는 ① 동일한 두 평저해음의 연쇄는 하나의 경음으로 실현되고, 동일한 조음점을 갖는 두 평저해음은 뒤따르는 자음의 경음으로 실현되는 것으로 보면서, 동일하거나 조음점이 같은 두 분절음이 하나가 되는 이러한 현상을 융합(fusion)으로, ② 동일하거나 조음점이 같은 평음과 경음의 연쇄는 경음으로 실현되고, 동일하거나 조음점이 같은 평음과 유기음의 연쇄는 유기음으로 실현되는데, 이러한 현상을 단음화(degemination)로, ③ 조음점이 다른 두 평저해음이 연접할 때는 뒤에 오는 자음이 경음으로 실현되는데, 이러한 현상을 경음화(tensification)로 각각 분류하였다.

그러나 위의 예들은 모두 같은 기제에서 일어나는 현상으로 파악하는 것이 타당할 것이다. 이들은 중화, 미파화를 거쳐 경음화를 실현하는 것이다. 이때의 경음화는 음절 말 미파음이 가진 [성대 경직성] 자질이 후행 음절의 초성으로 확산되는 것으로 설명된다.

앞 절에서 살펴본 바와 같이, 중복자음 가설에서는 같은 평음의 연속인 경우(1-①)에만 관심을 두고 경음을 기저에서 평음의 연속인 것으로 보았지만, 전체적인 틀 속에서 보았을 때 이들은 같은 기제에서 일어나는 현상으로 보는 것이 훨씬 타당성 있는 접근법이라 하겠다. C2가 경음이나 유기음인 경우 경음화 현상이 일어나지 않는 것은, C2의 후두 마디가 명세되어 있기 때문으로 설명할 수 있다. 물론 C2가 경음일 경우야 적용 환경이 이미 출력부와 같은 것이 되어서 적용 자체가 무의미하겠지만, C2가 유기음일 경우 경음화 규칙이 적용되지 않는 것은 이미 그 후두 마디에 [성문 확장성] 자질이 명세되어 있기 때문에 자질 확산이 일어나지 않는 것으로 본다.

5.3. 비자동적 경음화

5.3.1. 용언 어간 말 비음 뒤

어간 말에 비음을 가지는 '안-, 신-, 감-, 검-' 등의 용언이 자음으로 시작하는 어미와 결합할 때, 어미의 두음이 경음으로 실현되는 현상이 나타난다. 이러한 경음화 현상은 비음을 말음으로 가지는 체언이 자음으로 시작하는 조사와 결합할 때는 일어나지 않고, 사동·피동 접사 '-기'와 결합할 때에도 나타나지 않는다는 점에서 규칙적인 현상이라고 볼 수는 없다.

(1) 용언 어간 말 비음 뒤 경음화 현상

	-고	-다	-지
안-	안꼬	안따	안찌
신-	신꼬	신따	신찌
감-	감꼬	감따	감찌
검-	검꼬	검따	검찌

(2) 안기다[안기다]
　　감기다[감기다]
(3) 신과[신과]
　　신도[신도]

감과[감과]

감도[감도]

용언 어간 말 비음 뒤의 경음화 현상에 대해서 그러한 현상이 존재한다는 기술 이상의 논의가 시작된 것은 생성 음운론이 도입된 뒤라고 볼 수 있다. 초기의 연구들은 경음화 현상을 규칙화하는 데에 힘을 쏟았고, 그 뒤 이러한 현상의 원인을 규명하고자 하는 시도들이 있었다.

용언 어간 말 경음화 현상을 국어의 전반적인 경음화 현상과 함께 설명하려는 시도는 전상범(1976)에서 찾을 수 있다. 사이시옷이 끼어드는 경우를 뺀 모든 경음화 현상을 단일한 규칙으로 설명하려 하였다. "음절 말 자음과 된소리가 될 자음 사이에는 적어도 + 이상의 경계 표시가 있어야" 하며, "된소리 현상은 어간의 말음이 'p, t, k'일 때는 품사에 상관없이 일어나지만, 'm, n, ŋ'일 때에는 동사나 형용사에서만 일어나고 명사의 경우에는 일어나지 않으며, 'l'은 품사에 관계없이 된소리를 가져오지 않는" 사실을 고려하여 이를 다음과 같은 규칙으로 나타내었다.

$$[+obst] \rightarrow [+tense] \; / \; \begin{bmatrix} <-obst> \\ -cont \end{bmatrix} <V/A>Stem \; + \; \underline{\quad}$$

그러나, 이러한 규칙화는 기술에 충실할 뿐 설명적 타당성은 확보하지 못한다는 약점이 있다. 이 연구 역시 사이시옷 개재가 아닌 경음화 현상을 전통적인 생성 음운론에 입각하여 규칙화한 것인데,

통사 정보를 규칙에 반영하고 추상적인 기저형 설정(/-lt/) 및 규칙순에 의한 적용으로 용언에서의 경음화를 설명하려 하였다.

구조주의 언어학에 대한 생성 음운론의 장점이 "왜"라는 질문에 대한 설명력에 있었다고 한다면, 경음 연구에 관한 한 이들 시도는 절반의 성공밖에 거두지 못한 것으로 평가된다. 왜냐하면 이들 규칙으로는 첫째, 다양한 선행 환경과 경음화 사이의 어떤 필연적이며 유기적인 관계를 나타내지 못하며, 둘째, 예외형들을 무시하다 보니 자연히 "왜"라는 원인 규명이 아니라 결과적으로 나타난 표면 현상의 기술 수준에 머무르고 있기 때문이다.

용언 어간 말 비음 뒤의 경음화 문제의 원인을 규명하고자 한 연구는 크게 성문 폐쇄음을 기저 음소(또는 자질)로 설정하는 경우와 그렇지 않은 경우로 구분된다. 성문 폐쇄음을 국어의 기저 음소로 인정하는 경우에도 용언 어간 말 비음의 기저형 자체를 다르게 설정하는 방법과 기저형에서 표면형으로의 도출 과정에서 성문 폐쇄음을 삽입하는 규칙을 설정하는 방법의 두 가지로 나누어진다. 이러한 시도의 대표적인 것으로 박창원(1984)를 들 수 있는데, 거기서는 용언의 활용어미를 된소리로 조음하게 만드는 요인은 용언의 어간 말 자음에 있다고 보았다. 후속 자음을 된소리화시키고 모음 앞에서 탈락할 수밖에 없는 자질로 후두 폐쇄성을 인정하였으나, 이를 하나의 음소로 인정할 것인지 자질로만 설정할 것인지에 대해서는 판단을 유보하고 있다. 김성규(1989)에서도 음소 /ʔ/를 설정하는 문제에 대해 언급하고 있다. 경음화 규칙이 경계와 형태론적인 제약을 필요로 하는 규칙이므로 후두폐쇄음을 인정한다면 이를 피할 수 있다는 것이다.

체언 어간 말의 비음 다음에서는 경음화가 안 일어나고, 용언 어간 말의 비음 다음에서는 경음화가 일어나는 것을 설명하기 위해서는 용언 어간 말의 비음들은 후두 긴장을 수반하는 특성을 갖는다고 해야 하는데, 이 경우 문제가 있다. 송철의(1991)에서 "국어의 비음에는 후두 긴장을 수반하는 비음과 그렇지 않은 비음의 두 계열이 있다고 해야 하고, 후두 긴장을 수반하는 비음은 용언 어간 말에만 분포한다고 해야 한다는 것은 설명하기 어려운 문제이다. 비음들이 후두 긴장을 수반할 수 있는지가 의심스럽고, 그런 비음들이 용언 어간 말에만 분포한다는 것은 쉽게 납득이 가지 않는다"고 언급한 것이 바로 그것이다.

배주채(1989)는 'ㅅ 불규칙 용언'의 기저음소로 'ㅎ'을 설정하면서도 'ㄴ, ㅁ'으로 끝난 용언의 어간 말 자음을 'ㄶ, ㄻ'으로 잡는 방안은 취하지 않는데, 그 이유를 다음과 같이 밝혔다.

"첫째, 비음으로 끝난 용언 어간 뒤의 경음화 현상은 예외가 없어 완벽한 규칙성을 띠고 있다. 따라서 화자가 이 현상을 규칙적인 현상으로 이해하고 있을 수밖에 없다. 즉 용언 어간 말 비음 뒤 경음화 규칙이 설정될 수 있다. 둘째, 체계의 자연성을 고려했을 때 용언 어간 말 단일 자음 체계가 다른 단일 자음들은 골고루 포함하고 있으면서 비음체계만 결하게 되면 아주 유표적인 체계가 될 것이다. 셋째, 용언 어간 말 비음 뒤에 'ㅎ'을 설정하여 경음화를 설명한다면 용언 어간 말 자음군 'ㄻ'도 'ㄻㅎ'으로 설정해야 하는데, 국어에서 유일하게 설정되는 삼중 자음군이라서 그 존재가 의심스러울 수

밖에 없다."

‘ㄴ, ㅁ’ 다음에서의 경음화는 활용에서만 나타나고 파생이나 곡용에서는 제약된다. 비음운론적 제약을 가지는 음운 현상인 것이다. 음운 현상에 대한 비음운론적인 제약이란, 음운 교체가 일어나는 조건과 관련된 것이지 교체의 내용과 관련된 것은 아니라는 점을 상기할 필요가 있다. 한편, 파생에서 경음화 현상이 일어나지 않는 것은 어휘화의 개념으로도 설명할 수 있다. 파생은 공시적인 음운 규칙의 적용 대상이 아니다. 김성규(1987)에서 ‘안기다’, ‘감기다’에서 ‘기’가 경음화 되지 않는 이유를 비음 뒤 경음화 현상이 어휘소 경계에서만 적용되고, 어휘소 내부에서는 적용되지 않는 규칙이기 때문으로 설명한 것이 이런 관점의 해석이다. 이와 다른 방향에서 해석할 방법도 있는데, ‘안기다’는 어간 ‘안-’이 ‘안ㅎ-’으로 재구조화되기 이전에 형성된 것이어서 경음화가 일어나지 않았다고 보는 것이다.31) 파생이란 공시적 현상이 아니라 통시적 산물이라고 보는 것이다. 파생어라도 ‘실감개[실감깨]’와 같이 공시적인 것이라면, ‘ㄴ, ㅁ’ 다음에서 경음화가 적용된다는 사실에서 이 문제에 관한 한 파생이라는 범주는 비음운론적 제약에서 제외되었다. 그렇지만 곡용과 활용이라는 차이는 여전히 남아 있으므로, 이에 대한 설명이 필요하다.

형태론적인 정보는 어떤 음운 현상이 적용되는 환경을 한정해 주는 기능만 할 뿐이지, 음운 현상을 동기화시켜 주거나 하지는 못하

---

31) ‘안-’이 재구조화되기 이전에는 활용에서도 [안꼬], [신꼬]가 아니라 [안고], [신고]로 발음되었을 것이다.

며, 형태론적인 제약으로 설명하는 경우 음운 교체의 내용에 대해 음운론적인 설명을 제공하지는 못한다. 'ㄴ, ㅁ'이 뒤에 오는 자음을 경음화시킬 수 있는 음성적인 특질을 가지고 있는지가 확인되지 않았기 때문이다. 그러나 이것이 형태론적인 현상이 아니라 음운론적인 현상이라고 하면, 이 현상은 어떻게든 음운론적으로 설명될 수 있어야 한다.

'많-'과 '안-'의 활용의 패러다임을 비교하면, 둘의 차이는 후행 자음을 유기음화시키느냐 경음화시키느냐 하는 것인데, 그런 차이를 드러낼 수 있는 제1 후보는 성문 폐쇄음 'ㆆ'이다. 기저형을 '안ㆆ-'과 같이 성문 폐쇄음을 가진 자음군으로 설정하면, 비음운론적 정보 없이도 경음화 현상이 설명되는 이점이 있고, 마찰음 'ㅅ'에 대하여 폐쇄음 'ㄷ'이 있는 것과 마찬가지로, 마찰음 'ㅎ'에 대하여 폐쇄음 'ㆆ'이 있는 셈이어서 자음 체계가 좀 더 균형을 이룰 수 있다는 이점이 있다.(송철의:2000)

이 책에서는 이미 국어의 자음 체계에 'ㆆ'을 설정한 바 있고, 이 음소의 실재성에 대해서도 충분히 논의되었으므로 용언 어간 말 비음에 'ㆆ'을 설정하는 데에 문제가 없다. 이에 따라 '안-'의 기저형은 /안-/이 아니라 /안ㆆ-/이라고 본다. 'ㄴ'이 후두 긴장의 자질을 수반하는 것이 아니라 성문 폐쇄음을 음소의 차원에서 설정하는 것이다.

'ㄴ, ㅁ'이 가진 어떤 자질이 후행 자음을 경음화시킨다고 보면 두 가지 문제가 제기되는데, 첫째, 'ㄴ, ㅁ'이 후행 자음을 경음화시킬 수 있는 특질을 가질 수 있는가 하는 것이고, 둘째, 그러한 특질을 가질 수 있다고 했을 때 왜 용언 어간 말의 'ㄴ, ㅁ'만 그런 특질을 가지는가이다.

이 책의 입장은 이 문제에 대한 적절한 해답을 구하기 어렵다는 점도 성문 폐쇄음을 설정하는 쪽으로 기울게 하거니와, 여러 가지 요인에 의해 국어의 음운 체계에 성문 폐쇄음을 설정하였으므로 기왕에 설정된 자질을 유용하게 사용하는 편이 효율적이라는 것이다. 국어의 성문 폐쇄음은 독자적인 조음 작용을 가지는 분절음이 아니라, 후속음의 후두 상위 마디와 융합되어 후행하는 음을 경음화시키는 후두음의 부류에 속하며, 용언 어간 말 비음 뒤 경음화 현상에서도 이런 후두음으로의 특성을 보여준다고 하겠다.

5.3.2. 관형사형 어미 '-ㄹ' 뒤

현대국어에서 관형사형 어미 '-ㄹ' 뒤에서 후행 자음이 경음으로 소리 나는 현상을 보면 다음과 같다.

제27항 관형사형 '-(으)ㄹ' 뒤에 연결되는 'ㄱ, ㄷ, ㅂ, ㅅ, ㅈ'은 된소리로 발음한다.

> 할 것을[할꺼슬] 갈 데가[갈떼가]   할 바를[할빠를]
> 할 수는[할쑤는] 할 적에[할쩌게]   갈 곳[갈꼳]
> 할 도리[할또리] 만날 사람[만날싸람]

다만, 끊어서 말할 적에는 예사소리로 발음한다.

[붙임] '-(으)ㄹ'로 시작되는 어미의 경우에도 이에 준한다.

    할걸[할껄]   할밖에[할빠께]   할세라[할쎄라]

    할수록[할쑤록]   할지라도[할찌라도] 할지언정[할찌언정]

    할진대[할찐대]

이것은 현행 표준 발음법의 규정으로 관형사형 어미 '-ㄹ' 뒤에서의 경음화 현상이 개별 단어에 대한 검토를 필요로 하지 않는, 일률적인 적용이 가능한 현상으로 파악하고 있다. 교체(alternation)의 관점에서 볼 때 선행 요소가 관형사형 어미 '-ㄹ'이라는 형태소의 정체성만 확인되면 후행 요소의 첫소리가 자동적으로 경음화된 형태로 나타나므로 이는 형태론적으로 조건된 규칙적인 교체라고 할 수 있다. 동시에 '갈기(髮), 갈다(磨), 울보, 말술, 길잡이' 등에서와 같이 'ㄹ'과 평장애음 'ㄱ, ㄷ, ㅂ, ㅅ, ㅈ'의 연결이 국어에서 불가능한 음운 결합이 아니므로 이는 또한 비자동적 교체가 된다.

여기서 가장 먼저 살펴보아야 할 것은 과연 관형사형 어미 '-ㄹ' 뒤에서 나타나게 되는 경음화 현상이 항상 예외 없이 적용되는 필수적 현상인가 하는 점이다. 위에서 살펴보았듯이 현행 표준 발음법의 규정을 따르자면, 끊어서 발음하는 경우를 제외하고 관형사형 어미 '-ㄹ' 뒤에서는 경음화가 반드시 일어나야 한다. 그러나 실제의 예들을 찾아보면 꼭 그렇지 않다는 것을 알 수 있다. 관형사형 어미 '-ㄹ' 뒤에서 경음화가 일어나지 않는 것으로 보이는 예들이 있으며,32) 이런 예들은 관형사형 어미 '-ㄹ' 뒤에서의 경음화가 필

---

32) 김유범(2001)은 "묶을 갈대(蘆), 산을 물들일 단풍, 양분이 될 배젖, 모아둘 솔방

수적이 아닌 수의적인 현상임을 말하고 있다. 김유범(2001)은 이렇게 관형사형 어미 '-ㄹ' 뒤에서의 경음화가 수의적이면서 그 진행 양상에서 정도성에 의한 차이가 존재한다는 사실로부터 이 현상이 그 자체의 본유적인 특성에 의한 것이 아님을 주장한다. 즉, 관형사형 어미 '-ㄹ' 자체에 경음화를 유발시키는 기제가 내재해 있는 것이 아니라 형태소와 형태소가 결합하는 과정에서 경음화가 발생한다고 보는 것이다. 경음화 유발이 관형사형 어미 '-ㄹ' 자체에 의한 것이라면, 관형사형 어미 '-ㄹ' 뒤에서의 경음화는 필수적인 현상이 되어야 하기 때문이라는 것이 그 이유이다.

신승용(2000)에서도 관형사형 어미의 기저형이 성문 폐쇄음을 가진 것으로 보지 않는다. 관형사형 어미와 의존명사는 음운론적 단어(phonological word)로 하나의 기식 단위를 이루는 데 반해, 관형사형 어미 뒤에 자립명사가 올 때는 하나의 기식 단위로 발음할 수도 있고, 두 개의 기식 단위로 발음할 수도 있다. 이때 하나의 기식 단위로 발음할 때는 경음화가 일어나는 반면 두 개의 기식 단위 즉, 휴지를 두어 발음할 때는 경음화가 일어나지 않는데, 만일 관형사형 어미의 기저형을 '-ㄹㅎ'으로 설정할 경우에는 이러한 수의성을 설명하기 힘들다는 이유에서이다.

ㄱ. 할 수 [할쑤]
ㄴ. 먹을 밥 [머글빱]
ㄷ. 먹을 보리밥 [머글]#[보리밥]

울, 돌아올 집사람" 등의 예를 제시하고 있다.

관형사형 어미 뒤에서의 경음화 현상은 '-ㄹ' 뒤에 어떠한 음소가 존재하기 때문이 아니라 발화상의 기식 단위와 관련된 것이기 때문에 이 현상이 수의적으로 나타나는 것으로 본다. 관형사형 어미를 '-ㄾ'로 설정한다면 ㄷ의 경우 같은 환경에서 /ʔ/이 왜 뒤에 오는 체언의 두음을 경음화시키지 못하고 탈락하는지 설명해야 한다며, 이는 결국 관형사형 어미 '-ㄹ' 뒤에서의 경음화 현상은 관형사형 어미 '-ㄹ' 뒤의 어떤 음소의 존재 때문이 아님을 말해주는 것이라고 주장한다. 뒤에 오는 피수식어가 자립 명사일 경우, 경음화 현상 자체가 수의적이기 때문에 후행음을 경음화시킬 수 있는 어떤 요소를 관형사형 어미 '-ㄹ' 뒤에 상정한다고 해서 설명될 수는 없기 때문이라는 것이다. 그러면 관형사형 어미 뒤에 평음이 오면 왜 평음이 경음화되는가 하는 질문에 대해서는 정확한 이유를 찾아내지 못했다면서, 단지 이 현상의 원인이 관형사형 어미의 기저형이 '-ㄾ'이기 때문이라는 설명은 현상을 제대로 설명할 수 없다는 점만 밝히는 선에서 그치고 있다.

신승용(2000), 김유범(2001)에서 제기한 규칙 적용의 수의성 문제는 경음화의 적용 영역을 단어에서 그 이상의 운율 단위로 확대하는 것에서 해답을 찾을 수 있다.

경음화 현상이 운율 단위에 민감한 음운 현상이라는 사실은 관형형 어미 '-ㄹ' 뒤에서의 경음화 현상에 대한 명확한 설명에도 많은 도움이 된다. 이 현상은 다른 국어 장애음 뒤 경음화 현상과 마찬가지로 운율 단위에 민감한 음운 규칙으로 그 적용 범위가 강세구(AP)[33]임을 알 수 있다. 강세구보다 작은 운율 단위인 음절, 단어를 가

로질러서는 경음화 규칙이 적용되지만, 그 이상의 운율 단위인 강
세구와 억양구를 가로질러서는 경음화 규칙이 적용되지 않는다.

전(Jun:1993, 1998)은 단어 또는 구 단위의 실제 음성 자료를 분석
한 결과, 국어의 경음화는 단어보다 상위의 운율 단위인 강세구 안
에서 실현되는 현상이라는 결론을 내렸다.

신지영(1999)에서는 다양한 자료를 이용한 음향 분석 결과를 토대
로 국어의 경음화 현상은 강세구 안에서 필수적으로 적용되는 음운
현상이라고 하였다. 나아가 기존의 논의에서 경음화가 수의적으로
적용되는 것으로 본 관형형 어미 '-ㄹ' 뒤의 경음화 현상은 관형형
어미 '-ㄹ' 뒤에 강세구 경계가 개재하는지 여부에 따라 경음화 규
칙이 적용되기도 하고 적용되지 않기도 하는 것이지, 경음화 규칙
자체가 수의적으로 적용되는 것은 아니라고 하였다.

손(Sohn:1987, 245~263)은 '신다'는 경음화하지만, '간고기'는 경음
화하지 않는 현상을, 경음화를 유발하는 [+성문 협착성]의 삽입을
제한하는 방식을 취한다. 즉, 관형형 접미사(adnominal suffix) [-in]은
다음 자음을 경음화시키지 않으므로, 동사 어간 뒤에만 [+성문 협
착성(CG)] 자질이 연결된 x-마디를 삽입시키는 제약을 두고 있다.
반면 후행어를 경음화시키는 [-il]의 경우는 기저에 접사 끝 운율
(suffix-final melody) /l/ 뒤에 부동자질(floating feature) [+성문 협착성]
을 가진 것으로 표시[34]하여 해결한다.[35] 이러한 해석은 나타난 현

---

33) 발화의 억양 형태를 바탕으로 국어의 운율 단위를 설정한 전선아(1993)에
　　의하면 강세구(accentual phrase)는 단어보다 큰 운율 단위로 LHLH(저고저고)
　　를 기본 유형으로 갖고 있다.

상에 대한 설명은 되지만, 접사의 종류에 따라 [+성문 협착성] 부과 여부를 결정하는 동인(動因)에 대한 궁금증은 풀리지 않는다. 그뿐 아니라, 후행어를 경음화시키는 것으로 인정되는 '-ㄹ' 관형형 어미도 실상은 더 복잡한 양상을 보인다는 사실이다. '먹을 밥'에서는 후행어가 경음화되나, '먹을 비빔밥'에서는 경음화되지 않는다.

시정곤(1993)은 'a.먹을 밥 / b.*먹을 그 밥 / c.*먹을 비빔밥'을 예로 들면서, 관형 구성에서 경음화 현상의 음운론적 조건을 만족시키기 위해서는 통사부에서 핵이동을 가정해야 한다고 하였다. 여기서 b, c는 핵이동 제약에 따라 핵이동이 차단되므로, '-ㄹ' 기저의 [+성문 협착성] 자질의 확산에 의한 경음화도 일어나지 않는다는 것이다.

반면 운율 음운론(prosodic phonology)을 국어 연구에 적용시킨 강옥미(1992)는 운율 단위와 음운 현상의 관계를 살피면서, 후어휘부에 적용되는 장애음 뒤 경음화 규칙은 음운론적 단어(phonological word)보다는 크지만 억양구(articulational phrase)보다는 작은 음운론적 구(phonological phrase)36) 안에서 적용되는 음운 규칙이며, 경음화 규칙

---

34) 관형형 접미사(Adnominal Suffix)

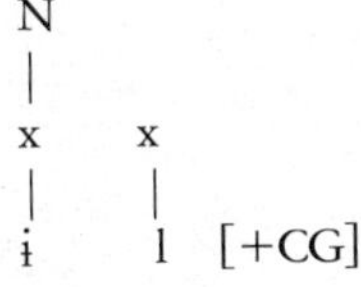

35) 이러한 가정의 시작은 전상범(1976)에서 찾을 수 있으며, 또한 김동례(1998)도 같은 맥락이다.

36) 강옥미(1992)에서의 '음운론적 구'의 개념은 셀크릭(Selkirk:1980)에 따른 것이며, 음운론적 구의 정의에서 유필재(1994)는 통사구조와 의미론적 초점을, 김태경

은 이 단위를 넘어서서 적용되지는 않는다고 하였다.

전선아(1993, 1998)은 실제 발화 자료를 근거로 한 음성학적 조사 결과를 토대로, 발화의 억양 형태를 바탕으로 한 국어의 운율 단위 설정을 제안하였다. 그에 따르면 국어의 장애음 뒤 경음화 규칙은 강세구 안에 적용되는 것으로, 강세구 경계를 넘어서서는 적용이 되지 않는다고 하였다.

신지영(1999) 역시 음성 실험을 통하여 국어 장애음 뒤 경음화 현상은 운율 단위에 민감한 음운 규칙으로, 그 적용 범위가 강세구임을 밝히고 있다.[37] 강세구보다 작은 운율 단위(음절, 단어)를 가로질러서는 경음화 규칙이 적용되지만, 이 이상의 운율 단위(강세구, 억양구)를 가로질러서는 경음화 규칙이 적용되지 않는 실험 결과를 보여주었다.

(1) '-ㄹ' 관형형 뒤에 의존 명사가 온 경우

갈 데 → [갈떼]

먹을 것 → [머글껃]

좋을 대로 → [조을때로]

할 수 있다 → [할쑤읻따]

떠날 거야 → [떠날꺼야]

(2000)은 통사적 의존 조건과 긴밀성 조건을 이용하고 있다.

37) 신지영(1999;44)에 제시된 예들

/세워질 다리/ ;　　a. AP[세워질 다리]　　b. AP[세워질] AP[다리]

/세워질 그 다리/ ; a. AP[세워질 그 다리]　b. AP[세워질] AP[그] AP[다리]

(2) '-ㄹ' 관형형 뒤에 자립 명사가 온 경우

만날 사람 → [만날싸람]

이사할 집 → [이사할찝]

봄에 내놓을 제품 → [보메내노을쩨품]

(3) '-ㄹ' 관형형과 자립 명사 사이에 다른 요소가 끼어든 경우

만날 그 사람 → [만날 그사람]

이사할 새 집 → [이사할 새집]

봄에 내놓을 새로운 제품 → [보메내노을 새로운제품]

(4) '-ㄹ' 관형형 뒤에서 경음화가 일어난 구가 한 단어나 어미로 굳
어진 경우

단어 : 길짐승, 꽃을대, 끌신, 날짐승, 들것, 디딜방아, 땔감, 멜빵, 볼
거리, 빨대, 뺄셈, 열쇠, 윌재주, 자물쇠, 잡을손, 쥘부채, 참을
성, 갈지자걸음

어미 : -을거나, -을걸, -을까, -을꼬, -을밖에, -을세라, -을수록,
-을쏘냐, -을쏜가, -을지, -을지라도, -을지어다, -을지언정,
-을진대

'-ㄹ' 관형형 뒤에 의존명사가 오는 경우는 하나의 운율 단위를
이루어 경음화 현상이 일어나며, 뒤에 자립명사가 오는 경우는 하
나의 운율 단위를 이룰 때는 경음화 현상이 일어나지만, 그 사이에
다른 요소가 끼어들어 두 개의 운율 단위가 형성되면 경음화 현상
이 일어나지 않는다. (4)와 같이 완전히 하나의 단어로 굳어진 경우

도 있다.

관형사형 어미 ‘-을’이 음소 층위에서는 /을/로 나타나더라도 형태음소의 차원에서는 //-ir?//이라고 보는 김완진(1972), 유필재(1994)와 같은 방안이 있을 수 있다. 유필재(1994)에 따르면 관형사형 어미 ‘-을’의 기저형을 성문 폐쇄음으로 끝나는 자음군으로 보게 되면, 이 경우도 성문 폐쇄음의 미파에 의한 후행 평장애음의 경음화가 되어서 국어의 폐쇄음 뒤의 경음화와 궤를 같이 하게 된다. 그러나 이 경우 앞에서 성문 폐쇄음을 음소로 설정하는 데에서 제기되었던 문제들이 고스란히 제기되며, 추상적인 기저형을 설정하는 부담을 피하기 위해 문법론적 제약으로 설명한다면, 후행 명사가 의존 명사인가 자립 명사인가에 따라 경음화의 실현 양상에 차이가 나는 경우와 피수식 명사를 수식하는 다른 수식어가 있을 경우에 경음화가 일어나지 않는 경우의 두 가지 문제를 해결하기 어렵다.

문법론적 제약으로 설명할 경우 첫 번째 문제인 수의성에 대해서는 해결 방법이 없는 듯하며, 두 번째 문제에 대해서도 다음과 같이 의미에 따라 경음화의 실현 양상에 차이가 있는 것으로 나타나 이를 적절하게 설명하기 어렵다.

(5) /내가 머글 밥꽈 사과/ (둘 다 먹는 경우)
/내가 머글 빱꽈 사과/ (밥만 먹는 경우)

음절 말 폐쇄음 뒤의 평음의 경음화도 단어 내부에서는 필수적이지만, 단어 사이에서는 수의적인 면모를 보일 수 있다. 의존명사는 음운론적 단어의 일부를 이루는 것이므로 관형사형 어미 '-을'의 기저형을 성문 폐쇄음으로 끝나는 자음군으로 잡으면 경음화 실현에서 의존명사와 자립명사의 차이는 (6)과 같이 음운론적 단어 내부와 음운론적 단어 사이의 경음화의 실현 차이로 설명할 수 있다.

   (6) 이게 내일 선볼 그 사람 사진이야?
      */ ─ 선볼 끄 사람 ─ /

음운론적 구 경계의 표지는 휴지이고 휴지를 가로 질러 음절 말 폐쇄음 뒤의 평음에서 경음화가 실현되는 경우는 없다. 경음화는 음운론적인 구 경계를 건너서 적용될 수 없기 때문에 경음화가 일어나지 않은 것으로 설명할 수 있게 된다. 그러므로 이 책에서는 관형형 어미 '-ㄹ'의 기저형으로 '-ㅭ'을 설정하는 방안을 택한다.

5.3.3. 사잇소리

1) 중세국어의 사잇소리

사잇소리에 관한 논의를 시작하기에 앞서 이와 관련된 용어와 개념을 명확히 하는 작업이 필요하다. 먼저 15세기 문헌에 나타나는 사잇소리 표기를 보기로 한다.

   (1) 둇ㄱ뜨디 (용비어천가 7)   穰샹ㄱ字쫑 (훈민정음 언해)
      몃 間ㄷ지븨 (용비어천가 109)   君군ㄷ字쫑 (훈민정음 언해)

사룹쁘디리잇가 (용비어천가 14)　　　覃땀ㅂ字쫑 (훈민정음 언해)

先考ㅎ뜯 (용비어천가 11)　　　快쾡ㆆ字쫑 (훈민정음 언해)

虯뀽ᄫ字쫑 (훈민정음 언해)　　　漂푱ᄫ字쫑 (훈민정음 언해)

(2) 狄人ㅅ서리 (용비어천가 3)　　　ᄀ룺ᄀ새 (용비어천가 66)

나랏말ᄊᆞ미 (훈민정음 언해)　　　숪바올 (용비어천가 89)

(3) 높ᄆᆞ를 (용비어천가 90)　　　오높나래 (용비어천가 15)

위는 모두 사잇소리가 나타난 경우들인데, 표기에 문자 'ㄱ, ㄷ, ㅂ, ㆆ, ᄫ, ㅅ, ㅿ' 등을 사용하였음을 볼 수 있다. 이들을 표기한 문자가 본래의 음가대로 발음되지 않았음은 물론이거니와 모두 합성어 내부에서 나타난다는 공통점이 있다. 이들의 표기는 나중에 'ㅅ'으로 고정되었으며, 그래서 '사이시옷'이라 불리게 된 것이다.

그렇다면 위의 표기가 나타내는 현상의 의미는 무엇인가? 이기문 (1972)에서는 사잇소리의 음운론적 특징을 "선행어의 말음을 내파화하고 후행어의 두음을 된소리화하는 것"이라고 보았다. 박창원 (1997)은 사잇소리와 사이시옷의 문제를 논하면서, 사잇소리를 '미파화'(내파화)의 관점에서 파악하였다. 즉, 미파화라는 현상은 선행하는 음절의 말음을 파열하지 않고 폐쇄하는 상태에서 끝나는 것인데, 폐쇄한 상태에서 조음된 미파음은 그것으로 음운적인 기능을 종료하는 것이 아니라 후행하는 음절 초성의 조음에까지 관여한다는 것이다. 외파적으로 조음되던 음절 말 자음이 미파음으로 조음되면서 후행하는 형태소의 초성에 영향을 주게 되고, 이것이 사잇소리로 인식되었다고 보는 것이다. 이러한 인식을 바탕으로 박창원(1997)에서는 사잇소리를 다음과 같이 정의한다.

사잇소리란 한국인의 발화관습상 언어 단위의 사이에 발생하는 것인데, 문법적인 기능은 수행하지 못하고 음운적인 기능만 수행하는 것이다.

그리고 고대국어와 전기 중세국어 단계에서는 음절 말 자음이 외파적으로 조음되었을 것으로 보고, 사잇소리의 발생을 15세기 이전으로 본다. 박창원(1997)의 타당성 여부는 이후에 논하기로 하고, 우선 사잇소리가 음운론적인 현상을 가리키는 개념이라는 점만 받아들이기로 한다. 사잇소리가 발화에서 수반되는 현상을 가리키는 음운론적인 용어라면, 사이시옷은 그 소리를 표기하기 위한 문자를 말하는 것으로 이해할 수 있다.

(4) 부톄 妙法을 施設ᄒ시니 제여곰因緣으로 須陁洹도 得하며(석보상절 6:39)

엇뎨 ᄒᆞᆫ 사ᄅᆞ미 ᄒᆞ오삿 일ᄏᆞ로미리오(금강경삼가해 4:11)

和尙이 慈悲로 弟子의 죠고맛 智慧잇ᄂᆞᆫ둘 보시ᄂᆞ니잇가 아니잇가
    (육조법보단경언해 상 19)

君王이 녯 자최를 이젯 사ᄅᆞ미 賞玩ᄒᆞᄂᆞ니(두시언해 초간본 14:1)

다시 아랫 부텨 ᄒᆞ더신 方便力을 念ᄒᆞ야(석보상절 13:58)

先佛은 몬졋 부톄라(석보상절 19:25)

行ᄒᆞ요ᄆᆞᆫ 샹녯 이룰 조차 ᄒᆞᄂᆞᆫ ᄆᆞᅀᆞ미오(석보상절 19:25)

믈ᄀᆞᆯ 흐르는 ᄆᆞ릐 바룰로 가ᄂᆞᆫ ᄠᅳ디여(두시언해 중간본 13:22)

ㅎ오앗 鶴은 몬딕록 묽ᄀ이 브텟고(두시언해 중간본 14:26)

(4)의 예는[38] 앞의 (1)의 경우와 'ㅅ'이 사용된 환경이 다르다. 이 때의 'ㅅ'은 합성명사 사이에 쓰인 사잇소리의 표기가 아니라 구 구조에 쓰인 문법 형태소 'ㅅ'이다. 이 형태소의 문법적 기능을 '-익/의'와 같은 것으로 보아 속격 'ㅅ'이라 하는 것이 일반적이다.[39]

중세국어의 사잇소리 표기에는 문자 'ㄱ, ㄷ, ㅂ, ㆆ, ㅸ, ㅅ, ㅿ'이 사용되었고, 곧 'ㅅ' 하나로 고정되었는데, 이 사잇소리와 속격의 'ㅅ'은 어떤 관계가 있는지 살펴보기로 한다. 우선 중세국어에서 사이시옷이 나타나는 환경을 제시하면 다음과 같다.

(5) 유성음과 무성음 사이

　가. ᄀ룺ᄀ새, 솑바올, 눖ᄌ싁, 하눓벼리

　나. 묏고래, 머릿뎡바기, 풍륫소리, 호밋머리

(6) 유성음과 유성음 사이

　가. 눖믈, 오눐날, 님금ᄆ숨, 님금말쏨

　나. 나랏말쏨, 부텻나히, 우리나랏말, 바횟방(巖房), 즘겟갖

　　　太子ㅿ위, 天子ㅿ ᄆ숨

(7) 무성음과 유성음 사이

---

38) 이 예는 이광호(1993)에서 가져온 것이다.

39) 이 책은 속격 'ㅅ'의 기능을 논하려는 것이 아니므로 안병희(1968)의 결론으로 대신한다. "속격어미 '익/의'는 유정물 지칭의 평칭 체언에 연결되어 후속하는 체언의 소유주임을 표시하고, 속격어미 'ㅅ'은 유정물 지칭의 존칭 체언과 무정물 지칭의 체언에 연결되어 후속하는 체언의 소유주임을 표시한다."

가. 飮食ㅅ맛

나. 짒 아히, 짒일(家事)

(8) 후행요소가 된소리일 때

끠ㄱ쁘디, 君군ㄷ字쭝

  (5)가 사잇소리가 사용된 전형적인 경우이다. 이 예가 '사잇소리는 음운론적인 단위이며 선행 음절의 말음을 미파화하고 후행 음절의 두음을 된소리로 조음하게 한다'는 근거로 제시되어 왔다. 그러나 (6)이나 (7)의 경우에는 후행요소의 두음이 'ㄴ, ㅁ'이나 모음, 즉 유성음이라서 된소리가 될 수 없는 환경임에도 사잇소리가 나타나고 있다. 이 예는 사이시옷의 기능을 경음화로 볼 수 없는 근거가 될 수 있다. 또 이미 후행요소의 두음이 된소리인 경우인데도 사잇소리가 쓰인 (8)과 같은 예도 찾을 수 있다. 15세기 국어의 합용병서가 된소리의 표기였든 각자병서가 된소리의 표기였든 간에 둘 다 아니면 최소한 어느 한 쪽이 된소리의 표기였던 것은 분명하므로, (8) 역시 사이시옷의 기능을 경음화로 보는 데에 심각한 의문을 제기한다.

  (5-나)와 (6-나)는 선행요소의 말음이 모음인 경우인데, 이 예는 사잇소리가 종성의 내파화 때문에 생겨난 현상이라는 견해에 대한 반증이 될 수 있다. 내파음 혹은 미파음이라는 것은 파열음이 가지는 폐쇄-지속-개방의 단계 가운데 마지막 개방의 단계가 없는 파열음을 말하는데, 이것으로는 선행요소가 모음으로 끝나는 개방음절인 경우에 사이시옷이 끼어드는 이유를 설명하기 어렵기 때문이다.

(7)의 경우는 선행요소의 말음이 폐쇄음인데도 사이시옷이 쓰이고 있다. 이 경우의 사잇소리를 어떻게 설명할 것인가도 쉽지 않은 문제이다. (7)의 예는 사이시옷이 아니라 속격의 'ㅅ'이 쓰인 구 구조라고 주장할 수도 있다. 그러나 (7)과 (5), (6), (8)의 예들 사이에는 어떠한 차이도 느껴지지 않는다. 여기서 중세국어에서 합성어에 나타나는 사잇소리와 구 구조에서 나타나는 문법 형태소인 속격 'ㅅ'을 구별할 수 있는가 하는 문제를 제기할 수 있다.

(9) 나랏말씀, 부텻말씀, 부텻弟子, 아바님ㅅ뒤헤, 太子△位
(10) 눖즈식, 눖믈, 븘곳, 믌결, 빗복

(9)는 안병희(1968)에서 속격조사로 다루어진 것이고, (10)은 이승욱(1977)에서 사이시옷으로 다루어진 것이다. (9)와 (10) 사이에는 큰 차이가 없다. 이에 대해 이승욱(1977)에서는 "복합어의 'ㅅ'은 속격의 접미사 {ㅅ}에 의해 두 어휘소 간의 통사관계가 지시되는 것으로 엄격한 의미에서 복합어라 할 수 없다"고 하였다. 사이시옷이 나타나는 '명사+명사'의 구성에서 복합어와 구가 큰 차이가 없음을 말하는 것이다.

그렇다면 사이시옷과 속격의 'ㅅ'은 같은 것인가? 이 문제에 대해 박창원(1997)은 다음과 같이 설명하고 있다.

가. 사잇소리는 15세기 훈민정음의 창제보다 조금 이른 시기에 발생하였지만, 속격의 'ㅅ'은 고대국어에서부터 그 존재가 확인되는 것

이다.

나. 사잇소리는 복합어에서 선행하는 형태소의 말음을 미파화하는 발음 관습 때문에 발생한 것이다. 미파화된 선행자음은 후행하는 형태소의 초성이 폐쇄자음이면 된소리로 조음하게 하고, 모음이나 비음이면 후행음에 아무런 영향을 주지 못하는데, 후행하는 자음을 된소리로 조음하게 하는 특징 때문에 '사잇소리'로 인식된 것이다.

다. 속격의 형태소 'ㅅ'은 [s](또는 이와 비슷한 어떤 음)으로 조음되던 것으로, 음절 말 미파화 및 중화로 인해 사잇소리와 그 음가가 동일하게 되는데, 이 현상은 15세기에 이미 발생하였다. 그리하여 15세기에 사잇소리와 속격 형태소의 표기가 혼란을 보인다.

즉, 사잇소리와 속격의 'ㅅ'은 본질적으로 다르나 15세기에 이미 둘 사이의 구별이 없어졌다는 것이다. (나)의 설명 또한 미파화의 본질과 관련하여 의문을 제기하기에 충분하다. '늆믈'이나 '호밋머리'의 경우 비음이나 모음의 내파화라는 것이 무엇을 의미하는지도 불분명하거니와 선행요소의 말음이나 후행음의 조음에 아무런 영향도 주지 못하는 단위를 왜 표기에 반영했는지도 설득력이 약하다. 또한 사잇소리가 쓰인 예에서 속격의 'ㅅ'과 무관한 경우는 찾기 어려워 보인다. 다시 말하면, 사이시옷이 있는 합성명사의 'ㅅ'에서 어떤 문법적인 기능을 찾아낼 수 있다는 것이다.

(11) 가. 西水ㅅ ᄀᆞᆯ, 太子△위, 狄人ㅅ서리, 즘겟갗, 아바닚뒤헤, 님긊
　　　　 말쏨, 뒷심꼴
　　　 나. 나못불휘, 뭀가온더, 法王ㅅ아들, 凡夫ㅅ소리, 畜生ㅅ소리

(11-가)는 박창원(1997)에서 사잇소리의 예로 제시된 것이고, (11-나)는 문법 형태소 'ㅅ'이 쓰인 예로 제시된 것이다. 그러나 순수한 음운론적 단위라는 (11-가)와 문법적 기능을 수행하는 (11-나)의 사이에서 어떤 유의미한 차이가 느껴지지 않으며, (11-가)의 'ㅅ'도 일정한 문법적 기능을 가지는 것으로 볼 수 있다.

미파화의 견해를 피력하는 입장에서는 사이시옷의 음가를 성문 폐쇄음 [?]로 본다. 그러나 다음의 (12)에서 (15)까지는 사잇소리의 음가를 [?]로 볼 수 없게 하는 예들이다.

    (12) 가. 밠바당(능엄경언해 2:15)

        나. 밧바당(능엄경언해 10:79)

    (13) 가. 밠등(월인석보 2:40)

        나. 밧등(훈몽자회 상 29)

    (14) 가. 짒닉(두시언해 초간본 8:34)

        나. ᄂᆞ미짓담둘(박통사언해 초간본 상 18)

    (15) 가. 믌결(능엄경언해 1:64)

        나. 믓곳(훈몽자회 상 4)

(12)부터 (15)까지의 나 항은 사이시옷이 선행어의 말음을 탈락시키고 단독으로 받침에 사용된 경우이다. 만일 사잇소리의 음가가 성문 폐쇄음 [?]이라면 이러한 현상은 일어날 수 없다.

이것으로 이 책에서 내리는 결론은, 15세기 국어의 사이시옷이 순수하게 음운론적인 차원에서 일어난 현상이 아니라는 것이다. 사이시옷이 경음화를 유발하는 것은 'ㅅ'의 음가가 변화하면서, 즉, 미파화하면서 부수적으로 일어난 현상이고, 사이시옷의 일차적 기능은 두 어사 사이에서 일정한 문법적 기능, 즉 속격의 기능을 수행하는 것으로 본다.

2) 현대국어의 사잇소리

현대국어에서 사잇소리는 주로 합성명사에 나타나는데, 그 기능이 무엇인가에 대해서는 지금까지 많은 연구가 있었으나 만족할 만한 성과를 이루지는 못한 듯하다. 우선 사이시옷이 개재된 경우와 그렇지 않은 경우의 예들을 보기로 한다.[40]

> (16) 상ㅅ다리, 공부ㅅ방, 물ㅅ새, 물ㅅ고기, 비ㅅ방울, 손ㅅ등, 들ㅅ
>   장미, 콩ㅅ국, 봄ㅅ비, 봄ㅅ바람, 아침ㅅ밥, 눈ㅅ동자, 고기ㅅ배
>   (漁船), 잠ㅅ자리(寢所)

> (17) 책상다리, 노래방, 물뱀, 불고기, 반달, 콩밥, 쌀밥, 들국화, 개다
>   리, 돌부처, 새소리, 개밥, 쥐불, 고기배(漁腹), 잠자리(蜻蛉)

'잠자리'와 '잠ㅅ자리'의 경우를 설명하는 데에 유효한 경계 이론은 둘 다 내부에 경계를 가진 '고기배'와 '고깃배'에서 사이시옷 개재가 다르게 나타나는 것에 대해서는 아무런 설명도 하지 못한다.

---

40) 사이시옷의 개재를 확연히 나타내기 위해 선행요소의 말음이 자음이건 모음이건 관계없이 'ㅅ'을 두 요소의 사이에 표기하였다.

또, 사이시옷 문제에 대해 음운론적으로 접근하는 시도들은 사이
시옷이 보이는 불규칙성을 해명할 수 없다는 약점을 가지고 있다.
사이시옷이 순수한 음운론적 요소라면 (16), (17)과 같이 같은 환경
에서 다른 양상을 보이는 수많은 예들의 존재를 설명하기 어렵기
때문이다.

이와 같은 이유로 음운론적 측면이 아닌 다른 측면에서 사이시옷
의 본질을 해명하려는 시도들은 사이시옷에 특정한 문법적 기능을
부여하려 한다.

사이시옷이 합성명사의 표지로 쓰인다는 주장은 (17)과 같이 사
잇소리가 개재되지 않은 합성명사가 다수 존재한다는 점에서 타당
성을 갖기 어렵고, 사이시옷이 '의'와 같은 소유격의 표지라고 보는
견해는 '빗방울, 손등, 눈동자' 등의 경우에는 타당하지만, '개다리,
개밥, 새소리, 소고기' 등의 예에서 사이시옷이 개재되지 않은 것을
설명하기 어렵다.

사이시옷이 앞의 말이 뒤의 말에 대하여 종속관계, 수식관계를
가지도록 만드는 표지라는 주장도 있으나, 이 역시 수식관계에 있
으면서도 사이시옷이 쓰이지 않은 합성어를 설명해야 하는 어려움
이 생긴다. 사이시옷이 있는 (16)의 예나 그렇지 않은 (17)의 예나
할 것 없이, 대부분 수식-피수식의 관계를 가진 합성명사들이기 때
문이다.

이와는 다른 관점에서 사이시옷의 개재 여부를 밝혀 보려는 시도
들이 있었다. 합성명사를 이루는 선행성분과 후행성분의 관계로 사
이시옷의 유무를 설명하려는 것이다. 한 예로 이희승(1965)에서는

합성명사를 이루는 그 성분 사이의 의미에 따라 사이시옷의 개재 여부를 분류하려는 시도를 보인다. 다음은 사이시옷의 개재 여부에 대한 이희승(1965)의 분류이다.

(18) 사이시옷이 개재되는 경우
가. 첫말이 주가 되고 다음말은 종속적 지위에 있어서 그 중간에 소
   유격적 의미를 필요로 하는 말
  예) 비ㅅ방울, 바다ㅅ물, 손ㅅ등, 물ㅅ결
나. 둘째말이 주가 되고 첫말은 아랫말을 수식하는 관형사적 의미를
   다분히 포함하고 있는 경우
  예) 움ㅅ집, 봄ㅅ바람

(19) 사이시옷이 개재되지 않는 경우
가. 첫말은 다음말이 포함하고 있는 내용의 한 재료가 되는 경우
  예) 마루방, 돌집, 질그릇, 밤밥, 콩죽
나. 둘째말이 한 개의 완전한 독립명사가 되지 못하고, 동사나 형용사
   의 어간으로부터 명사로 전성한 경우
  예) 해돋이, 손잡이, 강건너
다. 첫말이 소유격의 주체나 수식의 관형어가 충분히 되지 못하는 경
   우와 그리하여 두 말을 분리하여 생각할 것이 아니라 전연 단일한
   명사로 볼 성질의 말
  예) 봄보리, 신발, 밀밭, 콩밭

위와 같은 분류는 사이시옷이 개재하는 경우와 그렇지 않은 경우를 나열하는 데에 지나지 않으며, 여기서 어떠한 규칙성도 발견해

낼 수 없다. 이와 같이 사이시옷이 개재되는 환경과 그렇지 않은 환경을 합성명사를 이루는 요소들 사이의 관계로 설명하려는 시도는 정국(1980)에서 더욱 정밀화되었는데, 그 내용을 간략히 보이면 다음과 같다.

(20) 경음화가 일어나는 경우
　가. 선행어가 시간을 표시하는 경우
　　예) 봄비, 가을바람, 아침밥
　나. 선행어가 장소를 표시하는 경우
　　예) 산달, 강달, 안방
　다. 선행어가 후행어의 기원을 표시하는 경우
　　예) 솔방울, 눈동자, 촛불
　라. 선행어가 용도를 표시하는 경우
　　예) 고깃배, 잠자리

(21) 경음화가 일어나지 않는 경우
　가. 두 요소가 동등할 경우
　　예) 마소, 봄가을
　나. 선행어가 후행어의 형태나 재료를 표시하는 경우
　　예) 반달, 실비, 쌀술, 콩밥
　다. 선행어와 후행어가 동격관계, 즉 종명이나 지위를 표시하는 경우
　　예) 종달새, 계수나무, 어미닭
　라. 선행어가 후행어의 소유자임을 표시하고 선행어가 유정물인 경우
　　예) 사람집, 개다리

이와 같은 통사·의미적 범주가 사이시옷의 출현을 직접적으로 설명하는 범주가 아니라는 점이 김창섭(1996)에서 지적되었다. 분류에 쓰인 개념이 같은 차원에서 분류된 범주일 수 없다는 것과 선행어와 후행어 사이의 가능한 모든 관계를 빠짐과 겹침이 없이 나눈 것이라는 보장도 없다는 점 때문이다.

김창섭(1996)에서는 속격 구성과 관형 구성을 구별한 이남순(1988)의 견해를 수용하여 합성명사를 다음과 같이 분류하고 있다.

   (22) 가. 병렬구성

      손발, 논밭, 눈비, 물불 …

    나. 관형구성

    ㄱ) 비속격적

      고추잠자리(형상표현), 쌀밥(재료표현), 불고기(수단/방법표현),

      누이동생(동격표현)

    ㄴ) 속격적

      ① 중세국어에서 속격 '-의/-의'를 가지던 관계

        노루발(유정체언의 속격)

      ② 중세국어에서 속격 '-ㅅ'을 가지던 관계

        봄비(시간표현), 산돼지(장소표현), 햇빛(기원표현), 잠자리

        (용도표현)

대응하는 속격의 통사적 구성이 가능한가 여부에 따라 관형 구성을 속격적 구성과 비속격적 구성으로 나누고, 이 가운데에서 병렬 구성, 비속격적 구성, 속격적 구성 가운데 중세국어에서 속격

‘ㅅ’을 가지지 않던 경우는 사이시옷을 가지지 않는 것으로, 속격적 구성 가운데에서 중세국어에서 속격 ‘ㅅ’을 가지던 관계는 사이시옷을 가질 수 있는 것으로 보았다. 다시 말하면, 현대국어에서 사이시옷을 가지는 합성명사는 중세국어에서 속격 ‘ㅅ’을 가지던 관계라는 것이다. 기원을 따져보았을 때 사이시옷은 속격의 ‘ㅅ’으로서 속격 구성의 명사구가 단어화하면서 합성명사 형성에 참여하게 된 것으로 보는 입장이다. 이에 대해 김창섭(1996)에서는 “현대국어에서는 사이시옷 현상을 형태론이나 음운론의 규칙적인 현상으로 파악할 수는 없고, 단지 국어 화자들이 ‘사이시옷’으로 인식하는 어떤 실체가 관형 구성의 합성명사에 나타난다는 사실을 말할 수 있을 뿐이다. 그리고 현대국어의 사이시옷 현상은 이렇게 세밀한 상황에서는 많은 개별적인 사실을 포함하게 되었지만, 그 출현을 조건 짓는 골격은 중세국어 속격 ㅅ의 역사적 발달과정에서 나온 것이다”라는 결론을 내리고 있다. 이 견해는 사이시옷을 순수한 음운론적 단위로 보지 않고, 현대국어의 합성명사 형성 때 나타나는 사이시옷의 출현 조건을 규칙적으로 예측할 수 없다는 이 책의 시각과 일치한다.

이제 국어의 합성명사 형성을 어떻게 볼 것인가의 문제에 직면하게 된다. 즉, 현대국어에서 어휘부의 합성명사 형성규칙을 인정할 것인가 하는 문제에 대한 해결이 필요하다. 합성명사에 개입하는 사이시옷의 개재 유무를 중세국어에서 속격 ‘ㅅ’을 가지던 관계에 소급해서 설명한다면, 합성명사는 공시적 규칙에 의해 형성되는 것이 아니라 구의 단어화에 의한 통시적 산물이라는 결론에 이르게 된다. 사이시옷을 보는 시각이 이 책과 일치하는 김창섭(1996)은 어휘부의 합성명사 형성규칙을 인정하는 입장이다. 그렇다면 합성명사 형성규칙을 어떻게 기술할 것인가, 그리고 합성명사 형성 때 사잇소리의 개재 여부를 규칙에 어떻게 반영할 것인가에 적절한 대답을 할 수 있어야 한다.

이에 대해 김창섭(1996)은 두 가지 측면에서 해답을 제시한다. 하나는 'ㅅ전치명사' 또는 'ㅅ후치명사'들의 어휘 내항에 'ㅅ전치성' 또는 'ㅅ후치성'이 기록된 채 일반 규칙의 입력이 되게 하는 것이다. 이는 이강훈(1982)에서 합성명사의 제2요소로 오는 명사나 접미사 가운데 늘 두음이 경음화되는 경우, 이들이 어휘부에 [+ㄷ삽입]이라는 형태 자질을 가지고 있다고 보고, 합성명사의 제1요소로 올 때 제2요소의 두음을 경음화시키는 명사는 [+ㄷ삽입 유발] 형태 자질을 가진다고 본 견해에 동의하는 것이다. 임홍빈(1981)에서는 [+ㄷ삽입] 명사와 [+ㄷ삽입 유발] 명사를 각각 'ㅅ전치명사'와 'ㅅ후치명사'라 일컬은 바 있다.

특정 어휘에 'ㅅ전치성, ㅅ후치성'을 표시하는 것으로 해결되는 경우가 아닌 나머지의 예들은 유추에 의한 것으로 본다. 합성명사에서 사이시옷의 실현은 어떤 유형을 이룬 기존 합성명사들을 모형으로 하여 유추에 의해 결정된다는 것이다.

일단 공시적인 합성명사 형성규칙에 의해 합성명사가 형성되고, 이들의 사이시옷 개재 여부는 늘 사이시옷을 동반하는 일정한 어형에 형태 자질을 주어 사이시옷 개재를 규칙에 반영하는 문제에 대해 생각해 보자.

‘밥’은 이강훈(1982)에서 [+ㄷ삽입] 자질을 부여한 명사이다. ‘밥’에 [+ㄷ삽입] 자질을 부여하여 사전에 등재함으로써 ‘비빔ㅅ밥, 점심ㅅ밥, 눈치ㅅ밥’ 등에 나타난 경음화 현상을 해결하려 하는 것이다. 만일 ‘밥’에 [+ㄷ삽입] 자질이 있다면 ‘볶음밥’과 같은 예외는 존재하지 않아야 할 것이며, 고정적으로 앞이나 뒤에 ‘ㅅ’을 요구하는 형태적 자질을 가진 명사가 있다는 것을 인정한다고 할지라도 이러한 명사들은 한정된 수의 것이고, 대부분의 합성명사는 이러한 어휘부의 자질 표기로는 문제를 해결할 수 없다. 김창섭(1996)은 이러한 수많은 경우의 예외를 유추에 의한 것이라 보고 있다. 절대 다수의 예를 유추에 의한 것으로 설명하는 것은 공시적인 합성명사 형성규칙의 존재 자체에 대한 심각한 위협이 될 수 있다.

이 책은 현대국어의 합성명사는 어휘부의 공시적인 규칙에 의해서 형성되는 것이 아니라고 본다. 공시적 규칙의 적용에 의해 만들어지는 것이 아니므로 그 자체가 개별적으로 어휘부에 등재되어야 한다는 것이다. 합성명사의 형성에 관여하는 사이시옷을 설명하면서 중세국어의 속격 ‘ㅅ’과의 관련을 부인하기 어렵다는 사실은 이 책의 주장을 뒷받침하는 근거가 될 수 있다. 이들은 속격 ‘ㅅ’을 가지던 구 구조가 어휘화 된 것이다. 만일 현대국어의 합성명사가 공시적인 규칙에 의해 형성되는 것이라면, 이때 관여하는 사이시옷에 대해서도 규칙적인 설명이 가능해야 할 것이나, 사이시옷의 개입에 어떠한 규칙성도 인정하기 어렵다는 것은 이들 합성명사가 규칙에 의해 형성된 것이 아님을 입증하는 또 하나의 근거가 될 수 있다.

사이시옷 그 자체가 음운론적인 단위는 아니며, 출현하는 환경도 규칙적으로 예측하기 어렵다는 결론에 다다랐다. 그러나 어떤 기제에 의해서든 일단 사이시옷이 개재되고 난 뒤에는 후행 자음의 경음화를 유발한다. 그렇다면 이 사이시옷은 음운론적으로 어떤 요소인가?

사이시옷이 나타나는 환경을 자세히 살펴보면 다음과 같다.[41]

---

41) 참고로 사이시옷의 표기에 대한 현행 한글 맞춤법의 규정을 보면 아래와 같다. 이는 순전히 표기의 문제이므로 사잇소리가 개재하더라도 선행어에 받침이 있는 경우는 이를 표기에 반영하지 않는다.

제30항. 사이시옷은 다음과 같은 경우에 받치어 적는다.

1. 순 우리말로 된 합성어로서 앞말이 모음으로 끝난 경우

(1) 뒷말의 첫소리가 된소리로 나는 것

고랫재	귓밥	나룻배	나뭇가지	냇가
대가지	뒷갈망	맷돌	머릿기름	모깃불
못자리	바닷가	뱃길	볏가리	부싯돌
선짓국	쇳조각	아랫집	우렁잇속	잇자국
잿더미	조갯살	찻집	쳇바퀴	킷값
핏대	햇볕	혓바늘		

(2) 뒷말의 첫소리 'ㄴ,ㅁ' 앞에서 'ㄴ'소리가 덧나는 것

멧나물	아랫니	텃마당	아랫마을	빗물
뒷머리	잇몸	깻묵	냇물	

(3) 뒷말의 첫소리 모음 앞에서 'ㄴㄴ'소리가 덧나는 것

도리깻열	뒷윷	두렛일	뒷일	뒷입맛
베갯잇	욧잇	깻잎	나뭇잎	댓잎

2. 순 우리말과 한자어로 된 합성어로서 앞말이 모음으로 끝난 경우

(1) 뒷말의 첫소리가 된소리로 나는 것

귓병	머릿방	뱃병	봇둑	사잣밥
샛강	아랫방	자릿세	전셋집	찻잔
찻종	촛국	콧병	탯줄	텃세
핏기	햇수	횟가루	횟배	

(2) 뒷말의 첫소리 'ㄴ,ㅁ' 앞에서 'ㄴ'소리가 덧나는 것

(23) 공명음 + 평장애음

    ㄴ : 산ㅅ길, 눈ㅅ동자, 손ㅅ가방, 눈ㅅ사람

    ㅁ : 봄ㅅ비, 춤ㅅ바람, 잠ㅅ자리, 품ㅅ삯

    ㅇ : 콩ㅅ국, 창ㅅ살, 신랑ㅅ감, 초승ㅅ달

    ㄹ : 물ㅅ가, 쌀ㅅ자루, 물ㅅ살, 들ㅅ개

(24) 모음 + 평장애음

    내ㅅ가, 코ㅅ등, 비ㅅ방울, 고기ㅅ배

(25) 모음 + 공명음

    코ㅅ날, 코ㅅ물, 내ㅅ물, 퇴ㅅ마루, 배ㅅ머리

(26) 모음 + i, j

    베개ㅅ잇, 깨ㅅ잎, 나무ㅅ잎, 뒤ㅅ윷, 대ㅅ잎

(27) 모음 + 모음

    의부ㅅ아들, 우ㅅ옷

(23)에서 (27)까지는 모두 사잇소리 현상이 일어나는 경우이다.

           뎃날   제삿날   훗날   툇마루   양칫물

(3) 뒷말의 첫소리 모음 앞에서 'ㄴㄴ'소리가 덧나는 것

    가욋일   사삿일   예삿일   훗일

3. 두 음절로 된 다음 한자어

    곳간(庫間)   셋방(貰房)   숫자(數字)

    찻간(車間)   툇간(退間)   횟수(回數)

이러한 사잇소리를 음운론적으로 설명하는 방식에는 몇 가지 경우가 있는데, 생성 음운론자들은 이를 't' 삽입규칙으로 설명해 왔다. 복합어의 경계에 't'가 삽입되고, 삽입된 자음 't'는 후속 자음을 경음화시킨 뒤 탈락한다는 것이다. 김영기(1974)에 따르면, '봄비'가 사잇소리에 의해 경음화되는 도출 과정은 다음과 같다.

(28) /pom + pi/

pomtpi	t 삽입
pomt˺pi	장애음 미파화
[pomp'i]	비지속음 뒤 자음 탈락

공명음 뒤의 자음 삽입의 목적은 후행 요소의 평자음이 약화되는 것을 막기 위해서이며, 삽입음으로 't'를 설정한 이유는 "선행 요소의 말음을 미파화하기 위한 구강 폐쇄를 나타내려면 이런 목적을 위해 가장 쉽게 발음되는 정지음을 찾아야 하는데, 그것이 바로 't'이기 때문"이라고 설명한다. 그러나 이러한 설명은 (24)에서 (27)까지와 같이 선행 요소의 마지막 음절이 개음절인 경우에만 유효하고, (23)과 같이 선행 요소가 폐음절로 끝나는 경우에는 합리적인 방법이 되지 못한다. 어떤 경우에도 드러나지 않는 't'가 도출 과정에서 삽입되었다가 후속음을 경음화시키고 탈락한다는 설명은 너무나 작위적이고 번거로운 절차이기 때문이다.

이와 같은 t-삽입설에 대해 이윤동(1983)에서는 "구강 폐쇄는 선행낭음(先行朗音)의 내파화를 위한 것이 아니라, 후속 저해음의 발음을 위한 것이므로 이의 설정은 무익하며, 이때의 구강 폐쇄는 't'를 조음할 때의 형태로 폐쇄되는 것이 아니라 해당 저해음을 조음할 경우의 모습대로 이루어지는 것이다. 더욱이 후속음이 'ㅅ(s)'인 경우는 't'의 내파음처럼 구강이 폐쇄되는 것이 아니라 협착될 따름"이라고 비판하였고, 사잇소리 표기는 후행 요소의 표기상의 어형을 그대로 유지하면서 음운으로서는 경음으로 강화됨을 나타내기 위한 수단으로 사용되었다고 본다. 경음은 그 성질상 폐쇄하여 머무르는 기간이 긴 음이므로, 사잇소리 표기로 그 폐쇄가 일찍 시작되어 오래 계속됨을 나타낸 것으로 보는 것이 합당할 것이라 주장하였다. 이 경우 후행 요소가 경음화될 수 없는 (25)에서 (27)과 같은 예의 설명에 문제가 생기는데, 이에 대해 '냇물, 콧날' 등과 같은 경우 삽입된 't'가 비음화한 것이라기보다는 후행 요소의 첫 자음 'ㄴ, ㅁ'이 각각 긴장음화하여 구강 조음부의 접촉 면적이 넓어지고 단단해지며, 접촉기간이 길어져서 각각 [냄물], [콘날]로 소리난다고 보아야 한다고 하였다. 그러나, '냇물'은 [낸물]로 발음되는 것이 더 자연스러우며, 그렇다면 이 설명법은 타당성을 의심받을 수밖에 없다.

오정란(1988)은 명사와 명사가 결합하여 복합어를 이룰 때, 표면적으로 드러나지는 않지만 기저적인 어떤 관계에 의하여 맺어질 것으로 보고, 이 기저적인 관계를 '격(case)'의 범주로 파악하여, '추상적인 복합격(ACC)'이라는 개념을 설정하고, 이 복합격의 종류에 따라 같은 음운 환경에서도 경음화 또는 비경음화 과정을 밟는다고 설명하였다. 즉, ACC가 속격, 처격, 수혜격의 관계로 복합어가 이루어지면 경음화가 일어나고, 그 밖의 격들(주격, 목적격, 도구격, 공동격 등)로 복합어가 이루어지면 비경음화가 일어난다는 것이다.[42] 여기 서는 사이시옷의 음가를 [ʔ]으로 파악하고, 분절음 층렬에 존재하는 것이 아니라 자립 분절 층렬에 존재하는 후두음이라 본다. 즉, 복합 어 경계에서 후두음 층렬의 자립 분절소 [ʔ]가 확산되어 오른쪽의 x와 연결되어 경음을 유발한다는 것이다. 이와 같은 설명은 '콧등' 이나 '봄비'와 같은 (23), (24)의 유형의 예를 설명하는 데에는 무리 가 없으나 (25)에서 (27)까지와 같이 후행 요소가 경음화될 수 없는 공명음이나 모음일 경우의 설명에 문제가 생긴다.

또한 (25)의 유형에 속하는 예들은 '콧날[콘날]'에서 보이는 바와 같이 후행자음 사이에 동화가 일어나기도 하는데, 분절음이 아닌 자립 분절소가 동화의 과정을 겪는다는 것은 대단히 납득하기 어려 운 설명 방식이다.

김정우(1998) 역시 사이시옷은 성문 폐쇄음 [ʔ]이며 양음절성을 가지고 양쪽 음절 모두에 걸린다고 본다. 사이시옷의 기저형이 CV- 층렬에서 C에 두 개의 결합손을 가진 구조여서, 인접한 양쪽 요소 에 영향을 미친다고 보는 것이다. '콧날[khonnal]'과 같은 자음동화 의 문제를 해결하기 위해 선행요소의 성문 폐쇄음 중화 규칙을 제

---

42) 경음화하는 예들 : 촛불 [촌뿔], 안방 [안빵], 봄비 [봄삐], 혼숫감 [혼수깜]
   비경음화 예들 : 마소 [마소], 금비녀 [금비녀], 콩밥 [콩밥], 해돋이 [해
   도지]
   여기서 '촛불'은 속격 ACC, '안방·봄비'는 처격, '혼숫감'은 수혜격으로 이
   루어진 복합어이다. 반면 '마소'는 공동격, '금비녀·콩밥'은 도구격, '해돋이'
   는 주격으로 이루어진 복합어이다.

안하여, 이때의 자음동화를 [ʔ]에서 [t]로의 중화로 설명한다.[43) 그러나 이러한 과정을 중화라고 할 수 있을지는 의문이며, 이러한 과정이 자연스러운 것인가의 문제도 제기될 수 있다. '윗옷[wi$dot]'을 도출하기 위해서 선행음절의 [ʔ]는 [t]로 중화되고, 후행음절에 연결된 [ʔ]는 탈락하는 것으로 처리하는데, 이 과정도 대단히 복잡하고 부자연스럽다.

손(Sohn, H.-S.:1987)에서는 사이시옷[44)에 형태소의 자격을 부여하고 있다. 이는 명사를 관형형으로 만드는 형태소라는 것인데, 이때의 형태소 [s]의 음성가는 표면에 실현되지 않는다. 이것이 이를 형태소로 인식하기 어려운 이유라고 하였다.

'[아랜니], [우더른], [안빵]'은 비음동화, 중화,[45) 경음화의 세 가지 다른 음운 현상을 보이는데, 이들 각각을 설명하면 다음과 같다. '아랫니[아랜니]'에서 관형형 형태소는 선행 음절의 말음으로 음절화된다. [+성문 협착성] 자질의 확산은 뒤에 오는 자음이 공명음이

---

43) 성문폐쇄음은 자신의 적극적인 음가 실현이 없는 상태로 성문만 폐쇄된 상태의 음으로, 이 상태에서 공기의 통로가 개방되면 중립 위치로 돌아간 설단부가 치조 부근에서 입천장과 닿은 상태로 되고 여기서 가장 자연스러운 자음인 /t/가 산출되는데 이 과정을 중화라고 보는 것이다.(김정우:1998, 118)

44) 사이시옷의 기저형(Denominal Adjective Morpheme)은 아래와 같다.

    x
    |
[+CG]

45) 한국어에서 동기관적 장애음은 음절 말 위치에서 중화되어 무기, 비긴장의 평장애음으로 실현되는데, 중화는 후두 층렬의 연결선 삭제를 의미하는 것이며, [s'], [ch]가 [t]로 중화되는 것은 후두 층렬뿐 아니라 조음방법 층렬과 조음위치 층렬([−anterior]일 때)의 연결선도 끊어지는 것으로 본다.

므로 구조 보존 제약에 의해 저지되며, 후두 자질 [+성문 협착성]
은 음절 말음 위치에서 중화에 의해 연결선이 삭제되고 결과적으로
x-마디는 멜로디 단계에서 미명세된다. 빈 자질 행렬은 잉여 규칙에
의해 [t]가 되고, 이 [t]가 비음 동화를 겪어 [n]으로 실현되는 것이
다. '웃어른[우더른]'에서 관형형 형태소(denominal morpheme)는 중화
되어 완전히 비표기된 x-마디가 된다. 이 빈 x-마디는 잉여 규칙에
의해 채워지는데, 이는 [t]가 되며, 다음 음절의 두음으로 재음절화
된다. '안방[안빵]'에서 [+성문 협착성] 자질은 확산되어 뒤따르는
x-마디와 연결되고, 골격 층렬에 남은 x-마디는 자음군 단순화에 의
해 삭제된다. [+성문 협착성] 자질 확산이 자음군 단순화보다 먼저
일어난다.

　이 책은 현대국어의 사이시옷을 속격 'ㅅ'과의 관련성 속에서 보
아야 한다는 입장이므로, 이 문제의 실마리도 여기에서 찾아야 할
듯하다. 15세기 국어의 음절 말 위치에서 'ㅅ'과 'ㄷ'이 구분되었음
은 두루 알려진 사실이며, 이기문(1972)에 따르면 16세기 중엽에
'ㅅ'과 'ㄷ'의 중화는 완성되었다. 'ㅅ'의 중화는 '[s] → [t˭]'로 진행
되었을 것이다. 이는 국어의 미파화 경향과 부합되는 것이다. 15세
기의 사이시옷이 내파음 [s˥]이라는 주장은 김차균(1992)에 따르면
자체 모순을 내포한다고 할 수 있다. 마찰음은 완전한 폐쇄음이 아
닌 이상 아무리 적은 기를 내보낸다고 하더라도 그것은 'ㅅ' 또는
'ㅆ'으로 들릴 수밖에 없다는 것이다.

　사잇소리가 개재된 합성명사는 그 자체로 어휘부46)에 등재되어
야 하며, 따라서 사잇소리를 가진 채로 기저형이 표시되어야 한다.

도출의 과정에서 규칙에 의해 삽입되는 요소가 아니라는 것이다. 이들은 합성어의 내부에 사이시옷을 지닌 채로 국어의 미파화가 진행됨에 따라 음절 말에서 [t˥]의 음가를 가지게 되었으며, 이로써 (23)에서 (27)까지의 예를 설명할 수 있었다. 특히 (25)에서 (27)까지의 경우, 음소 /t/가 개재되어 있는 것이기에 자음동화나 유성자음으로의 실현도 가능한 것이다. 음절 말의 /t/를 상정하지 않고는 '웃옷, 웃어른' 등의 예는 설명하기 어렵다.

---

46) 어휘부의 성격을 규정하는 문제와 어휘부의 등재 단위를 어떻게 파악할 것인가의 문제는 이 책의 직접적인 논의 대상은 아니므로 채현식(2000)의 내용을 토대로 어휘부의 성격과 등재 단위를 규정하기로 한다. 어휘부는 단어를 저장하는 장소이고, 저장된 단어들은 새로운 단어가 형성되는 바탕이 된다. 어휘부의 기본 단위인 단어는 기억의 단위이며, 단어들이 어휘부에 기억된다는 것은 화자의 머릿속에 기억된다는 뜻이다. 기억은 통시적인 현상으로 어떤 단어가 만들어져서 화자의 어휘부에 새롭게 등재되는 과정은 통시적 과정이다. 사이시옷의 문제는 통시적인 화석화 문제와 깊이 관련되어 있다고 볼 수 있다.

6장 맺는 말

  이 책은 국어의 음소 분류에 후두 자질 도입의 필요성을 제기하고, 국어에서 후두음이 독자적인 한 부류를 이루며, 후두 자질의 설정이 이들이 관여하는 음운 현상의 이해에도 기여할 수 있음을 밝히려 하였다.

  후두 부위의 조음 작용을 자질로 설정하는 데서 일차적으로 음성에 대한 정확하고 실제적인 관찰에 기초해야 한다는 생각을 바탕으로 하는데, 이는 자질이 음운 현상을 설명하기 위해서 임의적으로 설정될 수 있는 것이 아니라 존재하는 실체와 일치해야 하는 것이라면 물리적인 존재와 조화를 이룰 수 있도록 설정되어야 할 것이기 때문이다. 분절음을 구별하는 데 꼭 필요한 것이어야 하고, 분절음의 자연 부류를 정당하게 특징지어 줄 수 있어야 하며, 음운 현상을 합당하게 기술할 수 있는 것이어야 한다는 음운 자질 설정의 기준을 바탕으로 후두 자질을 설정하려는 것이다.

여기에 서로 관련이 있는 몇 개의 자질들이 하나의 단위를 형성하여 상위의 기능적 단위로 묶일 수 있다는 가정을 받아들여, 후두 자질들이 독자적 영역을 형성하고 있음을 보이고, 어떤 음의 부류들은 후두음으로 분류하는 것이 타당하며, 이들이 관여하는 음운 현상에 이들 자질과 후두음 부류로서의 특징이 관여하게 됨을 밝히려 하였다. 기존의 논의에 대한 비판적 접근을 통해 문제점을 지적하고 본 연구의 접근 방법이 이런 문제점을 해결하거나 더 타당성이 있음을 주장하였다.

2장에서는 국어에 후두 자질을 설정하기 위한 기본 작업으로, 후두의 생리적 기능에 대한 이해, 즉 후두와 성대의 구조에 대한 이해를 돕고, 후두의 음 조절에 작용하는 연골과 근육의 기능을 이해함으로써 후두 자질 설정의 기초를 마련하였고, 국어 장애음의 분류에 후두 자질의 도입 필요성을 제기하였다.

국어 음운론에서 조음 방법의 자질로 분류되며 경음과 유기음의 자질로 표시되어 온 [긴장성(tense)]과 [유기성(aspirated)]이 어떤 기준에서 설정된 자질인지 명료하지 않으며, 그 자질의 내용이 명확하지 않다는 문제점을 지적할 수 있다.

또한 이 자질들이 과연 조음 방식 자질에 속하는지도 의문이 생긴다. [유기성]이나 [긴장성] 자질을 갖게 되는 것은 구강이나 비강에서의 조음과는 다른 차원에서 일어나는 일이기 때문이다. 국어의 평음, 경음, 유기음은 이들을 변별시켜 줄 자질(그것이 [유기성]이든 [긴장성]이든 다른 어떤 자질이든 간에) 외에는 다른 모든 자질이 같다. 즉, 구강에서 일어나는 조음 작용의 차이에 의해 변별되는 음이 아니라는 것이다. 세 계열 모두 폐에서 생성된 기류의 작용으로 만들어지는 음들이므로 이들은 발동 과정에서 차이도 없다. 이들을 변별해 주는 것은 발성 과정의 차이이다. 기류가 성문을 통과할 때의 차이가 평음-경음-유기음의 차이를 만들어내는 것이다.

이에 후두 자질이 독자적인 부류로 기능할 수 있음을 처음 제기한 할레-스티븐스(Halle & Stevens:1971)의 이론을 바탕으로 국어의 후두 자질을 설정하였다.

국어 장애음의 음성적 특징을 바탕으로 해서 분화에 관여하는 요소를 자질로 설정하였는데, 자질 설정에서 음향적 자질과 조음적 자질 가운데 조음적인 자질을 선택하였다. 조음 과정에서 보이는 성문의 크기와 성대의 긴장도라는 두 가지 기준에서 국어의 장애음을 분류하였다. 이 두 가지 특성은 후두의 연골과 근육의 작용에 의해 야기되는 것이므로 후두 자질이라는 큰 틀 속에서 하나로 묶일 수 있다.

[유기성] 자질 대신에 성문의 크기가 폐쇄음의 분화에 관여한다고 보아 이를 자질로 설정하였다. 유기음들의 특성으로 언급되어 온 VOT의 차이는 근본적으로 조음 과정의 차이에 기인하는 것이기 때문에, 이것 대신에 성문의 크기를 기준으로 설정된 [성문 확장성(spread glottis)] 자질과 [성문 협착성(constricted glottis)] 자질을 도입하여 성대가 중립 위치보다 외전된 음에 [+성문 확장성]을, 내전된 음에 [+성문 협착성] 자질을 주기로 한다. 국어의 유기음 계열은 성대가 넓게 열려 있으므로 [+성문 확장성] 자질을 가지고, 폐쇄의 개방 때 성문의 내전되는 경음은 [+성문 협착성] 자질을 가진다.

평음, 경음, 유기음이 가지는 각각의 자질은 다음과 같다.

	평 음	경 음	유기음
[성문 확장성]	−	−	+
[성문 협착성]	−	+	−

　그러나 성문의 크기(성문 열림도)를 기준으로 제안된 [성문 확장성], [성문 협착성]만으로 국어의 경음을 설명하기에는 부족함이 있다. 전통적인 분류에서처럼 경음의 조음에는 성대의 긴장 여부가 중요하게 작용하기 때문이다. 자질 설정에는 변별성이라는 상대적 기준점 외에도 음의 본질이라는 절대적 가치도 고려되어야 하기 때문이다. 정확한 조음적인 용어로 정의하기 어렵고, 물리적으로 정의하기 어려운 자질인 [긴장성] 대신에 사용할 다른 자질로 성대의 위쪽과 아래쪽 끝 부분의 당김이 증가하는 자질에 [+성대 경직성 (stiff vocal cords)] 자질을 부여하여 긴장성을 나타내기로 한다. 후두를 관장하고 조절하는 근육들에 의해 긴장성이 생기기 때문에 이를 반영한 것이다. 폐쇄 지속 시간이나 주파수, 피치 등은 긴장성 때문에 야기된 특징이지 이 자체가 이 음들의 본질적인 측면이라고 볼 수는 없기 때문에 택하지 않았다.

　이 경우 세 가지 음소의 분류에 네 가지 자질을 사용함으로써 대단히 비효율적이라는 비판을 받을 수 있으나, 국어 폐쇄음의 특징을 적절히 포착하기 위해서는 성문의 크기와 성대의 긴장도라는 두 가지 기준에서 설정된 자질이 꼭 필요하다. 이 책에서 설정한 후두

자질인 [성문 확장성], [성문 협착성], [성대 경직성], [성대 이완성]
로 평음과 경음, 유기음의 자질을 분류하면 다음과 같다.

	평 음	경 음	유기음
[성문 확장성]	−	−	+
[성문 협착성]	−	+	−
[성대 경직성]	−	+	+
[성대 이완성]	−	−	−

　3장에서는 국어의 음운 체계에서 'ㅎ'과 'ㆆ'이 독자적인 한 부류,
즉 후두음이라는 자연 부류로 묶일 수 있는 가능성을 제기하였다.
'ㅎ'과 'ㆆ'의 음성적 특징에 대한 관찰을 통해 이들의 후두 자질을
설정하고 음운론적 지위를 부여하였다. 음성적 특징 관찰에는 선행
연구에 대한 검토와 스펙트로그램의 분석이 이용되었다.

　스펙트로그램 분석 결과 'ㅎ'은 후행하는 모음의 포먼트 구조와
흡사한 모습을 보이는 것으로 나타났다. 'ㅎ'이 기식을 동반한다는
것이 차이점인데, 이 기식은 후행 모음의 포먼트에 집중되어서 나
타난다. 이는 'ㅎ'의 조음 시에 성문이 넓게 열려 있으며 구강 안에
고정된 특정 조음 위치를 가지지 않는다는 것을 의미한다. 이 점을
고려하여 'ㅎ'은 후두 마디만 가지고 후두 상위마디는 가지지 않는
음으로 보았다. 후두 마디를 따로 설정한 것에 대해서는 대다수의
연구자들이 동의하는데, 그것은 후두 마디와 후두 상위 마디 각각
이 음운 과정에서 독자적으로 행동하는 모습을 보이기 때문이다.

‘ㅎ(h)’은 후두 마디에 [성문 확장성] 자질만 표기되고 후두 상위 마디를 가지지 않는 부류이며, 이런 부류들을 후두음으로 분류하기로 한다.

문법 기술의 간결성이라는 측면과 결합 관계에서의 존재, 방언의 재구조화 경향, 불규칙 동사의 기저형 설정에서의 필요성 등을 이유로 ‘ㆆ(?)’을 현대국어의 음소로 설정하고, ‘ㆆ(?)’는 구강에서의 조음 작용이 없으므로 후두 상위 마디를 가지지 않고 후두 마디만 가진 자음이며 성문 폐쇄가 일어난다는 점에서 [성문 협착성]의 자질로 명세된다. ‘ㅎ(h)’과 ‘?’은 동일하게 후두음에 속하며 이들은 자연 부류를 이룬다. 실제 언어 상황에서 후두음 부류로 설정된 ‘ㅎ’과 ‘ㆆ’이 자연 부류를 이룸을 뒷받침할 만한 근거가 필요하므로 언어의 변화 과정에서 ‘ㅎ(h)’과 ‘ㆆ(?)’이 보이는 유기적 관계를 살펴보았는데, 중세국어에서 ‘ㅂ계’ 어두 자음군을 가졌던 단어들이 후대 방언형에 경음 또는 유기음으로 다르게 남아 있는 예들과, 어간의 재구조화 방향이 후두음을 말음으로 가지는 쪽으로 일어난 여러 방언의 예들을 통해 후두 마디의 존재, 즉 자연 부류로서의 후두음 부류의 존재를 입증하였다.

이 책에서 ‘ㅎ(h)’과 ‘ㆆ(?)’의 표시로 상정하는 것은 다음과 같다.

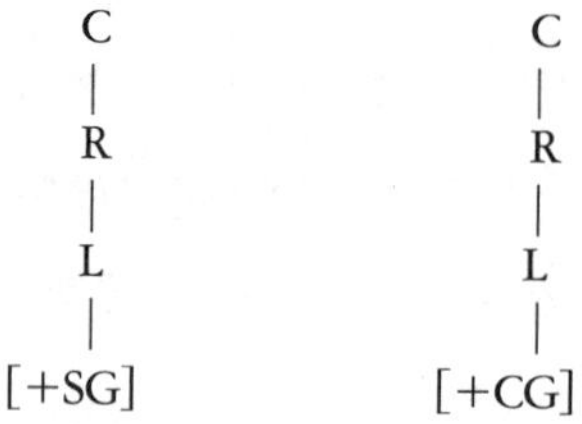

4장에서는 후두음 부류로 음운론적 지위를 부여받은 'ㅎ'이 관여하는 다양한 음운 현상을 검토하여, 'ㅎ'이 가지는 독특한 음성 특징과 후두 마디만 가지는 후두음 부류라는 것으로 이 현상들을 하나의 틀로 아울러 설명할 수 있는 길을 마련했다. 후두 상위 마디를 가지지 않은 'ㅎ'이 음성으로 실현되려면 다양한 음운 과정을 거쳐야 하는데, 명세된 후두 상위 마디의 자질을 이 마디가 표시되지 않은 이웃 분절음에 전파하고 축약되는 과정이 유기음화이다. 유기음화는 인접음의 후두 마디가 명세되지 않은 경우 즉 평음일 경우에만 실현되고, 체계 안에 유기음이 존재하지 않아 'ㅎ'이 가진 [+성문 확장성] 자질이 다음 음절로 확산될 수 없어서 후두 상위 마디의 승인을 받을 수 없을 때 중화가 일어난다.

후행 자음이 'ㅅ' 또는 'ㄴ'일 때, 'ㅅ'과 'ㄴ'은 체계 안에 유기음을 가지지 않으므로 교점의 합류가 일어날 수 없고, 이 경우 음절 말음의 위치에 남아 이웃 분절음의 위치 마디를 받게 되는 것이다. 중화의 결과 후두 마디의 연결선은 삭제되므로 음절 말에서는 'ㅎ'의 [성문 확장성] 자질이 실현될 수 없다.

5장에서는 국어의 경음화 현상에 대한 선행 연구들을 비판적으로 검토하고 경음화 현상의 기제를 밝히고자 하였는데, 이 현상의 이해에도 후두 자질이 유용하게 이용될 수 있음을 보였다.

경음과 유기음이 평음보다 현저히 긴 폐쇄 지속 시간(closure duration)을 보인다는 점, 경음과 유기음이 음절 말음(syllable coda)으로 나타나지 않는다는 점, 공명음 사이에서 유성음화 규칙의 적용을 받지 않는다는 점, 합성어 형성 과정, 부분 중첩, 강세 등 여러 음운 현상의 설명에 효율적이라는 점 등을 이유로 국어의 경음을 중복자음으로 보는 견해는 이 가설이 다음과 같은 몇 가지 한계를 가진다고 보아 받아들이지 않는다.

첫째, 이러한 분석은 장애음 뒤 경음화 현상이 음성적으로 자연스럽고 생산적인 과정인 이유를 설명하지 못한다. 중복자음에 새로운 자질 [성문 협착성]을 배당하는 아무런 음성적 동기도 제공하지 못한다.

둘째, 모음 사이의 경음이 중복자음으로 취급되는 것은 의문의 여지가 있다. 이 가설이 모음 사이의 경음이 모음 사이의 평음보다 길다고 하는 음성적 사실에 기반하고 있다고 하더라도, 이것이 모음 사이의 경음이 중복자음이라는 결론을 반드시 필요로 하는 것은 아니다.

셋째, 중복자음 가설은 동일 자음의 연속일 때의 경음화 현상에 대한 설명은 가능하나, 서로 다른 자음의 연속에서 일어나는 경음화 현상을 설명하기 어렵다. 특히 중화된 폐쇄음과 마찰음의 연속에서는 늘어난 폐쇄 지속 시간이라는 개념이 성립하지 않으므로 [성문 협착성] 자질을 유발할 수 없음에도 불구하고 경음화가 실현된다는 점이다.

경음화 현상을 [성문 협착성] 자질의 확산으로 보는 것은 견해에 대해서도 동의하지 않는다. 후두 내시경 관찰 결과, 음절 말 미파음이 문말에서 발음된 경우의 후두 조절은 조음 폐쇄와 거의 동시에 성문이 근소하게 열리는 것으로 나타났으며, 조음 폐쇄가 형성되면 바로 피열 연골(披裂軟骨)의 근소한 외전이 있고 그것이 단시간 지속된다. 이는 음절 말 미파 폐쇄음의 조음에 성문 폐쇄가 동반되지 않는다는 관찰 결과를 보여주는 것이라 하겠다. 그러기에 경음화의 결정적 인자로 [성문 협착성] 자질을 도입할 수는 없다. 넓은 성문 열림도를 보여주는 마찰음 'ㅅ'에 경음이 존재하는 것도 경음화의 본질이 [성문 협착성] 자질의 확산이 아니라는 증거가 될 수 있다. 그리고 경음화의 결과로 나타난 'ㅆ'도 성문이 내전되지 않은 음이다.

이 책에서는 근전도 결과, 음절 말 미파음의 폐쇄 시점에서 갑상 피열근의 활동 증가가 측정된 점, 성대근의 활동 억제의 정도와 시점, 그리고 성대근의 활동이 다시 시작되는 정도와 시점이 '음절 말 폐쇄음+평음' 연쇄의 경우와 음절 초 경음의 경우가 유사한 점 등을 근거로 음절 말 미파음에 [+성대 경직성(stiff vocal cords)] 자질을 부여하였다. 그러면 자동적 경음화 현상은 음절 말 미파음이 가진 [성대 경직성] 자질이 후행 음절의 초성으로 확산되는 것으로 설명된다.

경음에 [+성대 경직성] 자질을 부여하는 이유 가운데 하나는 다음 모음의 기본 주파수 상승을 가져오기 때문이다. 성대근의 활동 억제가 복귀되는 데에 평음이 가장 약하고 느리며, 이것이 낮은 F0로 나타난다. 반면에 경음과 유기음은 성대근 활동 억제의 해제가 빠르고 강하기 때문에 다음 모음의 F0이 높아지는 것이다. 말소리의 길이는 조음 기관의 조음 시간으로 결정되는데; 조음 기관의 긴장이 없는 음(lax)은 긴장이 있는 음(tense)보다 짧다. 이는 경음을 발음하기 위해서는 조음 기관의 근육의 긴장이 이루어지는 시간이 걸

리기 때문이며, 경음의 긴 폐쇄 지속 시간은 긴장 복귀 때문에 야기
된 특징이지 이 자체가 이 음들의 본질적인 측면이라고 볼 수 없음
을 의미한다.

참고문헌

강창석(1985), 〈활용과 곡용에서의 형태론과 음운론—음운 현상에 대한 비음운
　　론적 제약의 극복을 위하여〉, 《울산어문론집 2》, 울산대.

강희숙(1994), 〈국어 유기음화에 대한 사회언어학적 연구〉, 《한국언어문학 32》.

곽동기(1992), 〈운율단위에 의한 국어 음운현상의 분석〉, 서울대 박사학위논문.

곽충구(1980), 〈십팔세기 국어의 음운론적 연구〉, 《국어연구 43》.

곽충구(1994), 〈계합 내에서의 단일화에 의한 어간 재구조화〉, 《국어학연구》(남
　　천박갑수선생화갑기념논문집), 태학사.

곽충구(1994), 《함북 육진방언의 음운론》, 태학사.

곽충구(1995), 〈어의분화에 따른 단어의 형태분화와 음운변화— '빻-'와 '부수-'의
　　경우〉, 《국어사와 차자표기》, 태학사.

곽충구(2000), 〈함북방언의 비자동적 교체 어간과 그 단일화 방향〉, 《21세기 국
　　어학의 과제》, 월인.

구희산·고도흥·양병곤·김기호·안상철 역(1998), 《음성학과 음운론》, 한신문
　　화사.

김　현(2001), 〈활용형의 재분석에 의한 용언 어간 재구조화〉, 《국어학 37》, 국어
　　학회.

김　현(2003), 〈활용상에 보이는 형태음운론적 변화의 요인과 유형〉, 서울대 박사학위논문.

김경란(1993), 〈우리말 음절화와 관련된 음운규칙의 적용방법〉, 《음성·음운·형태론 연구》, 한국문화사.

김경아(1990), 〈활용에서의 기저형 설정과 음운 현상〉, 《국어연구 94》.

김경아(1995), 〈체언어간말 설단자음의 변화〉, 《관악어문연구 20》.

김경아(1996), 〈국어의 음운표시와 음운과정〉, 서울대학교 박사학위논문.

김경아(1997), 〈국어 장애음의 분류와 후두 자질〉, 《국어학 30》.

김경아(1998), 〈용언 어간말음 'ㅎ'의 교체에 대하여〉, 《언어 23－1》, 한국언어학회.

김경아(1999), 〈형태음운론적 교체와 형태음운부〉, 《형태론 1－2》.

김경아(2000), 《국어의 음운표시와 음운과정》, 태학사.

김기호(1990), 〈계층적 자질수형도에서의 비표기와 잠재표기〉, 《언어 15》.

김무림(1992), 《국어 음운론》, 한신문화사.

김봉국(2002), 〈강원도 남부지역 방언의 음운론〉, 서울대 박사학위논문.

김봉국(2003), 〈복수 기저형의 유형(1)〉, 《진단학보 95》.

김석득(1960), 〈음운분석론〉, 《한글 126》.

김석득(1962), 〈형태음소론 소고〉, 《국어학 1》.

김선철(1996), 〈장애음 뒤 경음화 현상의 자질기하론적 표시에 대하여〉, 《언어연구 14》, 서울대 언어연구회.

김성규(1987), 〈어휘소 설정과 음운 현상〉, 《국어연구 77》.

김성규(1988), 〈비자동적 교체의 공시적 기술〉, 《관악어문연구 13》.

김성규(1996), 〈'드틀'과 '들글'의 공존〉, 《이기문교수정년퇴임기념논총》, 신구문화사.

김성수(1991), 〈어두 파열음의 막음지속에 대한 측정 실험 보고〉, 《우리말 연구 1》.

김성수(1992), 〈된소리의 조음시간과 인식과의 관계에 대한 실험음성학적 연구〉,

부산대 석사학위논문.

김승곤(1967), 〈'ㅎ'과 'ㆅ'음가고〉, 《국어국문학 37 · 38》, 국어국문학회.

김승곤(1983), 《음성학》, 정음사.

김영선(1991), 〈합성어 형성과 음운현상〉, 《국어국문학논문집》, 동아대.

김영송(1981), 《우리말 소리의 연구》, 과학사.

김영송(1987), 〈우리말의 갈이소리〉, 《한글 196》.

김영송(1991), 〈한국어 마찰음 연구〉, 《우리말 연구 1》, 우리말연구회.

김영송(1993), 〈우리말의 스침소리〉, 《말 18》, 연세대 한국어학당.

김영송(1994), 〈음성 분류에 있어서의 h의 처리〉, 《우리말 연구 4》, 우리말연구회.

김영송(1996), 〈스침-갈이소리 연구〉, 《언어연구 14》, 부산대.

김완진(1965), 《국어학개론-강좌》, 수도출판사.

김완진 · 도수희(1985), 《국어학개론》, 한국방송통신대학교출판부.

김유범(1995), 〈국어의 자질계층수형도—자음과 모음의 통합 모델을 위한 모색〉,
    《한국어학 2》, 한국어학연구회.

김윤학(1987), 〈ㅎ 끝소리 자리바꾸기와 센소리되기에 대하여〉, 《한글 196》, 한
    글학회.

김재민(1977), 〈자음 지속시간과 조음운동〉, 《언어 2》.

김정수(1987), 〈한말 목청터짐소리 /ㆆ/의 실존〉, 《한글 198》, 한글학회.

김정우(1991), 〈음절말 자음 중화의 실상〉, 《국어학의 새로운 인식과 전개》(김완
    진선생회갑기념논총), 민음사.

김주원(1996), 〈경상도 방언의 성문 파열음과 성조〉, 《언어학 17》, 언어학회.

김주필(1988), 〈중세국어 음절말 치음의 음성적 실현과 표기〉, 《국어학 17》, 국
    어학회.

김주필(1990), 〈국어 폐쇄음의 음성적 특징과 음운현상〉, 《강신항교수회갑기념
    국어학논문집》, 태학사.

김차균(1985), 《음운론의 원리》, 창학사.

김차균(1985), 〈음절 구조 속에서 활음의 기능〉, 《언어연구 2》, 한국현대언어학회.

김차균(1988), 《나랏말의 소리》, 태학사.

김차균(1991), 〈국어 음운 현상들의 새로운 해석과 정리〉, 《논문집 18-2》, 충남대.

김차균(1992), 〈사이시옷의 음운론〉, 《국어학 22》.

김차균(1995), 《우리말의 음운》, 태학사.

김차균(1998), 《나랏말과 겨레의 슬기에 바탕을 둔 음운학 강의》, 태학사.

김차균·김석득·이기백(1987), 《국어 음운론》, 한국방송통신대학교출판부.

김창섭(1996), 《국어의 단어형성과 단어구조 연구, 《국어학총서 21》, 태학사.

김형주(1987), 《국어 어두 자음군의 연구》, 동아대출판부.

김형중(1988), 〈어간말음 'ㅎ'의 통시적 연구—용언을 중심으로〉, 숭실대 석사학위논문.

김형찬(1993), 〈국어 ㅎ음의 연구사적 고찰—음가와 표기를 중심으로〉, 수원대 석사학위논문.

김희섭(1994), 〈음절의 소리 자리 매김 기능〉, 《우리말 연구 4》, 우리말연구회.

김희성(1998), 〈자질계층이론에 의한 음운현상 연구〉, 이화여대 석사학위논문.

梅田博之(1983), 《한국어의 음성학적 연구》, 형설출판사.

문수미(1989), 〈현대국어 사잇소리에 관한 음성학적 고찰〉, 《언어학 연구 2》, 서울대 언어학과.

박종희(1983), 《국어 음운론 연구》, 원광대출판부.

박종희(1987), 〈ㅎ말음 체언의 통시적 연구〉, 《논문집 21-1》, 원광대.

박창원(1982), 〈자음군 분류와 자음자질(Ⅰ)〉, 《관악어문연구 7》, 서울대.

박창원(1984), 〈국어 자음의 세 자질에 대하여〉, 《국어국문학 91》, 국어국문학회.

박창원(1984), 〈중세국어의 음절말 자음 체계〉, 《국어학 13》, 국어학회.

박창원(1986), 〈음운 교체와 재어휘화〉, 《어문논집 2》, 경남대.

박창원(1990), 〈음운 규칙의 통시적 변화〉, 《강신항교수회갑기념국어학논문집》, 태학사.

박창원(1991), 〈음운 규칙의 변화와 공시성〉, 《국어학의 새로운 인식과 전개》(김완진선생회갑기념논총), 민음사.

박창원(1997), 〈사잇소리와 사이시옷〉, 《이화어문논집 15》.

박창원(1997), 〈자음군 분류와 자음자질(Ⅱ)〉, 《한국어문학논고》, 태학사.

박혜숙(1982), 〈韓國語の音節末內破音の喉頭調節〉, 《朝鮮學報 104》, 朝鮮語學會.

배재연·신지영·고도흥(1999), 〈음성환경에 따른 한국어 폐쇄음의 음향적 특성—시간적 특성을 중심으로〉, 《음성과학 5-2》.

배주채(1989), 〈음절말자음과 어간말자음의 음운론〉, 《국어연구 91》.

배주채(1992), 〈음절말 평폐쇄음화에 대하여〉, 《관악어문연구 17》, 서울대.

배주채(1994), 《고흥방언의 음운론적 연구》, 태학사.

배주채(1996), 《국어 음운론 개설》, 신구문화사.

배주채(2003), 《한국어의 발음》, 삼경문화사.

서동일·표화영·강성식·최홍식(1997), 〈한국어 파열자음의 특성에 관한 연구〉, 《대한음성언어의학회지 8-2》.

서영석(1983), 〈ㅎ음신고〉, 《동악어문논집 17》.

손형숙(1996), 〈미명세이론과 설정음의 음운적 표시, 《언어연구 13》, 대구언어학회.

손형숙(1997), 〈미명세이론의 음운론적 의미〉, 《언어 22-1》.

송상조(1982), 〈'ㅎ' 개입에 관한 고찰〉, 제주대 석사학위논문.

송철의(1990), 〈자음동화〉, 《국어연구 어디까지 왔나》, 동아출판사.

송철의(1991), 〈국어 음운론에 있어서 체언과 용언〉, 《국어학의 새로운 인식과 전개》(김완진선생회갑기념논총), 민음사.

송철의(1993), 〈자음의 발음〉, 《새국어생활 3》.

송철의(2000), 〈형태론과 음운론〉, 《국어학 35》, 국어학회.

송하균(1995), 〈국어 /h/의 동화현상에 관한 고찰〉, 《서강어문 11》.

시정곤(1994), 《국어의 단어형성 원리》, 국학자료원.

시정곤(2004), 〈등재소 설정 기준에 대한 연구〉, 《한국어학 22》.

신승용(2000), 〈음운 변화의 원인과 과정에 대한 통시적 연구〉, 서강대 박사학위 논문.

신승용(2002), 〈표시층위 재론〉, 《어문학 75》, 한국어문학회.

신지영(1990), 〈국어 자음체계의 기저표시와 음운현상〉, 고려대 석사학위논문.

신지영(1999), 〈한국어의 운율 단위와 경음화 현상〉, 《한국어학 10》, 한국어학회.

신지영(2000), 《말소리의 이해 ─ 음성학 · 운론 연구의 기초를 위하여》, 한국문 화사.

신지영 · 차재은(2003), 《우리말 소리의 체계》, 한국문화사.

신지영 · 차채은(2000), 〈공명자음 뒤에 위치한 /ㅎ/〉, 《21세기 국어학의 과제》, 월인.

안상철(1990), 〈새로운 자질 이론의 정립을 위하여〉, 《언어연구 9》.

양순임(1996), 〈현대국어의 사잇소리 덧나기와 된소리되기〉, 《우리말 연구 6》, 우리말연구회.

양순임(1998), 〈격음에 관한 음성 · 음운론적 고찰〉, 《부산 한글 17》, 한글학회 부산지회.

양순임(1998), 〈유기음의 '기'와 /ㅎ/에 대한 비교 고찰〉, 《우리말연구 9》, 우리말 연구회.

양주동(1975), 《음향음성학》, 범한서적주식회사.

엄태수(1999), 《한국어의 음운규칙 연구》, 국학자료원.

오원교(1981), 〈사잇소리에 대하여〉, 《어문학 41》, 한국어문학회.

오정란(1988), 《경음의 국어사적 연구》, 한신문화사.

오정란(1990), 〈자질층위이론과 국어〉, 《한국어학신연구》, 한신문화사.

유재원(1989), 〈현대국어의 된소리와 거센소리에 대한 연구〉, 《한글 203》, 한글 학회.

유재원(1989), 〈현대국어의 악센트 규칙에 대한 연구〉, 《성곡논총 19》.

유필재(1994), 〈발화의 음운론적 분석에 대한 연구〉, 《국어연구 125》.

유필재(2001), 〈서울 지역어의 음운론적 연구〉, 서울대 박사학위논문.

이강훈(1974), 〈국어의 폐쇄음〉, 《서울여자대학 논문집 3》.

이강훈(1976), 〈국어의 복합어 및 한자어 내부에서 일어나는 경음화 현상〉, 《서울여대논문집 5》.

이강훈(1977), 〈국어의 복합어 및 한자어 내부에서 일어나는 경음화 현상(Ⅱ)〉, 《서울여대논문집 6》.

이강훈(1977), 〈국어의 복합어 및 한자어 내부에서 일어나는 경음화 현상(Ⅲ)〉, 《서울여대논문집 7》.

이강훈(1979), 〈[+t-epenthesis inducement] 자질의 검토〉, 《서울여대논문집 8》.

이강훈(1981), 〈국어의 복합어 및 한자어 내부에서 일어나는 경음화 현상(Ⅴ)〉, 《서울여대논문집 10》.

이강훈(1982), 〈국어의 복합명사에서의 경음화 현상〉, 《언어 7-2》.

이강훈(1984), 〈국어의 복합명사에서의 경음화 현상(Ⅱ)〉, 《언어 9-1》.

이경희(2000), 〈국어의 /ㅅ/은 평음인가 격음인가〉, 《국어학 36》, 국어학회.

이경희(2000), 〈국어 마찰음의 유기적 특성〉, 《어문논집 41》, 안암어문학회.

이경희(2001), 〈국어 마찰음 연구〉, 고려대 박사학위논문.

이광정(1983), 〈ㅎ말음고〉, 《관대논문집 11-1》, 관동대.

이광호(1976), 〈중세국어 속격의 일고찰〉, 《국어국문학 70》.

이기문(1972), 《국어사개설》, 탑출판사.

이기문(1977), 《국어음운사 연구》, 탑출판사.

이기문·김진우·이상억(1987), 《국어 음운론》, 학연사.

이동석(2002), 〈국어 음운 현상의 소멸과 변화에 대한 연구〉, 고려대 박사학위논문.

이문규(1999), 〈음소 'ㅎ'과 유기음화〉, 《언어과학연구 16》.

이병건(1985), 《현대 한국어의 생성 음운론》, 일지사.

이병근(1975), 〈음운규칙과 비음운론적 제약〉, 《국어학 3》, 국어학회.

이병근·최명옥(1997), 《국어 음운론》, 한국방송대학교출판부.

이상억(1993), 〈쉽게 쓴 국어 음성학〉, 《새국어생활 3》.

이석재(1995), 〈국어 음절말음의 조음간극에 대한 제약과 중화현상〉, 《언어 20-4》.

이석재(1999), 〈소리 체제에서 음향 자질 [noise]〉, 《음성과학 6》.

이승재(1980), 〈구례지역어의 음운 체계〉, 《국어연구 45》, 서울대 국어연구회.

이승재(1983), 〈재구와 방언 분화〉, 《국어학 12》, 국어학회.

이익섭(1972), 〈강릉방언의 형태음소론적 고찰〉, 《진단학보 33》, 진단학회.

이정민·배영남(1987), 《언어학 사전(개정증보판)》, 박영사.

이진호(1997), 〈국어 어간말 자음군과 관련 현상에 대한 통시음운론〉, 《국어연구 147》, 서울대 국어연구회.

이진호(1998), 〈국어 유음화에 대한 종합적 고찰〉, 《국어학 31》, 국어학회.

이진호(2001), 〈비모음화와 관련된 이론적 문제〉, 《국어학 37》, 국어학회.

이진호(2002), 〈화석화된 활용형에 대하여〉, 《국어국문학 130》, 국어국문학회.

이진호(2002), 〈음운 교체 양상의 변화와 공시론적 기술〉, 서울대 박사학위논문.

이진호(2003), 〈국어 ㅎ말음 어간의 음운론〉, 《국어국문학 133》.

이현규(1969), 〈국어의 덧접사 설정 시고〉, 《어문학 20》.

이호영(1992), 〈한국어 변이음 규칙과 변이음의 결정 요인들〉, 《말소리 21~24》, 대한음성학회.

이호영(1996), 《국어 음성학》, 태학사.

이호영·지민제·김영송(1993), 〈동시조음에 의한 변이음들의 음향적 특성〉, 《한글220》.

전동석(1993), 〈한국어 폐쇄음에 대한 후두의 역할〉, 전북대 의대 대학원 석사학위논문.

전상범(1976), 〈현대국어에 있어서의 된소리 현상〉, 《언어 1-1》.

전상범(1980), 《생성 음운론》(개정판), 탑출판사.

전상범(1995), 《영어 음성학 개론》, 을유문화사.

전철웅(1990), 〈사이시옷〉, 《국어연구 어디까지 왔나》, 동아출판사.

정 철(1966), 〈내파음 p>, t>, k>의 음의 종속〉, 《어문논총 3》, 경북대.

정수희(1998), 〈현대국어 'ㅎ' 축약과 탈락의 제약 연구〉, 이화여대 석사학위논문.

정승철(1995), 《제주도 방언의 통시음운론》, 태학사.

정승철(1996), 〈제주도 방언 'ㅎ'말음 용언 어간의 통시론〉, 《이기문교수정년퇴임 기념논총》, 신구문화사.

정승철(2003), 〈어두자음군의 경음화와 격음화〉, 《한국문화 32》.

정연찬(1997), 《개정 한국어 음운론》, 한국문화사.

정인섭(1973), 《국어음성학》, 휘문출판사.

정인호(1995), 〈화순지역어의 음운론적 연구〉, 《국어연구 134》, 서울대 국어연구회.

정인호(1997), 〈ㅂ-불규칙 용언 어간의 변화에 대하여〉, 《애산학보 20》, 애산학회.

지민제(1993), 〈소리의 길이〉, 《새국어생활 3》.

차재은(2001), 〈/ㅎ/의 음운 자질과 음운 현상〉, 《어문논집 43》.

차재은(2002), 〈한국어 음운 자질의 설정에 대하여〉, 《한국어학회 24차 전국학술 대회발표문》.

차재은·정명숙·신지영(2003), 〈공명음 사이의 /ㅎ/의 실현에 대한 음성, 음운론 적 고찰〉, 《언어 28-4》.

채현식(1994), 〈국어 어휘부의 등재소에 관한 연구〉, 《국어연구 120》.

채현식(2000), 〈유추에 의한 복합명사 형성 연구〉, 서울대 박사학위논문.

최명옥(1978), 〈동남방언의 세 음소〉, 《국어학 7》.

최명옥(1979), 〈동해안방언의 음운론적 연구〉, 《방언 2》.

최명옥(1980), 〈경북 월성방언의 음운변화에 대하여〉, 《신라가야문화 11》, 영 남대.

최명옥(1980), 《경북 동해안방언 연구》, 영남대출판부.

최명옥(1982), 《월성지역어의 음운론》, 영남대출판부.

최명옥(1985), 〈변칙동사의 음운현상에 대하여 —p-, s-, t- 변칙동사를 중심으로〉,《국어학 143》.

최명옥(1990), 〈방언〉,《국어연구 어디까지 왔나》, 동아출판사.

최명옥(1993), 〈어간의 재구조화와 교체형의 단일화 방향〉,《성곡논총 24》.

최명옥(1997), 〈동남방언과 동북방언의 대조연구〉,《국어학 연구의 새 지평》(誠
齋李敦柱선생화갑기념논문집).

최명옥(1998),《한국어 방언연구의 실제》, 태학사.

최임식(1989), 〈국어 내파화에 관한 연구〉, 계명대 박사학위논문.

최정순(1994), 〈국어 통사음운론 연구〉, 서강대 박사학위논문.

최종원・전종호(1998), 〈한국어 경음・기음은 중복자음인가? ―폐음절 모음의
단축화를 중심으로〉,《어학연구 34-3》, 서울대 어학연구소.

표화영・이주환・최성희・심현섭・최홍식(1999), 〈한국어 마찰음과 파찰음의 음
향학적 및 공기역학적 특징에 관한 연구〉,《음성과학 6》.

표화영・최홍식(1996), 〈한국어 양순 파열음 발음시 구강내압과 폐쇄기, VOT에
대한 연구〉,《대한음성언어의학회지 7-1》.

한국정신문화연구원(1987),《한국방언자료집 Ⅲ》(충청북도 편).

한국정신문화연구원(1987),《한국방언자료집 Ⅴ》(전라북도 편).

한국정신문화연구원(1989),《한국방언자료집 Ⅶ》(경상북도 편).

한국정신문화연구원(1990),《한국방언자료집 Ⅱ》(강원도 편).

한국정신문화연구원(1990),《한국방언자료집 Ⅳ》(충청남도 편).

한국정신문화연구원(1991),《한국방언자료집 Ⅵ》(전라남도 편).

한국정신문화연구원(1993),《한국방언자료집 Ⅷ3(경상남도 편).

한국정신문화연구원(1995),《한국방언자료집 Ⅰ》(경기도 편).

한국정신문화연구원(1995),《한국방언자료집 Ⅸ》(제주도 편).

한영균(1985), 〈음운변화와 어휘부의 재구조화〉,《관악어문연구 10》.

허 웅(1958),《국어 음운론》, 정음사.

허 웅(1985),《국어음운학》, 샘문화사.

허은애(1998), 〈자질계층이론에 의한 조음위치 자질동화현상 분석〉, 이화여대 석
    사학위논문.
홍기환·김현기(1997), 〈후두 수직 운동이 성대에 미치는 영향〉, 《음성과학 1》.

Aaltonen, O., Vilkman, E. & I. Raimo(1988), "Laryngeal adjustmets or subglottal
    pressure: Studies on sentence stress production with excised human larynges",
    Journal of Phonetics 16.

Abberton, E.(1972), "Some Laryngographic data for Korean stops", *Journal of the
    International Phonetic Association 2.*

Ahn, H.−K.(2000), "Revisiting Post−Stop Tensification and Stop Nasalization in
    Korean", *Studies in Phonetics, Phonology and Morphology 6 −1.*

Avery, P. & K. Rice(1989), "Segment Structure and Coronal Underspecification",
    Phonology Yearbook 6.

Baek, E.−J.(1991), "Unreleasing in Korean: A Phonetic Explanation", *Harvard Studies
    in Korean Linguistics IV.*

Baik, W.−I.(1997), "On Tensity of Korean Stops", 《음성과학 2》.

Blumstein, S. E.(1991), "The Relation between Phonetics and Phonology", *Phonetica
    48.*

Borden, G. J. & Harris, K. S.(1981), *Speech Science Primer : Physiology, Acoustics, and
    Perception of Speech*, Baltimore: Williams & Wilkins.

Brosnahan, L. F. & Malmberg, B.(1986), *Introduction to Phonetics*, New York: Cambridge
    Univ. Press.

Catford, J. C.(1988), *A Practical Introduction to Phonetics*, New York: Oxford Univ.
    Press.

Cho, Y. Y. & Inkelas, S.(1994), "Post−Obstruent Tensification in Korean and Geminate
    Inalterability", *Theoretical Issues in Korean Linguistics*, Stanford Linguistics Society.

Chomsky, N. & M. Halle(1968), *The Sound Pattern of English*, New York: Harper & Row.

Chung, Kook(1980), *Neutralization in Korean*, Ph.D. dissertation, Univ. of Texas at Austin.

Clark, J. and C. Yallop(1990), *An Introduction to a Phonetics and Phonology*, London: Basil Blackwell Ltd.

Clements, G. N. & E. V. Hume(1995), "The Internal Organization of Speech Sound", *The Handbook of Phonological Theory*, ed. by J. Goldsmith, Oxford: Blackwell.

Clements, G. N.(1985), "The Geometry of Phonological Features", *Phonology Yearbook 2*.

Clements, G. N.(1991), "Place of Articulation in Consonants and Vowels: a Unified Theory", *Phonology and Morphology 15*, Seoul: Hanshin.

Davis, P. J. & N. H. Fletcher(1996), *Vocal Fold Physiology*, Sandiego: Singular Pub.

Debrock, M.(1977), *An Acoustic Correlate of the force of Articulation*; 이상억 편저(1987), *Papers in Korean Phonetics*, 서울: 범한서적.

Denes, P. B. & E. N. Pinson(1973), *The Speech Chain: The Physics and Biology of Spoken Language*, New York: An Anchor Press Book.

Gandour, J. T.(1975), "The features of the laryns: n—ary or binary", *Phonetica 32*.

Goldsmith, J. A.(1976), *Autosegmental Phonology*, Indiana University.

Halle, M. & K. N. Stevens(1971), "A note on laryngeal features", *Quarterly Progress Report of Research Laboratory of Electronics 101*.

Halle, M. & K. N. Stevens(1971), "A Note on Laryngeal Features", *Research Laboratory of Electrocics Quarterly Progress Report No. 101*, Cambridge, MA: MIT.

Han, J.—I.(1992), "On the Korean Tensed Consonants and Tensification", *CLS 28*.

Han, J.—I.(1996), *The Phonetics and Phonology of "Tense" and "Plain" Consonants in Korean*, Ph.D. dissertation, Cornell University.

Han, M. S. & R. S. Weitzman(1970), "Acoustic Features of Korean / P, T, K/, /p, t, k/, and /ph, th, kh/", *Phonetica 22*.

Hardcastle, W. J. (1973), "Some Observations of the Tense−lax Distinction in Initial Stops in Korean", *Journal of Phonetics 1*.

Henderson, J. B. & B. H. Repp(1982), "Is a Stop Consonant Released when Followed by Another Stop Consonant?", *Phonetica 39*.

Henton, C., Ladefoged, P. & I. Maddieson(1992), "Stops in the World's Languages", *Phonetica 49*.

Hirose, H., Lee, C. Y. & T. Ushijima(1974), "Laryngeal Control in Korean Stop Production", *Journal of Phonetics 2*.

Hong, K−H., Kim, Y−H. & Kim, H−G.(1994), "Aerodynamic Charactiristics of Korean stop consonants using Aerophone 2", 《어학 21》, 전북대 어학연구소

Iverson, G. K.(1983), "Korean s", *Journal of Phonetics 11*.

Iverson, G. K.(1989), "On the Category Supralaryngeal", *Phonology 6*.

Iverson, G. K.(1995), "Aspiration and Laryngeal Representation in Germanic", *Phonology 12 −3*.

Jakobson, R. & Fant, G. & M. Halle(1952), *Preliminaries to Speech Analysis*, Cambridge, MA: MIT.

Jakobson, R. & M. Halle(1956), *Fundamentals of Language*, Moulton: The Hague.

Jones, D.(1957), *An Outline of English Phonetics*, Cambridge: Heffner & Sons.

Jun, Sun-A, Beckman, M., Niimi, S. & M. Tiede(1997), "Electromyographic evidence for a gestural−overlap analysis of vowel devoicing in Korean", 《음성과학 1》.

Jun, Sun-Ah(1993), *The Phonetics and Phonology of Korean Prosody*, Ph.D. dissertation, The Ohio University.

Kayaga, R.(1974), "A Fiberscopic and Acoustic Study of the Korean Stops, Affricative and Fricatives", *Journal of Phonetics 2*.

Kenstowicz, M.(1994), *Phonology in Generative Grammar*, London: Blackwell Publishers.

Kessinger, R. H. & S. E. Blumstein(1998), "Effects of speaking rate on voice−onset time and vowel production: Some Implications for perception studies", *Journal of Phonetics 26*.

Kim, Chin−W(1965), "On the Autonomy of Tensity Feature in Stop Classification", *Word 21*.

Kim, Chin−W(1970), "A Theory of Aspiration", *Phonetica 21*.

Kim, C.−W.(1967), "Cineradiographic Study of Korean Stops and a Note on Aspiration"; 이상억 편저(1987), *Papers in Korean Phonetics*, 서울: 범한서적.

Kim, C.−W.(1988), "Directionality of Voicing and Aspiration in Initial Position", 《언어소전》, 서울: 탑출판사.

Kim, D.−W. (1997), "An EMG Study of Korean Intervocalic Laryngeal Consonants", 《음성과학 1》.

Kim, H. & J. Allard(1996), "Acoustic and perceptual evidence for complete neutralization of manner of articulation in Korean", *Journal of Phonetics 24*.

Kim, H.(1998), "A Phonetic Characterization of Release and Nonrelease: The Case of Korean and English", *Language Research 34*.

Kim, H.−S.(1990), *The Manner Features in Phonological Representations*, Ph.D. Dissertation, Indiana University.

Kim, H.−S.(1995), "An Essay on spirantization in Korean", 《언어과학》 제2권, 한국언어어학회 동남지회.

Kim, Kee−Ho(1987), *The Phonological Representation of Distinctive Features: Korean Consonantal Phonology*, Ph.D. Dissertation, Univ. of Iowa at Iowa.

Kim, S.−H.(1990), *Phonologie des Consonnes un Coreen*, Ph.D dissertation, L'Ecole des Hautes Etudes en Sciences Sociales, Paris.

Kim−Renaud, Y. K.(1975), "On h−deletion in Korean", 《국어학 3》.

Kim—Renaud, Y. K.(1975), *Korean Consonantal Phonology*, Doctoral dissertation, University of Hawaii.

Kiparsky, P.(1982), *Explanation in Phonology*, Dordrecht: Foris.

Lisker, L. & A. S. Abramson(1971), "Distinctive Features and Laryngeal Control", *Language* 47 —4.

Ladgefoged, P.(1982), *A Course in Phonetics*(2nd ed.), New York: Harcourt Brace Jovanovich, Inc..

Lahiri, A. & S. E. Blustein(1984), "A Re—evaluation of the Feature Coronal", *Journal of Phonetics 12*.

Lahiri, A. & Hankamer J.(1988), "The timing of geminate consonants", *Journal of Phonetics 16*.

Lombardi, L.(1991), *Laryngeal features and laryngeal neutralization*, Doctoral dissertation, University of Massachusetts, Amherst.

Lee, S.—C.(1999), "Post—obstruent Tensification in Korean", *Studies in Phonetics, Phonology and Morphology 5 —2*.

Lehiste, I. ed.(1983), *Readings in Acoustic Phonetics*, Cambridge, M.A.: MIT Press.

Lisker L. & A. S. Abaramson(1964), "A Cross—Language Study of Voicint in Initial Stops: Acoustical Measurements", *Word 20*.

Lisker, L.(1999), "Perceiving Final Voiceless Stops without Release: Effects of Preceeding Monophthongs versus Nonmonophthongs", *Phonetica 56*.

McCarthy, J.(1988), "Feature geometry and dependency: A review", *Phonetica 43*.

Mohanan, K. P.(1983), "The Structure of the Melody", MS. MIT.(not edited)

Oh, Mi—Ra & K. Johnson(1997), "A Phonetic Study of Korean Intervocalic Laryngeal Consonants", 《음성과학 1》.

Oh, Mira(2000), "Obstruent Geminates in Korean", 《언어 25—3》.

Pike, K. L.(1943), *Phonetics*, Ann Arbor: University of Michigan Press.

Roca, I.(1997), *Derivations and Constraints in Phonology*, New York: Oxford Univ. Press.

Pike, K. L.(1962), *Phonetics: A critical analysis of phonetic theory and a technic for the practical description of sounds*, Ann Arbor: Univ. of Michigan Press.

Sagey, E. C.(1986), *The Representation of Features and Relations in Non —linear Phonology*, Ph.D. Dissertation, MIT.

Schane, S. A.(1973), *Generative Phonology*, Englewood Cliffs, N.J.: Prentice—Hall.

Silverman, D. & Jun, Jongho(1994), "Aerodnamic Evidence for Articulatory Overlap in Korean", *Phonetica 51*.

Sohn, Hyang—Sook(1987), *Underspecification in Korean Phonology*, Ph.D. dissertation, University of Illinois at Urbana Champaign.

Stevens, K. N.(1977), "Physics of laryngeal behavior and laryngs modes", *Phonetica 34*.

Zhe, M, Lee, Y.—J. & Lee, H.—B.(1990), "Temporal Structure of Korean Plosives in /VCV/", *Proceedings of SICONLP '90*, Seoul.